민주주의란 무엇인가

민주주의란 무엇인가

마이클 사워드

강정인, 이석희 옮김

까치

역자 강정인(姜正仁)
서강대학교 정치외교학과 교수. 서강대학교 글로컬한국정치사상연구소 소장.
주요 연구 분야는 비교 정치사상, 한국 현대 정치사상, 문화와 정치 등이다. 주요
저역서로는 『넘나듦(通渉)의 정치사상』(2013), 『군주론』(공역, 2015), 『서구중심주
의와 현대 한국 정치사상(Western-Centrism and Contemporary Korean Political
Thought)』(2015), 『죽음은 어떻게 정치가 되는가』(2017), 『한국 현대 정치사상과
박정희(Contemporary Korean Political Thought and Park Chung-hee)』(2017) 등이
있다.

이석희(李碩熙)
서강대학교 정치외교학과 석사과정 재학.
정치사상을 전공하고 있으며 주요 관심 분야는 입헌주의, 헌법, 유교정치사상, 동서
양 비교 정치사상 등이다.
논문으로는 「한국정치연구」 제26집 2호(2017)에 실린 "왜 통일인가?", "조선의 유교
입헌주의와 문묘배향논쟁"(미출간) 등이 있다.

민주주의란 무엇인가

저자 / 마이클 사워드
역자 / 강정인, 이석희
발행처 / 까치글방
발행인 / 박후영
주소 / 서울시 용산구 서빙고로 67, 파크타워 103동 1003호
전화 / 02 · 735 · 8998, 736 · 7768
팩시밀리 / 02 · 723 · 4591
홈페이지 / www.kachibooks.co.kr
전자우편 / kachisa@unitel.co.kr
등록번호 / 1-528
등록일 / 1977. 8. 5
초판 1쇄 발행일 / 2018. 6. 5

값 / 뒤표지에 쓰여 있음

ISBN 978-89-7291-665-9 93300

이 도서의 국립중앙도서관 출판예정도서목록(CIP)은 서지정보유통지원시스템 홈페이지(http://seoji.nl.
go.kr)와 국가자료공동목록시스템(http://www.nl.go.kr/kolisnet)에서 이용하실 수 있습니다. (CIP
제어번호 : 2018016324)

나디아, 재커리 그리고 이만에게

차례

일러두기

이 책은 Saward, Michael, *Democracy*, Polity Press, 2003의 완역본이다.

* 원문의 미주는 독자의 편의를 위하여 모두 각주로 처리했다.

* 저자의 주와 별개로 역자가 단 주일 경우에는 문장의 끝에 역주임을 표시했다.

* 저자의 부연설명과 달리 역자의 부연설명이나 문장의 흐름을 위해서 간혹 추가한 단어와 구절들은 [ ]로 처리했다. 이 과정에서 저자가 사용한 [ ]는 < >로 바꾸었다.

* 원문에서 저자는 강조를 위해서 이탤릭체를 사용했는데, 한국어 표기에서는 이탤릭 표기가 익숙하지 않아서, 고딕으로 굵게 표기했다.

* 저자가 사용한 용어 중 국내 학계에 합의된 번역어가 없는 경우나 정확한 의미 전달을 위해서 원어가 필요하다고 판단된 경우 저자가 사용한 용어를 괄호 속에 병기했다.

* 독자의 이해를 돕기 위해서 원문의 너무 긴 문장을 쪼개거나 문형을 다소 수정하기도 했지만 따로 표시하지는 않았다.

서론

'민주주의'는 강력한 정치적 무기이다. 많은 전쟁들이 민주주의라는 명분으로 수행되고 정당화된다. 9-11 테러 이후 발생한 '테러와의 전쟁' 역시 예외가 아니다. 심지어 정치적 극단에 서 있는 지도자들까지도 자신들의 행위를 민주주의라고 주장한다. 전 세계적으로, 민주주의는 현대 정치의 핵심적인 이념이자 실천인 것으로 보인다. 그러나 '민주주의'가 중요한 만큼 또 친숙하기도 한 탓에, 우리는 '민주주의는 무엇인가?'라는 질문을 종종 귀찮은 것으로 무시해버린다. 정치인, 대학의 학자들, 언론인을 포함한 많은 사람들은 자신들이 이 질문의 답을 안다고 생각한다. 그러나 '민주주의'가 무엇인지에 대한 의견불일치가 만연해 있다. 그리고 특이하게도 민주주의를 그토록 강력하고 중요하게 만드는 것은 바로 '민주주의'에 대한 심각한 불일치일 수도 있다. **그토록** 다의적인 단어는, 아주 많은 사람들이 서로 다른 방식으로 사용하는 강력한 도구나 무기가 될 수 있다.

이 책을 나는 민주주의에 대한 불일치로 시작해서 불일치로 끝낸다. 어떤 측면에서, 여러분은 심지어 '민주주의란 그 의미를 두고 벌어지는 경합이다'라고 말할 수도 있다. 민주주의가 어떤 건물이라고 한다면, '공사중'이라는 팻말은 결코 사라지지 않을 것이다. 설계사들은 무엇이 옳은 설계인지 옥신각신할 것이다. 건축업자들은 적절한 자재(material)를 놓고 논쟁할 것이다. 다른 사람들은 누가 그것

11

을 실제로 소유하고 있는지, 어디에 지어야 하는지, 누가 그 건물에 살아야 하며 누구는 제외되어야 하는지를 놓고 다툴 것이다. 어떤 사람이 이 모든 과정을 관찰한다면, 매우 다른 두 가지 반응 중 하나를 보일 것이다. 이 논쟁이 지속되면 민주주의를 건설하기 위한 올바른 방법은 결코 발견되지 않을 것이기에 절망하거나, 아니면 논쟁이 꼬이고 뒤집히면서 보여주는 여러 가능성에 매료될 것이다. 이 책은 두 번째 반응과 비슷한 결과물이다. 이 책은 민주주의에 대한 이념, 또 그 이념이 어떻게 형성되고 경합하고 치고받고 실행되고 수정되었는지에 대한 다양한 양상을 다룬 책이다. 민주주의의 많은 모델이 논의되지만, 어떤 하나의 모델이나 설계도 '올바른' 것으로 인정되거나 완결되고 무결한 것으로 여겨지지는 않는다. 나는 민주주의의 이념을 건설하는 정치 지도자나 일반 시민, 학계의 이론가들을 망라해서 그들의 소재(material), 행위(action) 및 발언을 포착하고 묘사하고자 한다. 이와 병행해서 그들이 직면할 수밖에 없는 딜레마들도 다룰 것인데, 이 딜레마들은 노력과 도전을 촉발한다.

이어지는 장들에서 민주주의의 이념은 서로 다른 방식으로 검토될 것이다. 한편으로는 사례 연구로부터 일반화로 '옮겨가서' 또 되돌아가고, 이론으로부터 실천으로 옮겨가서 또 되돌아온다. 다른 한편으로는 선별적으로 몇 가지 사례나 문헌, 논쟁을 '가볍게 살핀다.' 이 전략은 논쟁의 밑그림을 보여주기 위한 것이지 (설사 그것이 가능하다고 하더라도) 완성된 그림을 제공하기 위한 것은 아니다. 책의 마지막에 있는 "더 읽을거리를 위한 안내"에서 각 주제에 대해서 더 깊이 알 수 있는 문헌을 독자들에게 제시할 것이다.

'옮겨가기'와 '가볍게 살펴보기' 전략의 사례는 모든 장에서 볼 수 있다. 때로 나는 특정 국가의 최근 사건을 놓고 제기된 민주주의에 대한 여러 논변 사례에 주목하여, 서로 다른 정치 행위자들에게 민주주의가 무엇을 의미하는지, 그리고 그것이 우리에게 무엇을 의미하는지 물을 것이다. 특히 제1장에서는 '민주주의란 무엇인가?'라는 질문의 답을 찾기 위해서, 1999년 파키스탄의 무샤라프 장군의 쿠데타와 2002년 그의 국민투표로부터, 2000년 플로리다에서 벌어진 미국 대선의 교착상태, 2001년 영국의 반유럽적 프로파간다의 사례까지를 검토한다. 다른 곳에서는 민주주의를 '설계한다'는 것이 무슨 의미인지에 관한 우리의 직관을 끌어내기 위해서 가상적인 사례를 사용한다. 제1장에서 나는 독자들이 가상의 나라 X에 민주주의를 세우는 것의 딜레마를 고민하도록 한다. 또한 민주주의에 대한 흥미로운 간극들과 가정들을 살펴보기 위해서 특정한 주장이나 문헌들을 면밀히 검토한다. 예를 들면 저명한 영국의 역사학자 에릭 홉스봄은 그의 최근 논문에서, 홉스봄은 무엇이 민주주의를 가치 있게 하고, 무엇이 그것을 위협한다고 가정하고 있는지 살펴볼 것이다.

사례와 사건들을 살펴보는 것은 우리에게 민주주의에 대한 통상적이거나 이례적인 가정들에 대해서 굉장히 많은 것을 말해준다(또한 우리에게 그런 문제에 대한 우리 자신의 생각을 검토하도록 강제하기도 한다). 동시에 민주주의에 대한 특정한 서사(narrative)에도 초점을 맞춘다. 정치사상의 영역에서, 그리고 이 주제에 대한 일반적인 교재에서도 일정한 이야기들이 말해지는바, 이 이야기들은 서로 다른 방식으로, 종종 경쟁적인 방식으로 민주주의를 묘사한다. 이 서사들은 우리가 민주주의를 이해하는 데에 또는 무엇이 정말로 중요한지를—가령 평범한 사람들의 정치 참여가 정말 중요한가?

좋은 지도자를 뽑기 위해서 이따금씩 투표하는 것이 중요한가? 우리 스스로를 동일하다고 여기는 것 또는 각자의 차이점을 존중하는 것이 중요한가? 등—충분히 생각하는 데에 도움이 되는 중요한 배경 자료들이다. 제2-3장에서 대략 지난 150년 동안 민주주의에 대한 지배적이었던 서사와 이에 맞서온 서사의 개요를 제공한다. 이 서사들은 민주주의에 대한 몇몇 저명한 **이론가들**의 업적에 기반을 두는데, 우리는 제임스 매디슨, 제러미 벤담, 조지프 슘페터, 안토니오 그람시, 로버트 달과 같은 인물들을 만나게 될 것이다. 때로 나는 각 저작들에 담긴 민주주의에 대한 특정한 논변들에 초점을 세밀히 맞추기도 할 것인데, 이는 그 논변들이 민주주의에 대한 특정한 이념을 확립하는 데에 큰 영향을 미쳤기 때문이다. 다른 곳에서는 더 넓은 시야를 확보하기 위해서 한 걸음 물러서기도 할 것이다. 잘 구성된 민주주의에 대한 서사들은 서로 다른 시대에 걸쳐서 서로 다른 저술가와 논자들이 투입한 노력의 역사적 산물이며, 또 수많은 손을 거친 비의도적이고 미완인 산물이기도 하다. 이 서사들은 우리가 실제 세계의 논쟁에 무엇이 문제가 되는지를 이해하는 것, 또 그것들이 어떻게 연결되어 있는지(가령, **인간 본성**을 한 가지 방식으로 바라보는 것이 어떻게 **민주주의**를 그것과 양립가능한 특정 방식으로 생각하도록 이끌게 되는지)를 납득하는 데에 도움이 된다.

민주주의에 대한 이러한 서사들은 이야기들이 일반적으로 그렇듯이 시작과 끝이 있는 것처럼 보인다. 그러나 민주주의에 대한 어떠한 해석도 그것의 가정과 주장에 대한 새롭고 지속적인 **도전들**에 닫혀 있는 것은 아니다. 제4장에서는 오늘날 민주주의에 대한 다양한 추세의 도전을 선별해서 그 특징과 중요성을 살핀다. 직면한 도전들에 성공적으로 적응하지 못한 민주주의의 모델들은 그러한 실패로 인해서 훨씬 더 나빠질 것이라고 말할 수 있다. 이 책에서 나는 지구화, 환경주의, 복잡성, 문화적 다양성, 민주주의의 측정 등과 관련된 사상을 논하면서, 이러한 사태 전개가 민주주의와 정치에 관한 오래되고 중심적인 가정들에 직접적으로 도전하는 방식을 정리할 것이다.

마지막으로 제5장은 지난 10-15년간 제기되어온 민주주의에 대한 비옥한 사조와 저작의 흐름을 검토할 것인데, 여기에는 새롭거나 또다시 주목받게 된 숙의적, 세계시민적(cosmopolitan), 생태학적(ecological), 결사체적(associative) 모델, 그와 더불어 고대 직접 민주주의의 이상을 부활시키고자 하는 노력들이 포함된다. 제2-3장의 민주주의 서사에 대한 논의처럼, 이러한 접근들은 민주주의란 무엇을 의미할 수 있고 또 무엇을 의미해야 하는지, 민주주의는 어떻게 실천될 수 있으며 또 어떻게 실천되어야 하는지, 어떤 방식으로 **재발명**될 수 있는지에 대한 부분적인 이야기들을 제공한다. 비록 인위적으로 일대일 대응을 시도하지는 않겠지만, 최근의 이러한 새로운 접근들 중 일부는 제4장에서 논의된 도전들에 대한 대응으로서 어느 정도 제기되어온 것들이다. 민주주의에 대한 생태학적 접근들은—또는 민주주의의 재규정들은—정통적인 대의정치에 대한 환경주의자의 도전에 대응해서 발생한 것이고, 세계시민적 접근은 '지구화'라는 광의의 단어 아래 뭉뚱그려진 많은 사태 전개를 다루기 위한 한 방법으로 제안된 것이다.

전체적으로 민주주의에 대한 이념을 검토하기 위한 이러한 각각 접근법은—사례 연구, 텍스트, 서사, 다양한 도전, 재규정 등—가치가 있다. 적어도 나는 그렇다는 점을 보여주기를 희망한다. 하지만 그중 어떤 것도 그 자체로 충분하거나, 다른 것들보다 명백히 더 많은 가치가 있지는 않다. 민주주의가 어떻게 논쟁되는지를 이해하고자 한다면, 가령 현실세계의 사건이나 논변을 가볍게 살펴보는 것은 필수적이지만, 그것만으로 충분하지는 않다. 보다 넓은 관점을 얻기 위해서 혼란스러운 일상의 정치적 삶으로부터 한 발짝 물러서는 것 역시 필요하다. 이론과 현실 사이에서 한발 물러서고 다시 다가서는 것은, 예를 들면, 추천할 만한 이유가 아주 많다. 최선의 경우에 우리는 특정 장소나 시기에만 빠져들지 않게 될 것이며, 또 실제 사람들에게 영향을 미치는 현실 정치의 딜레마와 현실과 유리된 한낱 '탁상공론'에 탐닉하게 되지도 않을 것이다. 그래서 이 책은 여러 접근법을 적절히 절충한 혼합이 사회적 이념에 대한 우리의 이해를 풍성하게 할 수 있는지 사례를 통해서 보여주고자 한다.

마지막으로, 이 책에서 나의 목표는 민주주의의 의미, 가치, 가능성에 대한 사고를 자극하려는 것임을 강조하고자 한다. 나는 민주주의의 청사진이 아니라 민주주의에 대해서 논쟁하고 분석할 출발점을 제공한다. 이 주제에 대한 어떠한 시각도 강요되지 않고, 어떠한 이론도 특별히 선호되지 않는다. [이 책에서] 채택한 접근법들은 학부생들(및 다른 사람들)이 하나의 단어로서, 하나의 이념과 실천으로서, '민주주의'에 대한 **자신들의** 반응을 생각하도록 자극받을 필요가 있다는 신념에 기초한 것이다. 민주주의에 대한 많은 고전적, 근대적, 현대적 이념들이 논의되지만, 이 책 전반을 통한 의도는 그 가능한 의미들을 단순히 말해주는 것이 아니라 안내하는 것이고, 또 그것들이 어떠해야 한다고 단순히 규정하는 것이 아니라 캐내고 탐색해보게 하는 것이다.

16

제5장은 2001년 「정부와 반대(*Government and Opposition*)」라는 학술지에 실린 내 논문인 "민주주의 다시 구성하기(Reconstructing Democracy)"에서 가져온 자료들을 포함하고 있다. 이것을 여기서 다시 사용할 수 있게 흔쾌히 허락해준 편집자에게 감사의 말을 전한다.

1

이것은 민주주의인가?

서론

민주주의는 친숙하거나 친숙하지 않은 실천(practice)에서, 또 예측가능한 상황이나 뜻밖의 상황에서 찾을 수 있다. 이 장은 그러한 실천과 상황을 간략하게 살핀다. 이 장은 (a) 파키스탄, 미국, 영국으로부터 온 현실세계의 세 가지의 정치적 목소리에 대한 사례 연구, (b) 나라 X에 대한 가상적인 사례 연구, (c) 민주주의의 가치와 한계를 주장하는 텍스트들에 대한 면밀한 독해를 담고 있다. 나의 목표는 우리의 탐색을 통해서 민주주의의 의미와 가치에 대한 일련의 질문들을 불러일으키는 것이다. 나는 민주주의의 세부적인 결에 주목함으로써 이 주제를 참신한 방식으로 생각할 수 있다고 확신한다. 내 확신이 올바르고 또 내 목표가 달성된다면, 우리는 민주주의의 다면성과 그 까다로운 문제들에 대해서 창의적인 감각을 지니고서, 이후의 장들에서 초점을 맞추는 서사들, 도전들, 그리고 재규정들을 훨씬 더 잘 다룰 수 있게 될 것이다.

이 첫 장을 [앞으로 있을] 탐색들에서 우리를 안내해줄 다소 학술적인 용어로부터 시작해보자. 문예와 문화 이론가들은 종종 단어를

(그리고 그림과 사건, 물체를) 기표(記標, signifier)라고 말한다—이것은 어떤 사상, 관념, 개념(기의[記意, signified]라고 부를 수 있는 것)을 제시하거나 유발하거나 지시한다. 예를 들면 '경찰'이라는 단어는 하나의 기표이다. 이 단어가 나타내는 것은 아마도 특정 제복을 입은 사람이거나 또는 '법과 질서'라는 관념이다. 다른 식으로 바라보면, '경찰'이 나타내는 것은 어떤 사람이나 대상(제복을 입은 어떤 사람), 또는 별개의 추상적인 관념(법과 질서), 아니면 또다른 어떤 것일 수 있다. 어떤 단어는 꽤 고정적이고 확실한 방식으로 의미를 나타낸다—예를 들면 '자전거'라고 했을 때 우리 모두는 아마도 그것이 무엇을 가리키는지 상당히 쉽게 동의할 수 있을 것이다. 정치적인 용어는 기표로서 안정적이지 못한 속성으로 악명이 높다. 심지어 [미국의] '대통령 집무실(the Oval Office)'처럼 겉보기에 평범한 구절들조차 다양한 범위의 대상을 나타낼 수 있다—권위, 협잡, 애국심, 기밀, 미국의 민주주의, 미국의 식민주의, 강력한 리더십, 역사와 지속성 등.

이 장은 기표로서의 '민주주의'에 대한 것이다. 이 단어가 무엇을 제시하고, 전달하고, 불러내는가? (이 단어는 당신에게 무엇을 나타내는가?) 정치인, 정치학자, 보통 사람들은 그 단어를 어떻게 사용하는가? 그것은 서로 다른 맥락에서 어떻게 작용하는가? 어떤 의미들이 그것을 구성하는가? 그리고 그 의미들 중, 만약 있다면, 무엇이 참된 의미인지 우리는 어떻게 알 수 있는가?

'민주주의' 만들기와 사용하기 : 세 가지 맥락

아주 많은 일들이 민주주의의 이름으로 행해진다. 결정이 내려지고, 제도들이 창설되거나 폐지되고, 전쟁이 수행된다. 정부, 정부의 반대자, 독재자 모두 자신들의 행위를 민주주의라고 주장한다. 민주주의의 이름으로 행해진 것을 칭찬하거나 비판하기 위해서, 확대하거나 축소하기 위해서, 정치인들과 다른 사람들은 민주주의라는 단어를 사용할 때 그 의미를 '고정하고자' 한다. 이들은 이 단어를 자신의 의도에 맞추기 위해서 단어에 특정한 '기의'를 부여하려고 한다. 우리는 이제 이러한 시도들 중 상당히 구체적인 세 가지 사례를 살펴볼 것이다. 각 사례는 우리나 다른 이들이 민주주의를 무엇이라고 생각하는지에 대한 골치 아픈 질문들을 유발할 것이다. 곧이어 우리는 정치이론가와 같은 전문가들이 민주주의를 어떻게 정의하는지를 비판적으로 볼 것이다. 그 전에 우리 자신의 반응과 직관을 알아보는 것이 중요하다.

장군의 쿠데타 정당화하기 : 1999년 10월 이후의 파키스탄

먼저 파키스탄에서 최근에 발생한 사건들을 살펴보자. 파키스탄은 인도로부터 1949년 분리되어 탄생한 이래, 선출된 정부들이 비효율적이고 부패한 상태에서, 군사 쿠데타와 군사 정부에 의해서 민주주의가 종종 중단되기도 한 불행한 경험을 겪어온 나라이다. 1999년 10월 파키스탄에서 페르베즈 무샤라프 장군은 군사 쿠데타를 일으켜서 총리 나와즈 샤리프의 민선 정부를 성공적으로 전복한 다음 며칠 후에 다음과 같이 선언했다.

[저는] 계엄령을 선포하려는 것이 아니라, 단지 민주주의로 가는 다른 경로를 수립하려는 것입니다. 군은 파키스탄을 번영으로 이끌기 위해서, 참된 민주주의로의 길을 닦는 데 절대적으로 필요한 만큼의 임무를 수행할 뿐이지, 그 이상의 의도는 추호도 없습니다.

그는 이어서 다음과 같이 선언한다.

파키스탄이 최근 몇 년간 겪은 것은 한낱 껍데기뿐인 민주주의였지, 민주주의의 정수가 아니었습니다. 우리 인민은 결코 폭정의 멍에에서 해방된 적이 없습니다. 저는 인민이 진짜 민주주의가 아닌 엉터리 민주주의의 시대로 돌아가는 것을 결코 용납할 수 없습니다. (Goldenberg 1999에서 재인용)

이 사건과 이 사건에 대한 무샤라프의 시각에서 우리는 무엇을 배울 수 있는가? 우선, 누군가의 행위에 '민주주의'라는 단어를 붙이는 것이 분명한 이점으로 보인다는 점은 명백하다. 어떤 행위를 민주주의라고 간단하게 기술하는 것만으로도 그 행위를 찬양하는 방법인 것 같다. 민주주의에 호소하는 것은 쿠데타를 실행하는 것에 신뢰성과 정당성을 부여하는 것으로 가정된다. 통상적으로 우리는 선출된 민간 정부를 군사적으로 전복하는 것을 '민주주의' 자격을 갖춘 행위라고 추호도 생각하지 않는다. 그렇다고 하더라도 그 장군은 민주주의라는 단어가 정당성을 부여하는 능력을 분명하고 강력하게 믿고 있으며, 그 결과 그는 자신의 행위를 민주주의라고 강조한다.

다음으로, 장군이 원하는 것을 민주주의가 나타내게 하기 위해서

22

그 앞에 수식어를 붙이는 것에 열심인 것을 보라. 그 전에는 '가짜' 민주주의였다. 그가 기반을 닦고 있는 것은 '참된' 민주주의이다. 한편에는 '껍데기'가 있고, 다른 한편에는 민주주의의 '정수'가 있다. 무샤라프의 수사학적 전략은 단순한 이분법이다─민주주의는 단지 두 종류로 나뉘며(가짜와 참된), 그중 하나는 진짜 민주주의가 아니면서 그의 반대자들에 의해서 대표되는데(가짜), 반면 다른 것은 진짜 민주주의면서 그 자신에 의해서 대표된다(참된 것). 그는 단순히 민주주의를 불러내서 그것을 자신의 전투에 무기로 배치하는 것 이상을 하고 있다. 그는 민주주의가 자신의 목적에 맞는 의미를 가지기를 바라고 있다. 달리 말하면, **민주주의를 불러내는 것은, 동시에 (입맛에 맞는) 의미를 그것에 각인하고자 하는 시도이기도 하다.** 민주주의라는 단어를 사용하는 것은, 어떤 의미로는, 그것을 새롭게 구성하거나 창조하는 것이다.

　나는 선출된 민간 정부를 군사적으로 전복하는 것이 '통상적으로' '민주주의' 자격을 갖춘 행위로 간주되지 않는다고 말한다. 하지만 그것이 결코 그럴 수 없다는 것은 사실인가? 이는 새로운 문제로 떠오른다. 무엇이 '민주주의'를 합당하게 해석하는 것의 범위인가? 우리는 무엇이 그 범위 '안'에 있고, 무엇이 그 '밖'에 있다고 어떻게 결정할 것인가, 또는 우리가 그것을 결정할 수 있는가? 바로 어떤 지점에서 이런저런 사례들이 민주주의라고 확실하게 주장하는 것이 받아들여지기 어렵게 혹은 명백히 틀리게 되는가? 또한 **누구의 기준이나 척도에 의해서** 그렇게 되는가? 우리는 부패하고 비효율적인 민간 정부라는 상황을 전제로 그 쿠데타가 진실로 이보전진을 위한 일보후퇴('민주주의로 가는 다른 경로')를 대표한다는 것을 고려할 준비가 되었는가? ('서구적' 개념으로서의 민주주의가 '비서구적' 상황에 적용될 수 있는지 여부에 대한 질문은 제4장에서 다룰 것이다.)

　게다가 민주주의는 여기서 **특정한** 맥락으로 불려왔다는 점에 주목하라. 위의 인용이 보도된 신문기사는 장군의 연설이 "더 나은 경제적 미래를 갈망하고 부패한 정치 지도자들을 처벌하기를 바라는 국내 청중을 특히 염두에 둔" 것이라고 주장한다. **현지**의 상황은 특정한 방식으로 민주주의에 호소하는 것이 어떻게 받아들여지는지를 좌우할 수 있고 또 좌우한다. 현지 언어, 역사 지식, 신뢰의 수준, 종교 및 다른 문화적 요인 등은 '민주주의'가 의미를 어떻게 전달하고, 그곳에서 어떻게 작용하는지를 조건 지우고 형성한다. 민주주의는 항상 **어떤** 곳에서의 민주주의, 특정 집단의 사람들을 위한 민주주의이다. '인민(the people)'의 이익을 환기하면서 무샤라프 장군은 누구보다도 **파키스탄**의 인민에게 말하고 있다.

　1999년 이래 일련의 사건들은, 심지어 2001년 9월 11일 이후 무샤라프가 '테러와의 전쟁'에서 핵심적인 역할을 하기 이전부터, 확실히 이 사례를 더욱 흥미진진하게 만든다. 첫째로, 2001년 5월 인터뷰에서 당시에는 '최고 행정수반(chief executive)'이었지만 곧 그 나라의 대통령 직위를 차지하게 될 그 장군은 이전에 그가 사용한 민주주의에 대한 수사(修辭)에 세부적인 것을 덧붙인다. 우선 일련의 단계적인 **지방선거**—1987년 이래 처음으로—를 실시했다. 모든 지방의회에서 21석 중 6석이 여성 후보에게 할당되었는데, 「가디언(*The Guardian*)」지의 영국 언론인에 따르면, 정부는 "여성들에게 권력에 접근할 수 있는 소중한 기회를 제공한 것"이었다(McCarthy 2001). 장군은 스스로 권력을 지역과 지방 단위로 이전하는 것이 "진정한 민주주의"

라고 주장했다. "우리는 파키스탄에 민주주의, 풀뿌리 수준에서의 진정한 민주주의를 도입하고 있습니다." 그는 이어서 "파키스탄에는 민주주의, 진정한 민주주의가 있었던 적이 없습니다. 왜냐하면 민주주의는 선출된 정부를 가지는 것을 말하는 것이 아님이 분명하기 때문입니다……더 중요한 것은 선출된 정부가 어떻게 행동하느냐, 그 통치가 민주적이냐 아니냐 입니다"라고 단언했다. 나아가서 그는 자신의 행위가 개인적이거나 협소한 정치적 이익에 의해서 이루어진 것임을 부인했다. "제가 권력을 차지한 것이 아닙니다. 권력이 제게 떠맡겨진 것입니다. 그러나 돌이켜서 생각해보면, 이런 사태가 발생한 것은 파키스탄에게는 좋은 일이었습니다."[1]

둘째로, 2002년 하반기에 새로운 의회를 구성하기 위한 선거를 하겠다는 약속을 지키는 대신, 그해 4월 30일에 무샤라프는 자신이 대통령으로서 5년 더 권력을 잡아야 하는지 여부를 국민투표에 부쳤다. 9-11 이후 무샤라프는 미국이 주도하는 반 '테러' '연합'의 핵심적인 행위자로 활동했는데, 이웃한 아프가니스탄의 탈레반과 알카에다가 미국의 첫 군사적 목표가 되었기 때문이었다(탈레반 정부가 순식간에 전복된 것이 무샤라프에 대한 국내적 압력을 누그러뜨렸는데, 그 압력은 파키스탄 사람들이 미국의 동기에 대한 상당한 반감과 불신을 품었기 때문에 조성된 것이었다). 무샤라프는 군사 지도자이지만, 다른 나라들로부터 (어찌되었건 지정학적 지형이 변동되기 전에) "민주주의를 회복"하라는 요청을 받았으며, 가장 민주적인 방식인, 인민에 의한 직접적이고 결정적인 투표인 국민투표를 실시했다.

---

1) 2001년 6월 16일 페르베즈 무샤라프 장군과의 인터뷰(http://www.guardian.co.uk/pakistan/Story/0,2763,491716,00.html).

많은 기사들이 무샤라프가 그의 통치에 대한 정당성을 추구했고, 다른 모든 독재자들처럼 그가 권력을 포기하는 것을 고려하지 않았으며, 민주적인 방식을 이용함으로써 자신이 민주적 정당성이 부족하다는 것을 드러낼 뿐이었다는 점에 주목했다. 그러나 대통령의 주장에 따르면 그는 "민주적 방식으로 인민의 의견을 구하고 있었다." "인민은 나에게 우호적으로 또는 그 반대로 투표할 수 있다. 그러므로 이는 나를 위한 것이 아니라 파키스탄 인민에 의해서 결정될 필요가 있는 사안에 대한 것이다."[2] 국민투표를 위한 선거운동에서, 대통령은 지방 정부의 대표자들을 만나면서 그의 리더십에 의해서 만들어진 민주적 진보를 강조하고자 했다.[3] 위에 언급된 그의 개혁은 "처음으로 괄목할 만한 숫자의 여성 의원들을 포함한 수천 명의 의원들이 새 직위에 선출되는" 결과를 낳았다(McCarthy 2002). 무샤라프는 "그들은 이 나라의 자산이며 진정한 민주주의를 향한 모든 희망이 그들에게 놓여 있다"고 말했다.[4]

물론, 여기서 내 목적은 이 사건들에 대해서 상세한 실상을 설명하거나, 이 사례의 공과에 대한 즉각적인 평가를 내리려는 것이 아니다. 그러나 장군의 주장을 글자 그대로 받아들이면, 우리는 이 주장을 어떻게 이해해야 할 것인가? 투표권과 여성에게 보장된 대의

---

2) 2002년 5월 1일자 다음의 기사에 인용된 것이다(http://www.pak.gov.pk/public/news/news2002/appnews2002/app30_april.htm).
3) 언론은 국민투표에서 광범위한 부정과 느슨한 감시가 이루어졌다고 주장했다. 파키스탄의 주요 정당들은 투표 참가를 거부했다. 내 접근법은 무샤라프의 노력을 치켜세우려는 것이 아니라, '무엇이 민주주의인가'라는 질문을 다루면서 애매한 부분에 집중하려는 것이다.
4) 2002년 5월 1일자 다음의 기사에 인용된 것이다(http://www.pak.gov.pk/public/news/news2002/appnews2002/app30_april.htm).

제, 공정하게 선출된 지방 정부의 설치, 중앙 권력의 지방 이양, 국민적(national) 혹은 일반적(general) 이익에 대한 주장, 그의 통치에 대한 인민의 승인을 얻기 위한 직접 민주주의적인 장치의 활용 등. 이것들은 강력한 '민주적' 함축을 지닌 조치들이지 않은가? 그리고 민주주의에서 선거가 중요한 것이 **아니라**, 지도자의 **행위**가 중요하다는 주장은 얼마나 강력한가?

이 예시는 우리에게 다양한 추측과 질문을 불러일으킨다. 특히 우리는 '민주주의'에 호소하는 것이 말하자면 "이것은 좋은 것이고, 좋은 행위이다"라고 말하는 것이라고 추측하고, 또 행위자가 민주주의의 의미를 자신에게 맞게 '고정'하거나 구성하는 것이라고 추측했다. 게다가 우리에게는 핵심적인 여러 질문이 제기된다. 민주주의를 위한 척도가 있는가? 그렇다면 누가 그것을 제공하는가? 구체적으로 어떤 제도들이 민주주의로 간주되는가? 그리고 민주주의는 다른 무엇보다도, 가령 국민적 이익처럼 이익에 부응하기 위한 것인가? 이것들은 어렵고 도발적인 문제들이다. 이 책에서 우리가 앞으로 살펴볼 테지만, 민주주의의 전문가들은 이런 문제들에 대해서 오랫동안 논쟁해왔다. 그러나 우선은 두 번째 사례로 이어가보자. 이번에는 하나의 구체적 사건과 관련해서 일반 사람들의 민주주의에 대한 여러 관점들을 검토할 것이다.

플로리다에 응답하기 : 2000년 미국의 대통령 선거

당연한 이야기이지만, 미국은 보통 민주국가로 간주된다. 분명히 민주주의의 이념, 민주주의와 결합된 다양한 제도와 관습들이 미국 시민들의 마음속에서 미국이라는 나라의 기본적 특징과 연결되어 있다. 여기서 내가 매우 구체적으로 집중하는 것은 2000년 미국 대선 이야기의 극적인 결말에 대한 것이다.

약간의 배경지식을 먼저 채워 넣을 필요가 있는데, 미국에는 선거인단 제도가 있다. 이는 글자 그대로 하자면 유권자가 대선에 투표할 때, 그들은 (예를 들면) 부시나 고어 또는 네이더에게 투표하는 것이 아니라, 이 후보들과 연관된 선거인단의 구성원들에게 투표하는 것이다. 선거인단 구성원으로 선출되면, 몇 주일 뒤에 이들이 예정대로 선거인단 투표를 하러간다. 게다가, 선거인단 구성원들은 각주에서 선거인단으로 선출된다. 미국의 연방 정치 제도상 대부분의 주들에서 다른 후보들에 대한 승리는, 비록 득표율 측면에서 근소한 차이로 승리한 것이라고 할지라도, [해당 주에서] 승리한 대선 후보가 그 주의 **모든** 선거인단 표를 가져간다는 것을 의미한다. 다른 무엇보다도, 이는 한 후보가 전국적으로 더 많은 표를 얻었지만 선거인단 표를 더 적게 얻었기 때문에 대선에서 패배하는 것이 완전히 가능하다는 점을 의미한다.

2000년 11월 플로리다 주에서 미국의 민주주의는 특히 첨예하고 중대한 주목을 받게 되었다. 공화당인 조지 부시와 민주당인 엘 고어가 플로리다 주를 놓고 대단히 치열하고 막상막하인 선거전을 벌였다. 그 승부에 걸린 판돈은 최고조에 달했다. 플로리다 주의 승자가 주의 모든 선거인단 표를 가져갈 것이고, 그와 더불어 대통령직 자체도 가져갈 것이었다. 법정, 거리, 권력의 회랑과 TV 스튜디오 등에 걸쳐서, 가령 모든 플로리다 주민들이 투표에 대한 동등한 기회를 가졌는가, 기계식 개표가 올바르게 집계되었는가 등의 논변들이 넘쳐났다. 선거에서의 공정함(electoral fairness)의 근본적 특징들이 [무엇인지] 공개적이고 상세하게 논의되었다.

플로리다의 선거 결과와 그 여파로 인해서, 투표에 대한 접근성(특히 차별이 있었음을 주장하는 흑인 유권자들)이나 투표의 투명성(일설에 의하면 투표용지를 혼동해서 잘못 투표했다는 많은 이들의 주장)부터 시작해서, 더 높은 수준의 문제제기인 주 법원과 연방대법원의 역할에 이르기까지 공정함과 평등에 대한 골치 아픈 문제들이 제기되었다. 실로 만일 우리가 플로리다 선거를 마치 '제3세계'의 신생 민주국가의 선거처럼 관찰한다면, 우리는 아마도 이 사례에서 미국이 '민주주의'의 자격을 충실히 갖추었는지 여부에 대해서 심각한 의문을 가지게 될 것이다. 이들이 심각한 문제인 것이 분명하지만, 여기서의 내 의도는 전체를 다 살펴보려는 것은 아니며, 보다 선택적이고 집중적이다. 나는 플로리다 논쟁의 열기 속에서 '민주주의'라는 단어와 이념이 여러 부류의 사람들 사이에서 어떻게 사용되는지 (무기로서, 정당화로서 등) 살펴보고자 한다.

분분한 논쟁의 와중에서 2주일이 넘은 플로리다의 교착 상태, 게다가 즉각적인 해결책이 눈앞에 보이지 않는 상황에서, BBC 뉴스는 웹사이트에서 물었다. "미국 선거 : 이것은 민주주의인가?" 황당한 질문이라고 생각할지도 모르지만, 선거는 민주주의의 핵심이지 않은가? 많은 사람들이 그 질문에 대한 답을 가지고 있다고 느꼈다. 우선 아래에서 볼 플로리다나 미국 정치에 대한 응답자들의 언설을 내가 옳은 것으로 간주하는 것은 아니라는 점을 미리 분명히 해둔다. 여기서 우리의 관심사는 그 언설들이 민주주의의 의미가 어떻게 이해되고 논쟁이 되는지를 예시하는 방식들, 곧 민주주의라는 이념이 사람들의 생각 속에서 형태를 취하는 방식들이다.

필라델피아에 사는 조는 "전체 과정"이 "분명히 민주적이지 않다"고 생각했다. 그 이유는 "우리가 돈 많은 이익집단들에게 민주주의를 분명히 팔아넘겼기" 때문인데 "그들은 식상한 장면 이외에는 그 밖의 어떤 것도 보여주지 않는다. 이제 우리는 아마도 다양한 논쟁들은 물론 미국 정치와 관련된 그 밖의 다른 모든 것들이 조작된 것과 마찬가지로 선거 결과 역시 교묘하게 꾸며진 것이라는 슬픈 진실을 직시해야 한다." 영국에 사는 감비아 사람인 무사 역시 "기업의 정치자금과 정치적 로비스트의 역할"을 우려했다. "영국에서와 마찬가지로 미국에서도, 인민의 선택이 항상 권력을 잡을 지도자를 결정하는 것은 아니다. 합당하게 생각하는 어느 누구에게도 이것이 민주주의는 아니다." 이 반응들로부터 제기되는 질문은 이런 것이다. 후보자를 선택하고 캠페인을 진행하는 데에 있어서 '민주주의'가 배후를 조종하는 손에 의해서—단순히 선거가 **일어나는** 것이 아니라—얼마나 많이 좌지우지되는가? 만일 돈으로 정치적 영향력을 살 수 있다면, 이는 선거를 비민주적으로, 혹은 덜 진정한 민주주의로 만드는가? 얼마나 많은 돈이 누구의 손에 의해서 어떻게 사용되는가? 우리가 정말로 민주주의라고 부르기 위해서, 선거는 상당한 정도의 사회적이고 경제적인 평등이라는 '공평한 경쟁의 장'이 필요한가?

런던에 사는 네빌은 다른 각도에서 민주주의를 우려하며 다음과 같이 묻는다. "투표율이 얼마나 많이 낮아지면 체제는 민주적인 책임성을 전적으로 상실하게 되는가?" 플로리다의 투표에서 과연 검표를 하고, 또 재검표를 주장하는 것이 다 좋다고는 하나, 애초에 전체 유권자의 절반 이하가 투표한 것을 도대체 민주주의라고 할 수 있는가? 다수의 지배? 좋다, 그러나 무엇의 다수, 얼마나 많은 것의 다수를 말하는 것인가? 하지만 캘리포니아에 사는 테리사는 이의를 제기한다. "이 야단법석이 다 무엇 때문인지 모르겠어요. '민주주의'가 제 갈 길을 가게 내버려두자고요. 체제가 우리의 다음 대통령이 누가 될 것인지 결정하는 것에 관해서, 법적으로 또 정당하게 해야 하는 것을 하도록 놔둡시다." 아마도 돈에 의한 영향이나 낮은 투표율은 이 체제, 곧 우리의 법 규정에 따른 투표를 하고, 개표를 하고, 승자를 결정하는 즉각적이고 가시적인 과정보다 덜 중요하다는 말인가? 그렇다면 다시, 상이한 체제에 따라서 다양한 편차가 있다는 점을 고려할 때, 어떤 종류의 규칙들이 민주적이라고 여겨지는가?

캐나다에 사는 마이클은 "선거인단 제도를 폐지할 때"가 되었다고 생각했다. 이 비판이 (이 논쟁에서 혹은 다른 경우에) 선거인단 제도를 겨냥하는 것은 그것이 전체 국민의 다수보다 주(州)들을 유리하게 취급한다는 점이다. 그러나 미국에 사는 페이 같은 다른 이들은 반대한다. "이것이 민주주의가 작동하는 방식이다. 우리는 아메리카 '주들'의 연방국이다." 파키스탄 사례는 우리에게 '민주주의'의 특정한 의미와 그 의미를 수용하는 방법, '민주주의'의 역사를 생각하는 것이 중요하다는 점을 일깨워준다. 민주주의가 연방주의자와 연방주의자가 아닌 자, 중앙집권주의자와 지방분권주의자에 의해서 적절하게 불려내질 수 있는가? 민주주의가 이 논쟁에서 한쪽이나 다른 쪽을 의미하거나 의미할 수 있는가?

런던에 사는 폴은 추가적인 우려를 표한다. 선거인단이나 체제, 투표용지와 개표에 대해서 논하는 것은 요점을 놓쳤다는 것이다. "민주주의는 결정을 내리는 인민이 정직한 선택을 보장받는 것에 대한 것이다. 대중매체의 끔찍한 실태가 선진 '민주주의들'이 가지고 있는 거의 보편적인 문제이다. 대체로 뉴스 보도의 우선순위는 이익을 추구하는 사업주들에 의해서 결정되는데, 사업주들은 광고주의 요구를 따른다. 뉴스의 가치는 종종 공익(public interest)에 의해서가 아니라 시청률 경쟁에 의해서 결정된다." 민주주의는 선거에 관한 것이라기보다는 미디어의 토론과 정보의 질에 관한 것인가? 그렇다면 어느 정도로 그런 것인가?

민주주의는 무엇을 의미하는가? 사실에 관한 특정한 논변들의 장단점이 무엇이건, 2000년 플로리다의 사건에 대해서 이 응답자들은 각자 꽤 상이한 방식으로 '민주주의'를 불러냈는데, 이는 **잘못된** 것인가? 우리는 여러 목소리를 들을 필요 없이 영국에 거주하는 A의 다음과 같은 논평에 자극을 받는 것으로 족하다. "만약 이것이 민주주의라면, 아마도 미국인들은 그들이 단 한 번이라도 민주주의라는 단어를 이해한 적이 있었는지를 검토하기 시작해야 한다." A가 자신이 무슨 말을 하는지 우리가 이해할 것이라고 확신한다는 사실은, 우리는 그가(혹은 그녀가) 무슨 말을 하는 것인지 정말로 짐작할 수밖에 없다는 사실(나는 사실이라고 간주한다)만큼이나 흥미롭다. 무엇이 일견 한 가지와 여러 가지를 동시에 의미할 수 있는 어떤 단어[민주주의]만큼이나 강력해질 수 있을까?

민주주의와 정체성 : 영국 민주주의 캠페인

우리는 구체적인 두 사례에서 민주주의의 의미에 대한 다양한 추측을 발견하고 또 많은 질문들을 제기했다. 한 가지 사례를 더 살펴보고, 세부적인 것으로부터 한 발짝 물러나 민주주의의 정의에 대해서 생각해보기로 하자.

플로리다 사례에서 BBC는 "이것은 민주주의인가?" 하고 물었다. 같은 질문이 우리의 마지막 사례에도 제기된다. 이번에는 작은 로비 단체인 '영국 민주주의 캠페인(the British Democracy Campaign)'의 2001년 5월의 전면광고이다. 먼저 사소한 맥락이다(물론 이번에도 세부적인 사실은 이 사례에서 '민주주의'가 무엇을 의미하는지 탐색하는 것보다 덜 중요하다). 1972년에 가입한 이래, 영국에서는 영국이 유럽연합(이전에는 유럽공동체)에 대해서 가지는 관계의 성격과 정당성이 정치적으로 매우 열띤 논쟁의 대상이었다. 우리가 현재 검토하는 사례는 2001년 하원 총선 당시의 선거운동을 배경으로 하는데, 야당인 보수당은 일반적으로 '유럽'이라는 것 자체에 회의적이었다. 특히 이들은 원칙적으로 영국의 통화인 파운드화를 유럽의 새 통화인 유로화로 바꾸는 것에 반대했다(2001년 투표일 8일 전에 보수당은 영국 유권자들에게 "당신들에게는 파운드를 지킬 수 있는 시간이 8일 남았습니다"라고 말했다. 이어서 7일 남았을 때도 그런 식으로 말했다……). 집권당인 노동당은 ('단일 통화'인) 유로화를 도입하는 문제를 국민투표에 부치겠다고 약속해왔고, 이들은 상황이 영국에 적절하다고 판단되면 합류하는 것을 원칙적으로 지지해왔다. 비공식적으로, 이 주요 양당의 다양한 인사들은 유럽연합의 회원국으로 계속 남아 있는 것조차 훨씬 격렬히 반대해왔다. '영국 민주주의 캠페인'은—그 자체로서 정치적으로 중요한 단체는 아니다—유럽연합의 회원으로 남아 있는 것을 반대하는 여러 소규모 정당과 단체들 중 하나였다.

"유럽연합?"이라는 제목의 전면광고에서 다음과 같이 말했다. "71퍼센트의 영국 유권자는 우리가 유럽연합의 회원으로 남아 있어야 하는지를 국민투표에 부치기를 원한다. 52퍼센트는 지금 당장 탈퇴하기를 원한다." 이들은 이 수치들을 만들어내기 위해서 여론조사를 의뢰했을 것임이 분명해 보인다. 이어서 다음과 같이 말했다. "지도부를 포함한 하원 의원들 중 90퍼센트는 여러분들에게 자신들의 입장을 밝히지 않을 것이다." 이는 그들이 '영국 민주주의 캠페인'에서 보낸 "차기 의회에서 영국인의 다수 견해를 지지하고, 나아가서 자유롭고 공정한 국민투표의 회부 안건을 지원하라"고 요청한 서한에 응답하지 않았기 때문으로 보인다. "응답을 하지 않은" 하원의원의 명단을 길게 나열한 뒤 광고는 "이 의원들은 선거에서 당신의 표를 원하지만 선거 후에 누가 영국을 통치해야 하는지에 대한 입장을 밝히지는 않을 것이다"라고 말하고, 이어서 "이것은 민주주의인가?……인민이 결정하게 하자"고 말했다.

다시 한번 명백히, 반(反) 유럽연합 입장의 지지자들에게 '민주주의'라는 것은 강력하고 정당화할 수 있는 용어이다. "이것은 민주주의인가?"라고 물음으로써, 그들은 사실상 "이것은 옳은가?"라는 질문을 던진 셈이며, 따라서 정치적 올바름을 민주주의에 연결시키는 것이다. 그들은 자신들이 민주주의에 대한 또다른 시각에 호소할 수 있다고 생각한다—"인민이 결정하게 하자." 왜냐하면 그들은 사람들이 "우리가 유럽연합의 회원으로 남아 있어야 하는지"에 대하여 투표하더라도 자신들이 정치적으로 옳다고 여기는 결과가 그대로 나올 것이라고 자체적인 여론조사를 통해서 확신하게 되었기 때문이다. 만약에 그들의 여론조사 결과가 다르게 나왔다면, 인민이 결정하게 하는 것으로서의 민주주의와 (그들이 생각하기에) 정치적으로 옳은 일을 하는 것으로서의 민주주의 사이에는 긴장이 생길 수 있다는 것인가? 여기서의 '민주주의'는 '인민'과 '올바른 결과' 모두와 관련이 있다. 비록 이 구절이 모든 인민을 시사하지만, 결국에는 인민 중 다수로 귀결되는 것처럼 보인다. 아마 절반보다 많은 인민만으로도 전체를 대변할 수 있다고 시사하는 것 같다.

게다가 이 사례에서는 의미들의 층위가 흥미롭게 보인다. 영국에서 어떤 특정한 투표가 야기할 법도 한 결과를 **별도**로 할 때, '민주주의'가 일반적으로 반(反) 유럽연합 입장을 의미하기 위해서 등장한 것—"이 의원들은 선거에서 당신의 표를 원하지만 선거 후에 누가 영국을 통치해야 하는지에 대한 입장을 밝히지는 않을 것이다"—에 주목해보자. 민주주의는 그들의 투표를 통해서 **현재** 만들어진 집단들/나라들에 대한 것이라는 점과 마찬가지로 (혹은 그것이라기보다는) 일군의 사람들이 투표를 하고 이어서 통치를 당하는 집단의 **구성**에 대한 것인가? 달리 말하면, 여기서 시사하는 바는 '민주주의'는 체제 **안**에서 무엇이 발생하는지와 마찬가지로, 체제 자체의 **구성**에 관한 것이라는 점이다—여러분은 체제 안과 체제 밖 차원이라고 말할 법도 하다. 여기에 결부되어 있는 것은 유럽연합이 정의상 비민주적이라는 생각인데, 지지자들이 이해하는 바에 의하면 이 캠페인은 '영국 민주주의'를 구하기 위한 것이다. 또다시, 우리는 여기서 지역적인 환기와 의미 부여의 역할을 발견하는바, 그것은 민주주의의 의미를 특정한 방식으로 '고정'하거나 구성하고, 또 그것이 화자나 필자에게 도움이 되는 의미를 전달하는 데에 유용하게 만들고자 하는 노력의 일환으로, 지역적인 특수성을 만능 용어[민주주의]에 결부하는 것이다.

마지막으로 이 캠페인이 지지하는 장치, 곧 국민투표에 주목하라.

위에서 논의한 파키스탄의 무샤라프 장군처럼, '영국 민주주의 캠페인'은 국민투표가 (그들이 보기에는 적어도) 민주주의의 비장의 무기로서 유용하다고 생각했다. 우리가 본 것처럼, 국민투표는 간접 혹은 대의제 민주주의의 반대로서 **직접** 민주주의 장치이다. 그것이 어떻게 사용되는지에 따라서 국민투표는 정치적 대표들이나 다른 기제들을 통해서 자신들의 견해가 전달되기보다는 '전체 인민(the people)'이 사안들을 직접 결정하는 수단이 될 수 있다. 여기서 시사하는 점은 국민투표를 하는 것이 대표들이 결정하는 것—또는 여기서 표현된 것처럼, 사안 자체를 전혀 다루지 않는 것—보다 더 민주적이라는 점이다. '민주주의'가 정말 인민이 스스로 쟁점들에 대해서 **실제로** 결정하는 것을 의미할 수 있을까? (제5장에서 우리는 직접 민주주의에 대한 최근의 옹호를 검토할 것이다.)

실로, 이는 영국 정치에서 잘 알려지지 않은 단체로부터 나온 아주 구체적인 사례이고, 이것이 신문에 나왔을 때, 많은 사람들이 광고에 담긴 이들 주장의 정확성에 의구심을 품었다. 그러나 다시 말하지만 우리는 곰곰이 생각해보아야 할 일련의 추측이나 질문들을 발견한 것이다.

민주주의가 무엇을 의미할 수 있는가? 예시들을 한데 모으기

다소 산만한 우리의 사례들로부터 생각들을 정리하기 위해서 잠시 멈추어보자. 먼저 이 사례들이 던져놓은 민주주의의 의미들을 모으고, 그 뒤에 이 사례들이 제기하는 더 넓고 골치 아픈 질문들을 검토해보자. 그다음에는 사전상의 의미를 검토해볼 것을 제안한다.

첫째로, 기본적인 구분이 우리가 앞으로 나아가는 데에 도움을 줄 것이다. 우리의 세 사례로부터 제기되는 민주주의의 의미는 **함축적 의미(connotation)**이다. '민주주의'가 사람들에게 시사하는 바는 아마도 꽤나 불명확하거나 뜻밖의 것들일 터이다. 함축적 의미들은 **명시적 의미(denotation)**와는 다른데, 명시적 의미는 사전에 나오는 것처럼 분명하고 직접적인 정의이다. 둘 다 '기의'이지만 다른 종류이다. 우리는 의미의 함축으로 인한 (어쩌다 부딪히는) 혼란을 빠져나오기 위해서 명시적 의미의 명확성에 종종 의존한다. 따라서, 우리는 (예를 들면)『옥스퍼드 영어 사전(*Oxford English Dictionary*)』이 제공하는 민주주의의 정의에 '권위'를 부여하고, 이것과 앞에서 다섯 사람들이 사용한 '민주주의'의 정의를 비교함으로써 이들의 정의가 얼마나 쓸모 있는 것인지 따져볼 수 있다. 그러나 다른 한편, 한 단어가 함축적으로 의미하는 바가 그 단어가 명시적으로 의미하는 바를 정당하게 전복하거나 도전할 수 없다고 누가 말할 수 있겠는가?[5]

이 구분을 염두에 두고 잠시 우리의 사례로 돌아가서 그들이 제안했던 의미를 성찰해보자. 한편으로는, '민주주의'가 무엇을 의미하는지에 대한 사안—또는 민주주의라는 단어의 사용자들이 그들 자신의 명분을 정당화하거나 심화하기 위해서 민주주의가 [특정한 것을] 의미하기를 원하거나 필요로 하는 사안—이 있다. 여기서, 많은 것이 민주주의의 의미를 특정한 방식으로 구성하려는 노력을 특정

---

5) 이런 종류의 의미의 불안정성은, 여기서 논하는 의미-만들기의 과정에 대한 가장 뛰어난 이론가인 롤랑 바르트의 1974년 저작『S/Z』에는 매우 유용한 것임이 분명하다.

한 청자들이 얼마나 수용하는지에 달려 있다. 다른 한편으로는, 그리고 종종 앞의 주제와 관련된 것으로, 이러한 사례들이 던져놓은 민주주의의 성격에 대한 중요하고 도전적인 추정들, 질문들의 영역이 있다. 이 사례들은 민주주의의 잠재적인 기의들의 긴 행렬을 분명히 밝혀놓았다. 이 사례들을 해석하는 상이한 방법들이 있는데 나는 아래의 목록이 확정된 것이라고 주장하지는 않는다. '민주주의'는 다음의 것들을 의미한다.

- 좋은, 도덕적인 정치 체계
- 현존하는 최선의 정치 체계
- 국민적 이익에 따라서 행동하는 것
- 인민을 우롱하는 기만, 계략 ('가짜')
- '〈해야 하는〉 반드시 올바른 일'
- '내/우리가 생각하기에 〈해야 하는〉 올바른 일'
- 계표하기
- 투표 집계
- 적당하고 적절한 수준의 투표율
- 정치적으로 행해져야 하는 것
- 특수하거나 불공정하게 선호되는 이익에 반대하기
- 〈통상적으로 후보에 관해서〉 인민의 선택이 간접적이지만 우세한 것
- 〈일반적으로 정책에 관해서〉 인민의 선택이 직접적으로 우세한 것
- 지역주의, 〈진정한〉 지역 정체성의 주장
- 인민에 의한 집단적인 자치 정부
- 상업적인 고려에 의해서 부당하게 영향을 받지 않는 의제 설정

- 인민의 목소리
- 적법한 과정(적당한 절차가 준수되는 것)
- 다수의 의지
- 여기, 이 장소에서 이 역사적인 규칙에 따라서 우리가 정치적으로 행하는 것

우리가 주목한 바 있는 파키스탄, 미국, 영국의 사례에서 제기되는 중대하고도 도전적인 질문들은 약간 덜 직접적이지만 그렇다고 덜 긴급한 것은 아니다. 우리가 나중에 다시 다룰 필요가 있는 이 질문들을 제시해보면 아래와 같다.

- 민주주의란 그 진정한 의미(그런 것이 있다고 하면)가 정말로 지역적이고 특수한 여러 가지 '민주주의들'인가? 민주주의에 대한 합당한 해석의 범위들이 있는가? 있다면 이러한 판단을 내릴 수 있게 하는 객관적인 근거는 있는가?
- 어떤 제도들의 혼합, 어떤 공식적이고 비공식적인 과정들이 민주주의를 구성하는가? 선거가 **가장** 근본적인가?
- 나라나 다른 공동체가 통치를 받아야 할 때, 정치적 단위를 '민주적'으로 구성할 방법이 있는가?

사람들이 이러한 목록과 질문들에 대해서 어떻게 논평을 하든, 핵심은 민주주의와 그 잠재적 의미에 대해서는 간단한 또는 안정된 기표-기의 관계가 없다는 것이다. '민주주의'는 엄청나게 풍성하고, 시사하는 바가 많고, 생각을 불러일으키는 정치적인 용어이며, 이러

한 사실이 어느 정도 민주주의를 잠재적인 정치적 무기로 만든다. 우리는 민주주의가 다양한 집단과 개인들에게 다른 것들―아주 상이한 것들―을 의미할 것이라고 예상할 수 있다. 너무 성급하게 민주주의의 의미를 단일한 제도나 원칙 또는 실천에 묶어두려고 한다면, 우리는 아마도 개념으로서 민주주의가 가진 힘과 풍성함의 많은 부분을 놓칠 것이다. 두루 적용되도록 일반적으로 만들어진 정의들은 민주주의의 현실세계를 마주했을 때 쉽게 쓸모없어진다.

이 말은, 사전적 정의들과 전문적인 정치학(political science) 문헌들에서 깔끔하고, 짧고, 겉보기에 권위 있어 보이는 쓸모 있는 민주주의의 정의들은 결코 부족하지 않다는 말이다. 이것들은 민주주의의 명시적 의미들을 제공한다. 명시적 정의들은 우리를 압도하기 십상인 함축적인 의미 놀이에서 우리를 탈출하게 도와줄 것인가? 이 정의들의 예시들을 한번 검토해보자.

전문적인 정의들의 예시 보기

우리의 사례들로부터 제기되는 가능성 있는 기의들의 목록과 핵심 질문들에는 추가적으로 다루어야 할 많은 것들이 있다. 이 작업의 많은 부분은 이어지는 장들에서 다루어질 것이다. 나는 민주주의의 잠재적인 의미가 풍성하다는 점이, 우리가 바라는 어떤 의미라도 용납해주는 면허장은 아니라는 시각을 견지한다. 민주주의에 대한 몇몇 가능한 의미들은 다른 의미들보다 더 합당하다. 제2장과 제3장에서는 민주주의에 대한 영향력 있는 현대적 서사를 포괄하면서, 무엇이 민주주의에 정말 중요하고 무엇이 덜 중요한지에 대한 다양한 시각들을 논의할 것이다. 제4장에는 민주주의의 가능한 기준에 대한 논의가 포함되어 있으며, 거기서 나는 위에서 다룬 사례들을 명시적으로 거론하면서, 일정한 구분들이 당연히 필요하다고 주장할 것이다.

그렇지만 이 장에서의 내 관심은 여전히 다양한 생각들을 검토하고, 민주주의의 의미에 대한 우리의 직관이나 편견들에 관해서 열린 마음으로 물음을 던지며, 그 과정에서 하나의 '올바른' 정의를 요구하거나 주장하지 않는 것에 머물러 있다. 이제 다른 사람들이 제시한, 민주주의의 정의로 선발된 것들로 돌아가보자. 어떤 것들이 나아 보이는가? (더 중요한 것은) 왜 그런가? 이들은 위 사례들에 대한 어떤 추가적인 고찰을 유발하는가? 뒤이어서, 우리는 가상적인 사고실험을 진행하는 과정에서, 우리의 민주주의의 의미에 대한 생각을 실제적이고 제도적인 작용으로 전환할 수 있기를 기대하면서, 그 사례들로부터 제기되는 간단하지 않은 문제들과 질문들을 고려하는 와중에 선택을 해야 하는 기로에 설 것이다.

어떤 사람은 만약 우리가 '민주주의'를 불러일으키는 구체적인 경우나 사례로부터 돌아서서, 대신에 일반적이고 추상적인 정의를 검토하게 된다면, 우리는 아마 우발적인 사태, 논변, 특수함 등으로 산만해지지 않고, 또 일련의 추가적인 거추장스러운 질문에 부딪히지 않고, 우리의 개념의 **핵심**(essence)에 도달할 수 있을 것이라고 생각할지 모른다. 혼돈스러운 함축적 의미는 잠재워질 것이고, 이 용어는 어떤 분명하고 직접적인 의미를 명시할 수 있을 것이다. 반면에 사례 연구로부터 제기되어온 이런 종류의 추측이나 질문들은 일견 명확하고 정확한 사전적 정의나 다른 정의들을 혼란스럽게 하는 데에 일조할 것이다. 추가적으로 함축된 의미들은 항상 간결한 정의들의 주변에서 산만하게 어슬렁거린다. 이제 우리가 고른 것들을 검토하고, 그것들로부터 우리가 무엇을 할 수 있는지 살펴보자.

1. "(a) 인민에 의한 정부 : 주권이 전체로서의 인민에게 있는 형태
   의 정부, 그리고 인민에 의해서 직접적으로(고대의 작은 공화국
   들처럼), 또는 인민에 의해서 선출된 공직자들에 의해서 운영되
   는 그런 형태의 정부. 근대에 들어와서 그것은 세습적이거나 자의
   적인 등급(rank)이나 특권이 없이, 모두가 동등한 권리를 가진 사
   회적 상태를 보다 모호하게 가리키는 용법으로 종종 사용되기도
   한다.", "(b) 정부가 전체로서의 인민에게 맡겨진 국가나 공동체."
2. "민주주의란……전체로서의 인민이 긍정적으로 혹은 부정적으로,
   공공정책의 중요한 문제들에 대한 기본적이고 중대한 결정을 내
   리고 또 내릴 권한을 부여받았다고 말할 수 있는 정치 체계이다."
3. "'민주주의'는 인민에 의해서 선출된 정부이다."
4. "〈민주주의는〉 정확히 이 단어가 어원학적으로 의미하는 [바다]-
   데모스(demos), 곧 인민에 의한 지배 : 인민 스스로가 결정을 내
   린다."
5. "기본적으로 민주주의는 힘에 의한 정부를 반대하는 것으로서 토
   론에 의한 정부, 세습적 파벌에 의한 정부를 반대하는 것으로서 인
   민들이나 인민에 의해서 선출된 대표들 사이의 토론에 의한 정부
   이다. 족장이 있건 없건, 부족 체계에서 아프리카 사회는 평등한
   사람들의 사회였고, 그 사회의 업무를 토론을 통해서 수행했다."
6. "'민주적 정권(regime)'이라는 것은 무엇보다도 일정한 방식으로
   집합적 결정들에 도달하기 위한 일련의 절차적 규칙들을 의미하
   는데, 이 규칙들은 이해 당사자들이 가능한 한 최대한도로 참여하

는 것을 수용하고 또 촉진한다."

정의들을 비판적으로 평가하기

『옥스퍼드 영어 사전』[6]에서 온 첫 번째 정의부터 시작해보도록 하자.

'인민에 의한 정부'에 대해서는 즉각적으로 두 가지 문제가 제기된다. 첫째로, 다시 묻지만 '인민'은 누구인가? 예를 들면, 플로리다 인민인가 아니면 미국의 인민인가, 아니면 둘 다인가? 영국의 인민인가, 유럽연합의 인민인가 아니면 둘 다인가? (혹은 둘 다 아닌가?) 둘째로, 모든 인민인가? 만일 이들이 핵심적인 문제에서 합의에 도달하지 못한다면 어떻게 하는가? 다수파가 전체를 대신해서 말할 수 있는가? 만일 그렇다면, 소수파들의 권리는 어떻게 되는가?

이 정의는 분명 우리에게 '인민에 의한 정부'에 대한 정교한 설명을 제공한다. 주권이 전체로서의 인민에게 놓여 있는 형태의 정부, 그리고 인민에 의해서 직접적으로나(고대의 작은 공화국들처럼), 또는 인민에 의해서 선출된 관리들에 의해서 운영되는 형태의 정부. 만일 '주권'이 전체로서의 인민에게 있다면, 우리는 '주권'이 무엇을 의미하는지를 알아야 한다. 그것은 '궁극적', 또는 '최종적'인 것 같다. 그러나 우리는 [사전적 정의로부터] 다수파/소수파 문제에 큰 도움을 얻지 못한다. '전체로서의' [인민]은 다시 한번 논점을 피하

---

6) 이 정의들은 (1) 『옥스퍼드 영어 사전』; (2) Holden(1974, 8); (3) J. D. Barber(1995, viii); (4) Watson and Barber(1990, 9)에 인용된 Moses Finley; (5) Nursey-Bray(1983, 101)에 인용된 Julius Nyerere; 그리고 (6) Bobbio(1987, 19)에서 인용했다. 현재의 논의에서 출처들은 중요하지 않다.

는 것이다.

그러나 우리는 여러 교과서에서 민주주의에 대한 친숙한 구분을 발견한다— 직접 민주주의와 대의제 민주주의. 정의상 전자는 오래전에 떠나온 과거의 관습에 속하며, 후자는 (추측하건대) 그 후로 통상적이고 오늘날까지도 그렇다.

그러므로 흥미롭게도, 앞의 아주 구체적인 세 사례에 대한 우리의 고찰이 우리가 『옥스퍼드 영어 사전』의 노력에 대해서 묻지 않을 수 없었던 질문들과 유사한 질문을 불러일으킨다. 가령, 정치적 단위에 관해서든 민주주의를 위한 제도적 혼합(직접, 대의 등)에 대해서든 말이다. 우리는 우리의 표본으로부터 달리 어떤 것을 구성할 수 있는가? (무엇이 좋은 정의를 만든다고 생각하는가? 그리고 왜?)

여기서 네 가지 소견을 간단히 말하겠다. 첫째로, **전략들**을 고려하면서, 나는 이 정의들 중 세 가지는 메커니즘이 민주주의의 핵심이라고 강조하고 있는 반면, 다른 세 가지는 원리를 강조한다는 것을 지적하고자 한다. 전자에 속하는 것은 선거의 메커니즘을 강조하는 (3)과 각각 토론과 절차적 규칙을 강조하는 (5), (6)이다. 다른 정의들은 전체로서의 인민이 결정을 내리고, 통치하고, 주권자가 될 자격이 있다는 원칙을 더 강조하는 것으로 보인다. 나는 이 장에서 판단을 내리지 않기로 하고 시작했지만, 원칙들에 기반을 둔 여러 정의가 옹호하기에 더 쉬울 것이라고 제안한다. 만일 첫 세트의 핵심에 있는 메커니즘이 민중적 권력(popular power)을 도출하는 메커니즘이 아니라면 어떻게 할 것인가? 만일 토론이 제대로 작동하지 않거나, 또는 선거 빈도가 너무 적고 결정적이지 않거나, 또는 절차적 규칙이 부적당한 것으로 밝혀진다면 어떻게 할 것인가? 민주주의를 원칙들—가령, 민중적 권력—의 측면에서 정의하는 것은 어떤 메커니즘들의 혼합이 원칙을 최선으로 **관철하는지**를 [유연하게] 열어놓는다.

둘째, **초점**이라는 측면에서, 또 우리가 앞서 논의한 사례에 비추어볼 때, 일정한 것들이 이 선별된 정의들에 **빠져** 있다는 것에 주목하자. 빠진 것들에는 잠재적 특징들인 '좋은, 도덕적인 정치 체계', '선택가능한 최선의 정치 체계', '국민의 이익에 따라서 행동하는 것'이 포함된다. 여기에는 많은 이유가 있겠지만, 민주주의와 관련해서 소위 이러한 특징들이 다소 **주관적이고 수사적이며 증명하기 어렵다**는 점 하나는 확실하다. 민주주의를 이러한 특징들과 일치하게 정의하는 것은 **여하한** 정치적인 배열도 민주주의라 불릴 수 있도록 문을 열어놓는 셈이 될 것이다.

셋째, 정의들을 관통하는 핵심적인 **긴장**에 주목하자. 인민이 지배하는 것은 여기서 공통적인 맥락이지만, 인민이 **스스로** 지배해야 하는가? 결정들을 내려야 하는가? 아니면 그들의 **대표**들이 해야 하는가? 이 둘 사이에서, 정의들은 이 문제에 대한 다양한 시각을 보여준다. 그리고 넷째, 정의는 단지 정의일 뿐이라는 것에 주목하자. 이는 온전한 이론이 아니며, 또 전체 이야기도 아니다. 정의는 민주주의의 원칙들을 구현하기 위해서 필요한 모든 제도들을 설명해주지 않는다. 이어지는 두 장에서 특정한 민주주의의 정의 위에 세워지는, 민주주의가 무엇을 포함해야 하는지에 대한 더 완전한 내용을 담고 있는 더 큰 서사들을 검토할 것이다.

사전 등에서 제시된 정의들은 우리가 앞에서 사례 연구를 통해서 얻은 질문들을 다듬는 데에 도움이 되지만, 이들 역시 새로운 문제들을 제기한다. 이 모든 문제들은 '민주주의'의 핵심과 연결된다. 질문 목록 그 자체는 최종적인 것이 아니며, 또 확정적이지도 않다. 민주주의는 항상 새로운 조합과 비전들로 재창조된다. 민주주의는 하나의 과정으로서, 민주주의가 다양한 청중들을 유발할 수 있거나 유발하는 다중적이고 유동적인 의미화에 의해서 형성된다. 내가 이미 지적했듯이, 사전 등이 제시하는 정의들은 우리에게 단지 명시적 의미―그 단어가 가장 즉각적으로 제시하는 것―를 제공한다. 그러나 그런 정의들은 함축적인 의미들의 가능성을 쉽사리 침묵시킬 수 없는데, 그것들은 확정하기 어렵고 풍성한 잠재적인 의미들의 일련의 조합이기 때문이다. 그리고 그 의미들은 청중(들), 언어적이고 문화적인 맥락 등에 의해서 좌우된다. 명확한 의미로 확정하기 어려움과 유동적인 초점, 범위를 지닌 쟁점은 우리가 제기하고자 하는 것인데, 이들은 의미의 풍성함은 물론 우리의 정치적 삶에 대한 민주주의의 긴요한 중요성을 상기시켜주는 표지이다(그리고 심지어 '정치에 관심이 없는' 사람들에게도 정치적인 삶이 있다).

그렇기는 해도, 우리가 논한 특정한 사례들과 사전적 정의들 사이에는 공통점이 있는 것처럼 보인다. 인민에 의한 지배 또는 민중적 권력은 '민주주의'에 대한 호소에 통상적이고 그럴듯하게 뒤따르는 주장 중 하나이다. 이 사례들과 정의들로부터 우리는 **명백한 민중적 권력**을 특징으로 하지 않으면서 제시된 의미는 무엇이든 의심의 대상이 된다고 추정할 수 있다. 또한 이것과 관련되어, 평등과 공정함의 이념들 역시 핵심적인 역할을 하는 것으로 보인다. 그러나 그것은 결코 단순한 '인민의 권력', '평등', 또는 '공정함'이 아니다. 추상적인 차원에서 이것들은 별 의미가 없지만, 특정한 맥락에서 이것들은 인민의 마음을 사로잡거나 인민을 무기력하게 하는 힘, 그 결과 사회를 혁명화하는 힘과 함께 매우 구체적인 반향을 일으킨다.

이어지는 장들을 통해서 우리는 이 이상들(ideals)의 과거, 현재 그리고 (잠재적인) 미래적 환기의 예시들을 살펴볼 기회가 있을 것이다. 이제 나는 실제 사례와 논변들로부터 주의를 돌려서 가상적인 난제를 살펴보겠다. 나는 '민주적인' 제도들을 설계해야만 하는 도전이 우리에게 지금까지 제기되어온 문제들 중 일부를 풀도록 강제하는지를 보기 위해서 이 작업을 수행한다. 또는 적어도 이것이 우리에게 민주주의에 대한 깊은 생각에 수반되기 마련인 문제와 딜레마들의 윤곽을 더욱 명확하게 보여줄 수 있는지를 보기 위해서 한다. 이제 나라 X를 위한 민주적 체제를 설계해보자.

어떻게 민주주의를 설계할 것인가 : 나라 X

나라 X는 독특한 곳이다. 전통적으로 인구는 종교, 언어, 정치와 문화 측면에서 세 집단으로 나누어져 있다. A집단은 45퍼센트를 차지하며 B는 35퍼센트, C는 20퍼센트를 차지한다. 그들은 대체로 함께 살고 일하지만, 세 공동체는 긴장과 상호 불신의 역사가 있다. 당신이라면 어떤 방식으로 나라 X의 중앙 정치를 위한 민주적 체제를 설계하는 것에 착수할 것인가?

우리는 민주주의가 우리와 우리의 제도들에 무엇을 요구하는지라는 문제에 즉각적으로 직면한다. 나는 나라 X가 그러한 도전에 대응할 수 있는 최선의 방법 하나가 있다고 제안하고 싶지는 않다(아마 독자들은 더 나아가기 전에 가장 좋은 방식이 무엇인지 스스로 생각해볼 수 있을 것이다). 그러나 채택될 정확한 접근법이 무엇이든, 의심의 여지없이 떠오르는 탁월한 한 가닥의 생각을 추구해보자.

다음과 같은 생각을 고려해보자. 혹자는 X에서 권력을 배정하는 것 못지않게 권력을 제한하는 것, 다시 말하면 권력이 '전체 인민'의 손에 달려 있도록 하는 것에 관해서 처음부터 우려할 것이다. 즉각적으로 우리는 어떠한 중요한 정치적 문제에 관해서 X의 공동체를 가로지르는 높은 수준의 합의는 불가능해 보인다는 것을 알 수 있다. 그렇다면 우리는 차선책으로서 모종의 다수결주의 체제를 도입할 필요가 있는가? 그런데 선거에서의 여하한 다수파 또는 다른 종류의 다수파가 소수파가 불만스러워하는 정책이나 의무를 얼마만큼 소수파에게 부과할 수 있을 것인가? (X 내의 어떤 두 공동체이든 서로 연합해서 세 번째 공동체를 집단적으로 공격할 수 있을 것이다.) 우리는 다수가 된 집단의 권력을 제한함으로써 소수파 '권리'를 보호하기 위해서 특별한 조치를 취할 수 있을 것인가?

민주적인 X가 어떤 제도들을 도입해야 하는지를 고려할 때, 이런 생각들은 우리를 꽤 구체적인 방향으로 인도한다. 첫째, 투표나 선거 제도의 측면에서, 우리는 다수결주의(majoritarian) 체제와 비례적(proportional) 체제 사이에서 기본적인 선택을 할 것이다. 다양한 종류의 구체적인 선거 제도들은 이 범주들 중 어느 하나에 다소간 깔끔하게 맞아떨어질 것이다. 여기서 이 주제에 세부적으로 들어가는 것은 불필요하다. 다수결주의 체제는 의회나 입법부의 의석을 배정함에 있어, 선거에서의 소수에게 입법부적 또는 통치적 다수의 지위를 부여하는 경향이 있다. 예를 들면 영국의 경우에는 전체 유권자의 40퍼센트 이하의 득표로도 입법부를 안정적으로 지배할 수 있는 다수파를 만들어낼 수 있다. 나라 X에서 이런 제도를 채택하는 것은 A집단 구성원이 하나의 블록처럼 투표를 할 경우, A집단이 통치가 가능한 견고한 다수파를 형성하게 할 것이다. 우리는 이러한 사태를 민주적으로 예방할 수 있는가? 비례적 체제는 (적어도 이상적으로는) 각자의 득표에 비례해서 입법부의 의석을 확보하는 여러 정당이나 블록들로 귀결될 것이다. X에서 이러한 상황은 어느 한 공동체도 [의회에서] 통치가 가능한 다수파를 형성하지 못하는 사태로 이어지기 십상이고, 그 결과 필연적으로 연립 내각이나 다른 협동적인 형태의 정치적 행위를 하는 것으로 귀결될 가능성이 가장 높다(각자 자기 방식대로 살기, 서로의 의견 차이를 인정하기, 교대로 공직 담당하기, 타협, 권력의 공유).

그렇다면, 둘째로, 정부의 다른 기관들은 어떻게 할 것인가? 세 공동체의 관계가 잠재적으로 위험하고 적대적이라는 주어진 상황을 고려한다면, 우리는 아마 국가의 행정 기구나 부서들이 어떤 하나 또는 두 집단에 의해서 독점되지 않는 상황을 확보하고 싶어 할 것이다. 우리는 행정부와 다른 비선출직 관직에까지 모종의 비례적 형태를 확대해서 도입하고 싶어 할 것이다. 민주주의의 이론과 실천에서의 유구한 전통이면서, 가장 유명하게는 미국의 헌법에 포함되어 있는 모종의 권력 분립은 어떠한가? 권력 분립은 아마 (제도적인 설계가 어떤 특정한 결과들을 방지할 수 있는 한) 어느 중요한 집단도 사회 내에서 자신의 관심사를 경청하도록 만들 수 있는 능력을 박탈당하지 않도록 보장할 것이다. 그러나 아마도, 훨씬 더 중요하게, 우리는 세 공동체의 본질과 구성을 더 면밀히 검토할 필요가 있다. 각 집단은 지리적으로 집중되어 있는가, 아니면 공동체들이 흩어져서

서로 섞여서 살고 있는가? 어느 경우든, 낮은 수준의 정부와 행정부는 중앙에서 결정된 정책들로부터 일정 정도의 자율성을 가지는 연방제를 채택해야 모든 공동체에 걸쳐서 자유와 권리들이 잘 보장되는가? 만약 이것이 결론이라면, 이는 다수결주의에 대한 추가적인 억제책이 될 것이다.

셋째로, 기초적인 정치 규정집—헌법—은 인민의 권력과 그들의 정부 제도들을 어떻게 명문화할 것인가? 헌법은 권력들을 창출함으로써 그것들을 제한하거나 그것들에 자격을 부여한다. 가령 입법부는 무엇을 결정할 수 있고, 인민은 어떤 권리들을 가지며, 그 권리들은 그 자체로 어떤 한계가 있는가(예를 들면, 언론의 자유). 민주적 장치로서 헌법의 한계—일반적으로, 선출되지 않아서 아마도 민주적 신뢰성이 결여된 법관에 의해서 관장되는—라는 잠재적으로 까다로운 문제는 어떻게 할 것인가? 이제까지는 집단들이 우리의 사고에서 중심적인 지위를 차지하고 있었는데, 개인들, 개인의 권리들, 개인의 자율성도 어쩌면 헌법적인 보호를 받을 가치가 있을까? 어쩌면, 개인의 권리들을 강조함으로써 우리는 집단들의 권리도 배려할 수 있을까?

또한 집단들과 그 구성원들의 정체성은 어떻게 할 것인가?—가령, 나라 X에서 집단들의 문화, 종교, 언어들이 공식적으로(헌법적으로) 인정받거나 보호되어야 하는가? 아마도 어떤 집단은 그 집단의 문화가 공동체 법에 의해서 가치를 인정받고 보호받는다고 느낄 때, 비로소 전체 공동체에 진정으로 '속한다'고 느낄 수 있지 않을까? 그렇다면 다시, 이와 같은 규정은 그 집단은 무엇인지, 또는 무엇을 대표하는지에 관해서 논쟁의 여지가 있는 단 하나의 버전으로 고착시켜버리는 위험을 초래하지 않을 것인가? 만일 어떤 한 집단의 문화가, 예를 들면 소녀와 여성들에 대한 체계적인 차별을 포함하고 있다면 어떻게 할 것인가?

요컨대(그리고 아주 간략히 말하자면), 이와 같은 사례들에서 민주주의자는 곧장 근본적인 도전과 선택에 직면한다. '민주주의'는 다수결 아니면 소수자 보호, 또는 둘 다를 요구하는가? 만약 둘 다를 요구한다면, 어떤 균형점을 요구하는가? 집단들이나 개인들 가운데 어느 것이 가장 중요한가? 누가 선거에서 이기느냐와 상관없이 다양한 수준에서의 선출직 또는 다른 통치 기관들은 어느 한 집단도 모든 기관들을 동시에 지배하지 못하도록 조정될 수 있거나 조정되어야 하는가?

이 개요를 제시하면서 떠오른 두 가지 소견을 말하고자 한다. 첫째로, 위의 논평들이 포함하고 있는 몇몇 핵심적인 가정들을 주목하라. 나는 평등 선거의 중요성과, 그리고 모든 시민들 사이에서 종교나 다른 문화적 속성 또는 세계관에 상관없는 (여러 가지로) 권력, 보호 및 존엄성에 대한 모종의 평등에 대한 필요를 가정했다. 또, 정치적 구조와 활동의 일차적 형태, 그리고 민중적 권력을 표현하기 위한 주된 수단이 (말하자면) 직접적이라기보다는 대의적이라고 가정했다. 이와 함께 나는 의회나 입법부가 없어서는 안 될 민주적 기관이라고 가정했다. 옹호되지 않은 다른 가정들도 여기에 있지만, 그것들도 [역시] 주요한 것들이다. 이 가정들을 세우는 일은 (a) 아주 통상적인 것이고, (b) 보통의 생각처럼 옹호하는 것이 쉽지는 않다는 점을 말하고 싶다. 이것들이 얼마나 통상적인지, 또 민주주의에 관한 몇몇 영향력 있는 이론가들이 이것들을 어떻게 옹호하고자 했는지에 대한 세부적인 내용은 다음 장에서 약간 다룰 것이다.

더 나아가서 통상적인 경향은 '민주적 구상'을 투표, 의회 등의 측면에서 생각하기 때문에, 우리는 종종 정치적 사안을 조직할 꽤 급진적인 다른—그렇다고 꼭 민주적으로 '틀린' 것은 아닌—방법들을 생각하지 않는 경향이 있다. 더 급진적이거나 색다른 질문들 중 우리가 나라 X에 대해서 물을 수 있는 것들은 다음과 같다.

- 실제로 중요한 것이 상이한 문화적 공동체의 공정한 대표일 때, 일인일표제가 그렇게 중요한가? 대신에 우리는 각 공동체가 자신의 대표들을 뽑는 일종의 쿼터(quota)제를 실시할 수는 없는가?
- 왜 **투표**가 그렇게 중요하다고 생각하는가? 투표는 민주주의의 필연적 혹은 자연적인 **가장** 주된 메커니즘은 아니다. 우리는 그렇게 여기는 것에 아주 익숙해져 있지만—물론 가볍게 제쳐놓아도 되는 사실은 아니지만—그렇다고 해서 논리적으로 꼭 그래야 하는 것은 아니다. 가령 '투표' 대신에 **대화**나 더 나은 **숙의**(deliberation)를 하면 안 되는 이유는 무엇인가? 집합적인 결정을 내릴 필요가 있을 때, 일정한 형태의 합의가 나타날 때까지 또는 그것에 실패한 경우 적어도 어떤 실행가능한 형태의 '견해 차이에 대한 인정'이 나타날 때까지, 집단을 이루어 사안에 대해서 토론해서는 안 되는 이유가 무엇인가?
- 왜 세 집단들의 각 공동체 결사(association)가 각자의 문제를 통제해서는 안 되는가? 왜 우리는 그들이 각자의 상당히 분리된 일련의 정치적 제도들을 통제하는 것 대신에 합동으로 통치 제도—예를 들면 공통의 '의회'와 '정부'—를 공유할 필요가 있다고 생각해야

하는가?

- 대의제의 형태에 집중하는 것 대신에, 직접 혹은 적어도 더 참여적인 형태의 민주주의를 고려하지 않은 이유는 무엇 때문인가? 어쩌면 '민주주의'는 기회가 있을 때마다 인민의 권력을 **극대화**하는 것을 의미할 필요는 없을지도 모른다. 그런데 자칭 민주주의 설계자들은 왜 인민의 공식적인 참여를 종종 투표용지에 표기하는 것으로 제한하는 제도적 배치—대표를 뽑는 선거—를 일종의 초기값으로 사용하는가?

나아가서, 그리고 아마 가장 근본적으로, 왜 X가 '하나의 나라'인가? 무엇이 그것을 하나의 나라로, 다시 말하면 하나의 정치적 단위로 **만들었는가?** 만일 이 힘들이 무엇인지 확인할 수 있다면, 우리는 어떻게 이것들이 **민주적** 힘인지 여부를 알 수 있는가? 이 집단들 중 하나나 그 이상은 **자신들**만으로 분리된, 더 작은 나라나 정치적 단위를 구성하는 것을 선호하지 않을까? 민주주의자로서, 우리는 우선 X가 도대체 왜 **하나의** 나라로 남아야 하는지 확인하기 위한 국민투표를 시행할 것을 고려해야 하지 않을까? 그리고 만일 그렇다면 누가 투표를 할 것인가—모든 집단의 모든 구성원? 또는 분리하고자 하는 압력이 있는 집단들에서만?

하나의 뚜렷한 가상적인 사례가 우리를 중요하고 까다로운 문제들의 바다로 끌고 왔다. 우리는 민주적 기획을 생각하는 이 간단한 노력을 통해서 무엇을 배울 수 있는가?

나라 X의 문제점은 우리에게 무엇을 말해주는가? 논의를 위한 문제들

우리가 검토한 것처럼 나라 X에서 가능한 여러 가지 가능성들을 검토하는 것은 민주주의를 갖추거나 기획하는 것에 하나의, 단일한, 최선의 방법이 없다는 생각을 불러일으킨다. 다른 많은 것들과 마찬가지로, 민주주의가 진정 어떤 모습으로 나타나야 하는가라는 질문을 받으면, 우리는 "상황에 따라서 다르다"라고 답할 수밖에 없다. 그것은 누가 해당 정치적 단위를 구성하는지, 그들의 목표와 선호가 무엇인지, 우리가 언제 [이 주제에 대해서] 말하고 있는지(1820년이나 1930년에 '민주주의'를 기획하는 것은 2003년에 그것을 기획하는 것과는 근본적으로 상이한 과제일 터인데, 상이한 것들을 생각할 수 있기 때문이다)에 달려 있다. 그것은 또한 그 정치적 단위가 어디에 있는지(문화와 지리는 사람들이 '민주주의'에 대해서 무엇을 기대하는지와 사람들이 하나 또는 다른 버전의 민주주의를 수용할 준비를 할 수 있는지에 영향을 끼친다), 애초에 그 정치적 변화의 문제가 왜 논의의 대상에 올랐는지, 제안된 변화가 어떻게 성취될 것인지에도 달려 있다. 1980년대 중반의 내전 이후 레바논에서 다시금 민주적 제도들을 형성하고자 하는 시도는 이런 점들에서 1989년의 체코나 1990년의 남아프리카 공화국에서의 노력과는 별개의 작업이었다.

그러나 둘째로, 우리의 사례는 하나의 올바른 대답은 없을지라도 민주주의의 요구에 대해서 생각하는 다양하고 전형적인 방식들—서로 다른 종류의 반응들을 생성하는 서로 다른 전통들, 모델들, 패러다임들—이 있고 또 있어왔다는 사실을 시사한다. 우리는 전적으로 단절된 이상들과 소망들의 바다에서 그저 표류하는 것이 아니다. 이들 중 여러 가지는 민주주의가 무엇이었는지, 무엇인지, 무엇이 될 수 있는지에 대한 일관된 비전으로 관행적으로 한데 응집해왔다. 정치적 평등 및 기본적인 공정함과 마찬가지로, 특히 민중적 권력의 가시적인 형태는, 이 장에서 검토된 사례와 정의들을 고려할 때, 모든 자칭 민주주의에게 아마도 직감적으로 중요한 것으로서 제시된 것 같다. 제2장과 제3장에서는 20세기 후반에 출현한 민주주의의 주요 서사들이 어떻게 민주적 답변에 대한 접근법을 구축하는지 보기 위해서 그것들이 거쳐온 과정을 검토할 것이다. 이 장에서 우리가 살펴본 사례나 논의한 것들로부터, 우리는 이런 서사들이 포함하거나 다루어야 할 다양한 질문들을 더욱 명확히 보게 될 것이다.

마지막으로, 제2장과 제3장에서 다룰 서사들은 민주주의의 실천을 위한 **바로 그** 장소로서 국민국가의 '주어진 성격', 불가피성 또는 자연스러움에 관해서는 별도로 질문을 던지지 않는다. 그러나 무엇이 자치적인 정부를 위한 적절한 정치적 단위를 '올바로' 구성하는가라는 질문은 민주주의의 이념에 대한 모든 접근법을 지속적으로 괴롭힌다. '민주주의'는 그 스스로 '민주적으로' 출현하지 않은, 즉 대체로 전쟁, 정복, 폭력 등으로 출현한 것이 대부분인 주어진 정치적 단위에 궁극적으로 의존하는가? 최근에 들어서 정치적 단위에 대한 쟁점이 다른 어느 때보다 더 많이, 더 첨예하게 논의되고 있다. 이러한 변화는 '지구화'라는 사실과 지구화에 대한 정치적 관심, 자치에 대한 하위-민족적(sub-national) 단위들의 요구가 그 숫자와 격렬함에서 증가하는 현상, 문화와 정체성에 대한 정치적 관심의 두드러진 증가에 의해서 촉발되었다. 제4장과 제5장에서는 기본적으로 어떻게

(다양한 종류의) 경계들이 민주주의의 가능성에 대한 우리의 생각에 영향을 줄 것인지를 질문하는, 예를 들면, 생태학적 및 다른 논변들을 검토할 것이다.

민주주의는 좋은 것인가?

우리가 살펴본 것처럼, 현실적, 가상적 사례들에 의해서 촉발된 논점들은 책이 펼쳐짐에 따라서 민주주의의 이념에 대한 더 세부적인 논의의 무대를 조성한다. 그러나 지금은 이 장의 마지막 주요 주제로 눈길을 돌리고자 한다. 이것은 지금까지 상술된 모든 것을 관통하는 주제이지만, 우리는 지금까지 이 문제를 엄밀한 용어로 정확히 집어내거나 끌어내지는 않았다. 이 논점은 '민주주의는 가치 있는가?'이다. 이것은 정치체제의 최선의 형태인가? 우리가 만일 그것을 가치 있다고 여긴다면, 왜 그런가? 또 우리는 정확히 **무엇을** 가치 있다고 생각하는가? 우리가 민주주의를 좋은 것(아니면 나쁜 것)이라고 생각하는 정도에는 한계가 있는가? 혹은 있어야 하는가?

1998년 노벨 경제학상 수상자인 아마르티아 센은 최근에 민주주의의 역사를 살펴보면서 다음과 같이 논평했다.

모든 시대와 사회적 풍토에서, 일종의 일반적인 규칙처럼 존중받는 몇몇 압도적인 믿음들이 있다―마치 컴퓨터 프로그램의 '초기값' 설정처럼 말이다. 그것들은 주장이 어찌되었건 정확하게 반박당하지 **않는다면** 옳다고 간주된다. 민주주의는 아직 보편적으로 실천되고 있지 않고, 또 세계 여론의 일반적인 풍토에서 실로 전일적으로 그렇게 받아들여지지도 않고 있지만, 민주적 통치는 이제 일반적으로 옳다고 여겨지는 지위를 얻었다. 이제 공은 거부를 정당화하기 위해서 민주주의를 헐뜯고자 하는 사람들의 손에 넘어갔다.(Sen 1999, 5)

센이 강조한 것처럼, 민주주의의 이러한 지위는 최근의 현상이다. 그것은 오직 20세기, 주로 20세기의 후반부에 획득한 것이다. '민주주의를 헐뜯고자 하는 사람들'의 범주는 작은 것이다. 소수의 노골적인 반대파만이 스스로 그렇게 선언한다. 그리고 우리가 이런 사람들을 접하게 되면, 우리는 종종 이들을 이런저런 부류의 인종, 문화, 종교 지상주의자와 같은 주변적인, 때로는 위험한 극단주의자로 여긴다. 우리가 이 장에서 보았듯이, 더 흔한 현상은 많은 사람들이 민주주의의 이념과 연관시키는 것을 전적으로 주저할 법한 목표들을 지지하면서 '민주주의'를 호명하는 것이다. 다시 한번, 이것이 그 단어의 힘이며, 특히 그 단어가 가지는 특유한 모호성의 힘이다.

의미와 정당화, 또는, 민주주의가 어떻게 당신에게 나쁘게 (구성)될 수 있는가

민주주의의 의미에 대해서 정치이론가들이나 정치철학자들의 일련의 다양한 논변이 있듯이, 이러한 문헌에 왜 민주주의가 좋은 것인지에 대한 친숙한 일련의 논변들이 있다. 철학이라는 학문분과의 언어에 뿌리를 두고서, 이러한 논쟁은 종종 '민주주의의 정당화'로 불린다. 정치철학은 우리에게 민주주의가 왜 정말로 (매우) 좋은 것이고, 정치적으로 최선의 것인지에 대한 잘 정리된 몇몇 범주들을 제공한 바 있다. 곧 이어서 나는 이것들이 무엇인지, 우리가 이것들

을 바탕으로 무엇을 생각할 수 있는지에 대해서 더 많은 이야기를 할 것이다. 여기서 가치에 초점을 맞추는 내 주된 목적은, 민주주의의 '정당화'와 민주주의의 의미를 구성하는 것 사이의 관계를 간략하게 검토하는 것이다. 정의(定義)를 내리는 작업처럼, 정당화 역시 추론과 논변의 구성에 관한 것이지 그것의 발견은 아니다. 그러나 먼저, 우리의 생각을 집중하기 위해서 특정 사례를 검토하는 것에 다시 초점을 맞춰보자. 그것은 "민주주의는 당신에게 나쁜 것일 수 있다"는 제목을 통해서 제안된 세계적인 역사학자의 최근 논변이다.

2001년 3월에 글을 쓰면서, 영국의 저명한 역사학자인 에릭 홉스봄은 새롭게 등장한 지구적, 환경적, 그리고 다른 여러 도전들에 효과적으로 대응할 수 있는 민주주의의 능력에 의구심을 표했고, 이 의구심을 민주주의의 진정한 가치에 대한 오랜 질문들을 탐색하는 맥락에서 다루었다. 나는 제4장에서 구체적으로 이런 도전들을 검토할 것이고, 제5장에서는 이것들 중 일부를 다루는 데에 도움을 주기 위해서 새롭게 제시된 몇 가지 민주주의의 형태를 검토할 것이다. 여기서는 홉스봄이 민주주의의 가치에 대해서 제기한 문제들과, 민주주의의 가치에 대한 논쟁에서 우리가 무엇을 배울 수 있는지에 집중하겠다.

"자유투표"를 옹호하는 논변이 "그것을 통해서 인민이 (이론적으로는) 인기가 없는 정부를 몰아낼 수 있도록 한다"는 것이라고 주장하면서, 홉스봄은 세 가지 비판적인 논점을 제기한다. 첫째, 자유 민주주의는 하나의 "정치적 단위"를 요구하기 때문에, "이러한 단위가 없는 곳에서는 적용가능하지 않다." 둘째, 민주적인 정부가 긍정적 효과들을 수반하지 않는 나라들을 찾을 수 있다. 가령 경제적 번영

또는 개인의 평화와 안전이라는 관점에서 민주주의가 유익한 결과를 보장하지 않는 경우가 있기 때문이다. 그리고 셋째, 홉스봄은 "민주주의는 지금까지 시도된 다른 모든 정부 형태를 제외한다면, 최악의 정부 형태이다"라는 윈스턴 처칠의 논평에 동의하면서 "민주주의에 대한 옹호론은 본질적으로 소극적이다"라고 주장한다. 민주적 정부들이 직면한 최근의 많은 환경 및 교통 문제의 기술적인 속성은 비록 정책들이 인민의 이익을 대변해야 한다는 약간의 합당한 주장을 반드시 요구하지만, 단순히 인민에게 물어봄으로써 해결될 수 없다.

어떤 측면에서는, 홉스봄의 논점들은 앞선 논의를 환기시키는 역할을 한다. 첫 논점은 '민주주의'가 통상 특정한 맥락—'나라' 또는 국민국가의 민주주의—에 속하는 것으로 생각된다는 점을 상기시킨다. 민주주의가 지닌 가치의 한계 중 하나는 민주주의가 적용될 수 있는 장소나 절차의 범위가 제한되어 있다는 점이다. 홉스봄은 "시장 주권은 자유 민주주의의 보완물이 아니다. 그것은 자유 민주주의의 대체재이다"라는 점을 상기시키면서 이 점을 강조한다. 다른 말로 하자면, 민주주의는 지정된 정치적 단위 내에서 **정부**와 정부의 정당화가능성(justifiability)을 함의한다. 둘째 논점은 오랫동안 민주주의를 지지해온 논변—민주주의는 유익한 결과를 산출하며, 그러므로 민주주의는 좋은 것이다('정당화'되다)—에 질문을 제기한다. 만일 민주주의가 그러한 이득을 생산해내지 않는다면—또는 모든 맥락에서 한결같이 생산해내지 못한다면—어떻게 할 것인가? 처칠의 논변은 우리 모두가 수용해야 할 일정한 기본적 원리들—정치적 평등이 흔한 예시이다—을 민주주의가 구현하고 있다는 정당화들이 민주적 실천의 여러 결함들을 간과하고 있다는 점을 시사한다.

이 모든 것이 유용하다. 그러나 이 측면으로 곧바로 비약하는 것—민주주의를 옹호하거나 반대하는 기본적인 논변들을 고려하는 것—은 민주주의의 가치에 관한 생각에서 중요한 하나의 단계를 생략하는 것이다(그러니까 생략한다면 우리도 마찬가지의 오류를 범하는 것이다). 다시 말하면, 좋은 것이다(또는 나쁜 것이다)라는 주장은 단순히 민주주의 그 자체가 절대 아니라는 것이다. 그것은 오히려 민주주의가 무엇인지에 대한 **특정한 해석**이다. 민주주의를 옹호하거나 비판하기 위해서, 우선 우리는 그 의미를 구성해야만 한다—또는 다른 사람의 구성(제2장과 제3장에서 고찰할 영향력 있는 서사들 중 하나 같은 그런 것)을 빌려와야 한다.

일반적이고 보편적으로 적용할 수 있는 민주주의에 대한 정당화를 제공하려는 모든 시도는 그것이 하고 싶지 않은 무엇인가를 해야 한다. 즉 먼저 그 논변을 이해할 수 있는 것으로 만들기 위해서 특정한 방식으로 민주주의의 의미를 구성하는 것이다. 예를 들면, 홉스봄은 그의 논설에서 일찌감치 이 작업을 했다. 그에게 민주주의는 "경쟁을 통해서 선출된 의회나 대통령이라는 관념"과 같은 의미이다. 다른 곳에서 그는 민주주의의 결함들을 인민 투표의 결함들과 동일시한다. 정부가 다루어야 하는 복잡하고 기술적인 문제들이 증가하고 있는데, "민주적 투표(또는 시장에서의 소비자 선택)는 이에 대한 지침이 전혀 되지 못한다." 지구적인 환경 문제를 해결하는 것은 "표를 세거나 소비자의 선호를 측정하는 것으로부터는, 거의 분명하게, 아무런 지지를 받을 수 없는 조치들을 요구할 것이다." 따라서 민주주의는 인민 투표에 대한 것이며, 그것이 바로 문제인데, 왜냐하면 메커니즘으로서의 투표는 동시에 민주주의 자체의 결함이기도 한 것들을 드러내기 때문이다.

그러나 우리가 살펴본 것처럼, 이것만이 민주주의를 이해하거나 구성할 수 있는 유일한 방식은 아니다. 민주주의가 어떤 의미로 받아들여질 것인지에 대해서는 제약이 존재함에도 불구하고―민주주의가 단순히 아무나, 아무렇게 주장하는 어떤 것이 될 수는 없다―민주주의를 상이한 방식으로 구성할 수 있는 넓은 범위가 남아 있으며, 그 결과 민주주의의 가치에 대해서도 다양한 방식으로 논할 수 있는 넓은 범위가 남아 있다. 예를 들면, 홉스봄은 민주주의가 투표의 메커니즘과 함께 논의나 숙의의 메커니즘을 포함할 수 있다는 점을 고려하지 않는다. 만일 그것이 가능하다면, 숙의적 메커니즘은 긴급하고 복잡한 문제에 대해서 '무지한' 대중의 의견을 계몽하는 데에 아마도 일정한 역할을 할 수 있을 것이다. 그는 또한 민주주의는 국민국가의 한계 내에서만 실행할 수 있다고 규정함으로써 몇몇 새롭고 혁신적인 가능성들을 고려 대상에서 제외해버린다. 이처럼 특정한 규정은 예를 들면 (가령 생물자원 수탈[bio-piracy]이나 대규모의 포경 재개에 반대하는 단체들과 같이) 시민사회에서 새롭게 출현한 초국가적 네트워크들을, 민주주의의 영역과 잠재력을 재형성하고 확장하는 힘으로 간주하는 것을 하지 못하게 막는다(뒤에 나오는 제4장과 제5장에서 헬드, 드라이젝 및 다른 사람들의 사상에 대한 논의를 보라).

이는 홉스봄이 틀렸다고 말하는 것이라기보다는―선출된 정부는 과거에도 그랬고 현재에도 '민주주의'가 무엇을 의미하는지에 관한 핵심적인 부분으로 남아 있다―민주주의의 가치에 대한 그의 평가가 특정한 관점의 산물이라는 것이다. 민주주의에 대한 덜 전통적인 다른 관점이 채택된다면, 그 평가는 아마 달라졌을 것이다.[7] 일반적인 말로 하자면, 민주주의의 가치에 대한 질문은 그것을 평가하기 위해서 적용된 관점에 좌우된다. 어떤 사람이 추상적인 이론이나 원리로부터 시작하는지 또는 구체적인 사례로부터 출발하는지에 따라서, 어떤 조합의 나라들로 시작하는지에 따라서, 그리고 민주주의에 대한 폭넓고 유연한 정의로부터 시작하는지 아니면 조금 협소하고 고정적인 정의로부터 시작하는지에 따라서 가치 평가에는 커다란 차이가 생길 것이다. 게다가, 민주주의의 가치에 대한 평가는 가령 환경 파괴, 경제적 지구화와 같이 민주주의가 극복할 필요가 있는 도전들에 대한 해석에 달려 있다. 그러나 이 도전들이 얼마나 심각하고 해결하기 어려운 문제인지는 그 자체로 논쟁의 소지가 분분하다. 예를 들면 지구온난화의 위협에 대한 합의는 가히 인상적이다.

민주주의에 대한 최종적이고 절대적인 정당화가 없다는 것이 올바를 수 있는가? 이는 불편한 상황이 아닌가? 그럴 법도 하다. 그러나 동시에 우리를 해방하는 것일 수도 있다. 어떤 것의 진정한 의미와 가치에 대한 의구심이 항상 존재하기 마련이라면, 이 사실은 끊임없이 그것에 대해서 다시 생각하고, 그것을 다시 만드는 자극으로서 역할을 할 것이다. 이어지는 장들에서 과거와 현재로부터 미래에 이르기까지 아주 많은 모델과 관점들이 검토될 것이다. 우리가 이 장들을 거쳐가면서 우리가 새로운 도전들에 대처하는 것을 돕는 유

---

7) 비담(Beetham 1999, 제1장)은 민주주의의 **정의들**을 종종 정의를 내리는 저자가 (비록 그들이 명시적으로 그렇게 말하지는 않지만) 민주주의를 얼마나 **가치** 있게 여기느냐에 따른 것이라고 주장한다. 그는 특히 슘페터가 제시한 최소주의적 정의를 표적으로 삼았는데, 이는 제2장에서 상세히 논의될 것이다.

동성과 유연성의 이점들이 더욱 분명해질 것이다. 민주주의의 문제에 대한 답변은 '더 많은 민주주의'라는 말을 종종 한다. 그렇다면 '더 많은'은 똑같은 것이 '더 많은' 것이 아니라 그 성질을 바꾸는 '새로운' 무엇인가라고 기대해볼 수 있다. 홉스봄의 논변에 관해서 성찰하면서, 예를 들면 민주주의는 일국적 민주주의의 제한된 능력에 대응해서 국민국가의 경계에서 벗어나 국경을 가로지르는 형태의 동원을 수용하기 위해서 확장될 필요가 있을 것이다.

전략적인 애정?

마지막으로, 민주주의의 가치에 대한 이 간략한 논의에 의해서 부각된 한 가지 매우 중요한 쟁점은 정의(定義)들에 대한 논의로부터 제기된 핵심적인 관심사 가운데 하나를 상기시킨다. 우리는 누군가가 어떤 문제에 대해서 무사공평할 것이라고, 또는 대체로 객관적일 것이라고 믿을 수 있는가? 민주주의의 가치에 대해서 권위 있는 목소리를 낼 수 있는 사람이 있는가? 지금까지 우리의 논의는 오늘날 거의 모든 사람들이 민주주의를 사랑한다고 주장하지만, 아무도 민주주의를 그 자체로 사랑할 수 없다는 점을 시사한다. 다들 민주주의가 각자의 전략적 목적들에 부응할 때에만 사랑할 것이다.

어떤 측면에서, 이 사실은 완벽히 합당해 보인다. 일정한 결과들을 (그것들이 칭찬할 만한 정치적 목적이든 아니면 편협한 자기 출세든) 달성하기 위해서 정당들이 존재하고, 이익집단들이 존재하며, 정치인들은 경력을 추구한다. 만일 민주적 절차 같은 어떤 절차가 지금이나 미래에 당신이 가장 소중히 여기는 결과들을 성취하는 데에 도움이 되지 않는다면, 그것에 왜 사심 없는 사랑을 가지겠는가?

심지어 민주주의 이론가도 자신이 선호하는 민주주의에 대한 개념화가 널리 받아들여지는 것에 관해서 전략적인 이해관계를 가지고 있다. 아마도 이것이 민주주의가 인기 있는 비결일지도 모른다. 민주주의에 대한 우리의 사랑은 우리가 애정의 대상을 마음에 맞는 방식들로 재구성할 수 있는 여지가 있다는 사실에 의해서 **보강된다**. 우리가 [민주주의라는] 공통의 이름으로 부르지만 암묵적으로 서로 다른 버전의 것을 사랑하고 있다는 점을 알기에 안도하면서, 우리 모두는 계속해서 우리의 사랑을 공언할 수 있다.

끝으로, 민주주의의 가치를 운운할 때 여기에는 불가피하고 포괄적인 위선이 있는가? 영국의 정치평론가인 데카 에이킨헤드는 다음과 같이 기술하면서 이 점을 잘 표현했다. "정치에서 민주주의에 대한 사심 없는 사랑이라는 것 따위는 없기 때문에 우리 모두는 모순에 빠진다.……신을 믿는 것이 사제들로 하여금 죄악을 행하는 것을 멈추게 하지 않은 것처럼, 민주주의 역시 정부가 규칙들을 비틀려고 시도하는 것을 멈추게 하지 않는다—정부가 무사히 빠져나갈 수 있는 한." 이처럼 상호적인 함축은, 에이킨헤드가 시사하는 바에 따르면, 꽤나 멋진(수용할 만한) 균형이다—"우리가 요구하는 것은 정치인들이 자신의 이익을 못 본 척할 만큼 꽤나 교묘하게 연기해야 한다는 것이다. 우리는 이러한 가식의 공범이지만, 우리가 공모하기 위해서는 그들이 그것을 믿을 만하게 만들어야 한다.……민주주의는 몇몇 순수하고 추상적인 절대적 원리에 의해서 보장되지 않는다. 그것은 정부가 단지 그 정도만큼만 빠져나갈 수 있다는 필연성에 의해서 보호된다"(Aitkenhead 1998). 학문적 논평자에게 나타나는 무사공평함의 결여는 정치인들의 것과는 종류가 다를 것이다(물론 항상 그런 것은 아니지만). 그렇다 해도 그것 역시 그에 못지않게 실제적이다.

결론

이 장은 민주주의의 의미와 가치에 대한 질문들을 제기하고 검토하기 위해서 다양한 사례를 소재로 사용했다. 주된 메시지는 민주주의라는 용어가 일정한 한도 내에서 개방적이라는 점, 다시 말하면 고정된 또는 고정할 수 있는 의미가 없다는 점, 그리고 이 점이 우리가 민주주의에 대해서 생각하는 것에 어떤 영향을 줄 수 있는지와 관련되어 있다. 논의를 진행함에 따라서 이러한 개방성이 중요한 논점이라는 사실이 입증될 것이다.

여기서 제기된 많은 논점들은 이어지는 장들에서 선별되어 더 심도 있게 탐색될 것이다.

기표로서 '민주주의'가 가지는 비옥함을 둘러싼 문제들이 제기되었다. 우리가 고찰한 사례들은 논쟁에서 이기거나 지지를 얻어내기 위한 행위자들의 노력들에서, 그들이 민주주의라고 생각한 것을 이용하거나 배치하는 많은 방법들을 강조한다. 이 사례들은 또한 이 다양한 맥락에 걸쳐서 '민주주의'가 잘못 사용되고 있다고 주장하기 위한 손쉬운 방법은 결코 없다는 점을 강조한다. 제2장과 제3장은 이 주제를 선택해서, 민주주의라는 용어의 다사다난한 최근의 역사 속에서 재해석되고 재구성되는 몇몇 영향력 있는 방식들을 검토할 것이다. 제5장은 비슷한 방식으로 어떻게 민주주의의 새로운 의미 부여들(significations)이 지구화와 같은 새로운 도전들(제4장을 보라)에 반응하고자 하는지와 관련된 쟁점을 다룬다.

우리는 제3장에서 도대체 누가 민주주의에 대한 신뢰할 만한 척도를 제공할 수 있는지와 더불어 민주주의의 질을 측정하고 평가하려는 노력을 검토하게 될 것이다. '민주주의'가 요구하는 제도들의 혼합—위에서 다룬 나라 X의 가상적인 사례처럼—에 관해서는, 남은 모든 장들에서 주류와 비주류의 다양한 견해들을 취급할 것이다. 이러한 작업의 일환으로, 제4장에서는 민주주의가 '이슬람 민주주의'나 '비서구 민주주의'라는 흥미로운 사례들과 관련된 구체적인 쟁점으로서 한 가지가 아니라 많은 것을 의미한다는 관념을 다룰 것이다. 마지막으로 제5장에서는 정치적 단위에 대한 질문—인민의 어떤 집단이 민주주의의 지배를 받아야 하는 적합한 집단인지—을 다룰 것이다. 이러한 작업은 제4장에서 제시된 지구화 및 그것과 관련된 문제들에 대한 논의를 토대로, 국가라는 경계를 넘어서는 정통적인 민주주의 실천의 확장에 대한 (예를 들면) 세계시민적, 생태학적 개념화(conception)를 고려하면서 수행될 것이다.

자, 이제는 민주주의에 대한 몇몇 영향력 있는 구성물이나 서사들로 시선을 돌려보자. 그것들은 우리 중 많은 사람들이 오늘날 민주주의를 보는 시각을 조형해왔기 때문이다.

2

민주주의에 대해서 이야기하기 I

"한 가지 보는 방법은 항상 한 가지 보지 않는 방법이기도 하다."
케네스 버크, 『영속과 변화(*Permanence and Change*)』

서론

내레이션을 제공하는 것은 이야기를 해주는 것이다. 우리의 경우
에는 민주주의의 이념(idea)에 특정한 의미와 가치를 부여하는 이야
기이다. 그것은 동시에 선호되는 이야기를 전복할지도 모르는 대안
적인 서사들을 배제하거나 억압하는 것이기도 하다. 우리는 제1장에
서 실제 세계의 다양성과 가상적인 사례들을 검토함으로써, 민주주
의의 이념과 실천에 대해서 심문하기 시작할 때 떠오르는 몇 가지
주요 질문들을 고찰했다. 이 장과 다음 장들에서 우리는 상이한 서
사들이 어떻게 이 질문들에 응답해왔는지 검토할 것이다. 그러나 우
선은 '서사'라는 관념(idea), 이 서사들의 역사적인 맥락, 텍스트에
대한 초점, 그리고 '상호텍스트성(intertextuality)'에 대한 몇 가지 소
개의 말로 시작하겠다.

상당히 자주, 이 서사들은 민주주의의 '이론'이나 '모델'이라고 불
리지만, 나는 '서사'라고 부름으로써 이것들의 이야기 같은 특성에

사람들의 주의를 환기하기를 선호한다. 이렇게 부르는 주된 이유는 다음과 같다. (1) 이론이나 모델은 닫힌, 완결된, 완성품을 시사하는 반면, 서사라는 관념은—보다 정확히는 내 관점에 따르면—비교적 미완성이고, 결말이 열려 있다. 그리고 (2) 이론이나 모델은 모델 구축 과정에서 무엇이 **밝혀졌는지**에 우리의 주목을 집중시키는데, 내가 느끼기에는 그 과정에서 무엇이 감추어져 있는지에 정확히 주목하는 것이 더 생산적이다. 물론 이 접근법이 낫다는 것은 백문이 불여일견인 것처럼 결과가 보여줄 것이다. 이 생각은 제1장에서 채택된 관점, 즉 '민주주의'는 발견되는 것이 아니라 구성되는 것이며, 나아가서 민주주의는 **우리가** 가치를 부여하기 때문에 가치 있는 것이지, 민주주의가 가지고 있는 본질적이거나 영속적인 속성 때문이 아니라는 점과 일치한다.

이 장에서는 민주주의에 대한 20세기 서구의 정통적인 신념을 구성하는 것에 특히 영향을 준 하나의 폭넓고 독특한 서사에 집중한다. 그것은 종종 민주주의에 대한 '경쟁적 엘리트' 이론, 또는 '현실주의적' 이론이라고 불린다. 그것의 내용, 역사, 영향을 이해하는 것은 제3장에서 핵심적인 반대 서사—마르크스주의나 여성주의처럼 급진적이고 대안적으로 민주주의를 이해하는 방식—를 검토하는 것으로 곧장 이끌 것이다. 그것은 또한 제4장과 제5장에서 각각 새로운 도전들은 물론 민주주의가 이 도전들에 대처하는 것에 도움을 주는 혁신들을 검토하는 데에 필수적인 배경지식을 제공할 것이다. 나는 중요한 서사들이나 그 밖의 다른 것들에 대해서 모든 것을 말하려고 시도하지는 않을 것이다. 나는 서사들 하나하나에 대해서 면밀하고 세세하게 검토하기보다는 연관된 관념들을 폭넓게 개관하고자 한다.

비슷한 맥락에서, 나는 역사적인 맥락이나 배경은 아주 간략히 제시하고, 대신에 **이념들(ideas)**에 집중할 것이다. 역사는 물론 중요하고, 이념들은 그것들이 속한 맥락에서 쉽게 분리될 수 없다. 그러나 현재의 목표에 따르면, 지면상의 제약은 단지 중요 서사들 자체를 추적하는 것만 허락한다. 19세기와 특히 20세기 서구의 정치적 삶이 관찰되고 조직되는 방식에 관한 일련의 격렬한 지각 변동이 이 장에서 다룰 모든 내용이라는 점을 알아둘 필요가 있다.

- 고정된 영토에서 인민을 통치하는 일련의 제도들―예를 들면 입법부, 법원, 행정부―의 집합으로서 근대국가의 발전
- 국가에 의해서 통치되는 인민을 묘사하는 근대적 의미에서의 '국민' 관념(예를 들면 프랑스 인민과 프랑스 국가)의 발전과 부분적으로 해당 영토(확립된 국경 안에 있는 프랑스) 관념의 발전
- 국가 내에서 정치적 통치의 주된 주체이자, (예를 들면 '왕권신수설'에 반대되는) 정치적 권력의 정당한 근원으로서의 '인민' 개념의 발전
- 정치적 권력을 민주화하는 것의 장단점을 둘러싼, 특히 예를 들면 투표권을 유산계급의 남성으로부터 모든 남성으로, 나중에는 여성으로까지 확대하는 것을 둘러싼 인민들(peoples)과 계급들 사이의 투쟁
- 그리고 산업화, 도시화 및 기술의 진전이 생산, 전쟁 및 국가권력에 끼친 충격

이것들 및 이것들과 관련된 중요한 역사적 사태 전개들은, 비록 늘 명백한 방식으로는 아니지만, 이하에서 논의될 관념들의 내용과 관심사에 반영되어 있다. 관념들은 결코 그것들을 만들어낸 세상으

로부터 분리되어서 부상하거나 변화하지 않는다. 고대 그리스 민주주의 연구자가 말했듯이, "관념들의 역사는 단순히 관념들의 역사가 결코 아니다. 그것은 제도들의 역사이자, 사회 그 자체의 역사이기도 하다"(Finley 1985, 11).

여기서 검토할 관념들은 현대와 고전의 저자들이 집필한 특정한 저작들을 통해서 구체적인 방식으로 살펴볼 것이다. 이 텍스트들은 잘 알려져 있고 영향력이 있다. 이 텍스트들의 저자들은 민주주의에 대한 자신들의 관념들을 통합하고, 일관된 하나의 서사로 제공하는 것을 꾀했다. 이 접근법은 제1장에서 사용된 방식과는 다른데, (예를 들면) 영국 민주주의 캠페인의 경우 그들은 이해할 만한 이유로 정치공학적인 작업에 너무나 몰두한 나머지 그런 작업을 할 겨를이 없었다. 그렇다면 우리는 우리의 서사적인 텍스트들이 제1장에서 던져진 단편적인 일련의 질문들에 모종의 답변—분명 서로 경쟁하는 답변—을 내놓을 것이라고 기대할 수 있다.

마지막으로, 학술용어 하나를 추가로 소개하자면, 이 저작들에 있는 선별된 주제들을 탐색하면서 우리가 추적하는 것의 일부분은 '상호텍스트적(intertextual)'인 영향력[텍스트들 상호 간의 관계나 영향력을 살펴보는 것]이다. 이는 세 가지 방식으로 작동한다.

- 과거 텍스트들은 뒤이은 텍스트들의 형식과 내용에 영향을 준다 (과거의 텍스트들을 통해서 여과된 최근과 현재의 텍스트들).
- 근대와 현대의 텍스트들은 우리가 과거의 텍스트들을 읽고 해석하는 방식을 조형한다(현재의 텍스트들을 통해서 여과된 과거의 텍스트들).

- 그리고 독자로서의 우리는 우리가 읽는 특정한 텍스트와 서사에 관계하기 위해서 우리 자신의 '텍스트', 우리 자신의 이해와 선입견, 해석적인 틀을 가져온다.

이 장이 추적하는 것의 일부는, 과거 약 200년에 걸쳐서 어떻게 '민주주의'를 보아야 하는지에 대한 정통, '통상적'이고 친숙한 (심지어 자연스러워 보이기도 하는) 방식을 **구성해온 과정**이다. 우리는 특히 우리가 독자로서 이 과정에 수동적이지 않다는 점을 잘 기억한다. 구성하는 것이나 이야기하는 것은 오직 우리가 그것들을 그런 방식으로 **수용하도록 할** 때에만 비로소 '자연스러울' 수 있기 때문이다.[1]

비관주의에 대한 반응 : 양차 세계대전으로부터의 시각들

민주주의와 '과두제의 철칙'

제1차 세계대전 와중에, 상황은 민주주의에게 좋아 보이지 않았다. 1915년에 "이 개탄스러운 전쟁은, 인간 생명에 대한 존중과 영구적인 예술적 창조물에 대한 경의를 철저히 무시함으로써 1000년 이상의 기원을 가지는 우리 문명의 초석 자체를 위험에 몰아넣으면서,……한밤의 폭풍처럼 닥쳐왔다"고 성찰하면서(Michels [1915] 1968, 357), 독일 사회학자 로베르트 미헬스는 후일 정치학의 고전이라고 부르게 될 저작을 출간했다. 소박하게 『정당론(*Political Parties*)』이라는 제목을 단 이 책은 "근대 민주주의의 과두제적인 경향들"을 그려냈다. 이 책은 근대의 복잡한 사회들과 조직들이— 심지어 구조와 세계관

---

1) 상호텍스트성의 관념에 대해서는 Worton and Still(1990)을 보라.

에서 민주주의를 강력하게 주장하는 사회주의적 정당들조차도—과두제적 경향을 보인다고 주장했다. 즉 관료적이고 소수의 엘리트에 의해서 운영되는 경향을 보인다는 것이다.

다양한 이유들이 이러한 경향을 초래하는데, 『정당론』에서는 각각의 논점들이 강력한 설득력과 함께 개진되고 있다. 무엇보다도, 근대 세계에서 거대한 규모의 조직에 대한 요구(예를 들면 기업, 노동조합, 대학 등)로 인해서 비교적 영속적이고 전문적이고 직업적인 리더십이 불가피하다. 심지어 이는 자신들의 내부적인 사안에 관해서는 물론, 사회 전반에 관해서도 급진적인 민주주의와 평등을 공언하고 주장하는 조직들에서도 마찬가지이다. 미헬스의 표현에 따르면, "과두제의 철칙"이 있다. "민주주의는 과두제로 이르게 되며, 필연적으로 과두제적인 중핵을 포함한다"(Michels [1915] 1968, 6). 따라서 심지어 민주주의에서도, 미헬스에 따르면, 조직의 엘리트가 지배한다. 그들의 지배가 너무나 강력하기 때문에, 여러 조직들과 사회 전반에 걸쳐서 참여와 영향력의 참된 평등이라는 의미에서의 민주주의가 사실 가능하다고 믿기는 정말 어려워진다. 엘리트 지배의 주된 메커니즘은 근대의 대규모 조직인데, 그것은 지도자와 지도받는 자, 엘리트와 대중 사이의 메워질 수 없는 간격을 공고히 한다.

미헬스의 딜레마

미헬스는 중대한 딜레마와 대결해야 했다. 그것은 자신의 관찰 결과에 따르면 민주주의가 현실에서 실제로 달성될 수 없는 것이라고 확신하게 되는 민주주의자의 딜레마였다. 그는 현대사회학의 창시자인 막스 베버의 친구이자 그에게 영향을 미친 인물이다. 베버 자신도 사회적, 정치적, 경제적 조직에 만연한 대규모의 관료제화에 담긴 난해한 정치적 함의를 고민한 것으로 유명하다. 또 베버는 자신을 오늘날 '고전 엘리트 이론가'라고 불리는 다른 저명한 사회학 이론가인 가에타노 모스카, 빌프레도 파레토와 같은 반열에 놓았다. 19세기 후반과 20세기 초에, 교육받지 않고, 다루기 어렵고, 제어하기 힘든 민중적 권력에 대한 두려움으로, '민주주의'의 대두에 대한 의구심은 매우 흔했다. '철칙'에 대한 미헬스 스스로의 학문적 결론은 최초의 대중 사회주의자 정당 중 하나인 독일사회민주당(German Social Democratic Party)에 대한 심층적인 연구에서 나온 것으로, 그로 하여금 그러한 의구심을 공유하고 보강하도록 만들었다. 그러나 미헬스는 사회주의자이자 민주주의자였고, 그로 인해서 우리가 미헬스의 딜레마라고 부르는 것을 제기했다. 민주주의가 객관적으로 정말 가능하지 않은데, 어떻게 민주주의자로 남아 있을 것인가? 이 딜레마는 말하자면 민주주의를 내부로부터 갉아먹는 치명적인 결함을 담고 있다.

미헬스는 "민주주의는 어느 누구도 의도적인 탐색을 통해서는 결코 발견할 수 없는 보물이다. 그러나 지속적인 탐색을 함에 있어서, 발견할 수 없는 것을 발견하기 위해서 지칠 줄 모르는 노고를 함에 있어서, 우리는 민주적 의미에서 비옥한 결과를 가져올 작업을 수행해야 할 것이다"라고 적었다([1915] 1968, 368). '발견할 수 없는 것을 발견하기 위해서'라는 구절에 담긴 고통스러운 추론은 충분히 명백하다. 궁극적으로, 미헬스는 그의 딜레마를 1920년대 이탈리아 무솔리니의 파시스트 정권을 포용함으로써 해결하고자 했다. 그러나 그것은 그 자신을 위한 것이었지, 필연적으로 민주주의자들 일반을 위한 것은 아니었다. 이후에 출간된 저작들에 따르면, 미헬스는 이제 민주적 딜레마에 대한 해답이 "선천적으로 비범한 자질을 가지고 태어난 사람들, 때로는 초차연적인 사람들, 또는 항상 모든 면에서 일반적인 수준보다 훨씬 더 뛰어난 사람들"에게 있다고 느꼈다. 그리고 "이러한 자질들 덕택에 그런 사람들은 위대한 일, 심지어 기적적인 일을 성취할 능력이 있을 것이라고 여겨진다(그리고 종종 그런 능력이 있다)"고 적었다(Michels 1949, Lipset 1968에서 재인용).

그렇지만, '미헬스의 딜레마'—발견할 수 없는 것을 발견하려는 필사적인 탐색—는 민주주의의 의미를 미헬스의 딜레마가 존재하게끔 하는 특정한 방식으로 구성하거나 이해해야만 제기된다는 점에 주목하라. 우리는 제1장에서 이것이 얼마나 중요한지를 보았다. 어떤 저자가 '민주주의 개념을 무엇을 의미하는 것으로 받아들이는가'는 종국적으로 민주주의의 가치와 실현가능성에 대한 그 저자의 태도를 결정한다. 미헬스의 경우, 민주주의는 무엇인가 '풀뿌리 민주주의'에 가까운 것을 의미했고, 거대한 규모의 조직 내부나 사회 전반에 있어서 매우 수평적이고 평등주의적인 참여 개념이 작동해야 했다. 거의 모든 종류의 확립된 리더십의 구조는 미헬스가 '민주주의'라고 **간주한** 것을 깎아내리는 것처럼 보였을 것이다.

그러므로 민주주의의 경향성에 대한 미헬스의 결론과 그가 제1차 세계대전의 여파로 인해서 결국 민주주의를 포기한 것은 그리 이상해보이지는 않는다. 1920년대와 1930년대는 러시아, 독일, 이탈리아, 일본 및 다른 국가들에서 좌파와 우파의 다양한 형태의 독재와 전체주의가 수립되는 것과 때를 같이해, 민주주의의 전진하던 물결이 처음에는 둔화되더니 이내 물러가는 것으로 보이던 시기였다. 그러나 미헬스의 결론은 그의 '과두제의 철칙'에 대한 논변이 널리 수용된다고 하더라도 도출될 수 있는 유일한 결론은 아니었다. 그것은 당신이 무엇이 '과두제'이고 무엇이 '민주주의'라고 생각하는지에 전적으로 달려 있다. 시모어 마틴 립셋은 미헬스 『정당론』의 한 편집본에 자신의 '서론'을 달았는데, 거기에 담긴 논평을 보자.

모든 구성원이나 시민이 의사결정의 지속적인 과정에서 활동적인 역할을 수행하는 체계라는 의미에서의 민주주의는 본래적으로 불가능하다. 일반적으로 조직의 엘리트는 오랜 임기를 가지지 않는다. 미헬스는 복잡한 사회 내에 있는 치자와 피치자의 구조적인 분업을 없애는 것이 기술적으로 불가능하다는 점을 명백히 논증했다. 정치적인 엘리트나 조직의 엘리트는 그들이 대표하는 인민의 것과 무엇인가 다소 일치하지 않는 특수한 집단적 이해를 가지고 있다. 이 모든 논점들이 유효하다고 하더라도, 이 요점들이 민주주의가 불가능하다는 점을 의미하지는 않는다. 오히려 그것보다는 **이 논점들은 복잡한 사회에서의 민주적 잠재성에 대한 좀더 현실적인 이해가 필요하다는 점을 시사한다.**(Lipset 1968, 34-35, 인용자의 강조)

현실주의자의 서사 : 슘페터주의

과거 오스트리아의 재무장관을 역임했던 경제학자 조지프 슘페터는, 제2차 세계대전 기간 중에 서유럽에서 파시즘이 표면상 대중적인 지지를 동원하면서 출현하던 시기를 배경으로 미국에서 집필하면서, '좀더 현실주의적인 이해'를 제공했다. 미헬스의 딜레마에 대한 슘페터의 답변은 매우 커다란 영향력을 가지게 될 운명이었다. 그의 고전적 저작인 『자본주의 사회주의 민주주의(*Capitalism, Socialism and Democracy*)』가 출판된 지 거의 60년이 지난 현재에도, 민주주의에 대해서 생각하는 지배적인 방식에서 그가 남긴 영향력을 역력히 확인할 수 있기 때문이다. (우리가 이어지는 장에서 보게 될 것처럼) 민주주의의 주류적 관점에 대한 비판자들은 특히 슘페터를 표적으로 한다. 이런저런 이유로 슘페터의 논변은 우리가 민주주의에 대한 주된 서사를 탐색하는 데에 유용한 중심축을 제공한다.

슘페터는 민주주의에 대한 20세기 이전의 "고전적인" 이론들은 비현실적이고 시대에 뒤떨어진 것이라고 논박했다. 그 이론들은 20세기의 복잡하고, 관료적이며 대중적인 사회들에 적합한 이론으로서는 제공할 수 있는 것이 거의 없다. 우리에게 필요한 것은 "삶에 대해서 더욱 참되면서, 동시에 민주적 방법의 지지자들이 이 용어[민주주의]를 통해서 정말로 의미하고자 하는 바의 많은 것을 놓치지 않을 수 있는 민주주의에 대한 또다른 이론"이다(Schumpeter [1943] 1976, 269). 자주, 그리고 즐겨 인용되는 슘페터의 민주주의 정의는 이것이다. "민주적 방법이란 정치적 결정에 도달하기 위한 제도적 배치로서, 그 배치에서 개인들은 인민의 표를 얻기 위한 경쟁적인 투쟁을 통해서 결정을 내릴 수 있는 권력을 가지게 된다"([1943] 1976, 269). (독자들은 이 정의를 앞의 장에서 논했던 정의들과 비교해볼 수 있을 것이다.)

이 정의는 현대인들의 귀에 친숙한 논조로 들린다. 그가 저술한 이후 반백 년 동안에 훨씬 개인주의적이어진 서구 및 다른 사회들에게 '개인들'이라고 말하고, 또 경쟁적 선거가 민주주의에 필수적인 것으로 간주되는 시기에 경쟁적 선거에 대해서 말하기 때문이다. 이 정의는 우리의 대중적인 현대사회들이 경험하고 있는 정치 현실의 정수—선출된 대표자들이 통치한다는 것—를 명백히 서술하고 있다는 점에서 '현실주의적'으로 보인다. 그러나 친숙성이라는 것은 우리로 하여금 논변의 가정들이나 성격, 그리고 그것들이 자연히 그렇게 된 것이 아니라 구성된 것이라는 점을 보지 못하게 할 수 있다. 우리는 방법으로서의 민주주의, 경쟁적인 엘리트 정치, 리더십, 일반 인민의 역할 등을 간략히 검토하면서, 슘페터의 영향력 있는 공식에 더욱 깊이 파고들 필요가 있다.

방법으로서의 민주주의　첫째로, 슘페터에게 민주주의란 그저 **방법**이라는 점에 주목하라. 민주주의는 이상이나 목적, 이를테면 정의의 성취나 인민들의 생활 향상이 아니다. 그것이 말하는 바는 우리의 모든 관심사란 결정에 이르는 절차들로서 수단들이지 **목표들**이 아니다. 민주주의의 이념에 대한 오랜 역사에서 그것은 다양한 목표들에 연결되어왔다—더 평등한 사회, 일반 이익, 자유의 극대화 등. 이런 접근법들에서, 민주주의의 가치는 그것이 생산하는 이런 중요한 이익들에 있다고들 말한다. 그러나 슘페터는 민주주의를 이런 거창한 목표나 주장에서 떼어내기를 원한다. 그가 말하길, 민주주의 체계가 여하한 이상을 실제적으로 실현하면서 어떤 특정한 부류의 성과나 결과를 생산해내리라는 아무런 보장도 없다는 것이다. 민주주의가 실제로 사회적으로 바람직한 성과를 생산해낼지도 모르지만, 그것들은 이러한 결과를 염두에 두고 **출발하지 않는다**. 오히려 "이를테면 마치 이윤을 내려고 하다 보니 생산이 부수적으로 이루어지는 것처럼, 우리는 권력과 관직을 차지하기 위한 경쟁적인 투쟁에서 출발하고, 그러다 보니 사회적 기능이 이를테면 부수적으로 충족된 것을 깨달아야 한다"([1943] 1976, 282).

경쟁적인 엘리트 정치　둘째로, 경제학자 슘페터의 정의는 우리가 경쟁적인 경제 시장을 보는 렌즈를 통해서 정치를 보도록 초대한다. 리더십을 얻기 위한 경쟁이라는 개념은, "경제 영역에서의 경쟁 개념과 유사한 난점들을 제기하기 때문에 서로 유용하게 비교될 수 있다"고 슘페터는 기술한다([1943] 1976, 271). 슘페터가 말하는 정치적인 영역은 엘리트인 행위자들 사이의 다소 배타적이고 높은 수준의 경쟁을 둘러싸고 전개된다. 그것은 선거에서의 성공적이고 경쟁적인 투쟁을 통해서 정당한 이득이나 리더십의 지위를 성취하려는 개인들에 관한 것이다. 정치인들은 정책 묶음을 유권자('소비자')에게 판매하려는 기업가이다. 시장의 비유는 짙게 배어 있다. 시장이란 자기 이익, 경쟁, 승자와 패자의 영역이며, '무엇이 팔리는가', 때로는 '무엇이 잘 작동하는가'의 영역이다. 시장은 좋든 나쁘든 간에 (나는 어떠한 판단을 내리고 쓰는 것이 아니다) 공유된 목표, 집합적 노력 또는 일반 이익의 의식적이고 조직적인 추구가 존재하는 영역이 아니다.

강요하는 것이 아닌, 제안하는 지도자들　셋째로, 민주주의와 전체주의의 구분에 관해서 슘페터의 정의가 제시하는 것은 평등 대 불평등, 지배하는 인민 대 지배받는 인민, 또는 그 밖의 다른 감상적인 항목이 아니다. 오히려 그 구분은, 간단히 말해 민주주의에서는 지도자들이 자신들을 **제안**하고 전체주의에서는 지도자들이 자신들을 강요한다는 것이다. 민주주의는 리더십을 행사하는 것, 그리고 누가 그것을 정당하게 행사하느냐 하는 것이 전부이다. 그의 말에 따르면 슘페터의 접근법은 "우리가 리더십이라는 긴요한 사실을 적절히 인식하기 위해서 원하는 모든 여지를 그대로 남겨둔다"([1943] 1976, 270). 미헬스의 두려움이 슘페터의 대들보가 된 것이다.

비록 슘페터가 우리에게 왜 민주주의를 자신처럼 정의하는지에 대한 많은 이유를 제공하지만, 그 이유들 중 일부는 그의 '현실주의'가 아니라 그가 생각하기에 정치학자라면 마땅히 사용해야 할 분석의 방법들로부터 제기되었다는 점에 주목하는 것이 중요하다. 그가 보기에 그가 선호하는 정의의 한 가지 중요한 이점은 이 정의가 "민주 정부를 다른 것들로부터 구분해내는 데에 있어 합당하게 효율적인 기준을 제공한다"는 것이다. 이 정의는 절차의 중요성을 강조하는데, "대부분의 경우에 절차가 지켜지느냐 아니냐는 척도로 쉽게 판별할 수 있다"([1943] 1976, 269-270). 이것은 존경할 만한 학문적 목표로 보인다. 그러나 슘페터의 정의는 과연 어느 정도까지 **측정가능성**이 있고, 그 용어를 **조작가능**하게, 다시 말하면 통계학적이나 다른 형태의 관찰가능한 정치학 연구에 순응하게 만들 필요에 의해서 작동하는가? 그리고 그렇게 작동한다면, 그것이 중요한가? 이 질문은 아래에서 (그리고 제4장에서) 살펴보겠다.

인민은 신뢰받을 수 있는가? 넷째로, 그리고 결정적으로, 평범한 사람들은 슘페터 버전의 민주주의에서 아주 작은 역할을 수행할 뿐이다. 정의상, 그들이 할 수 있는 것이란 '투표'가 전부며, 정의에서 '개인들'은 선출된 지도자들만을 지칭한다는 점은 명백하다. 따라서 '인민'은 정책을 결정하지 않는다. 슘페터식 민주주의에서 압도적 다수의 인민에게 정치적 참여라는 것은 경쟁적인 선거에서 후보에게 이따금 투표하는 것으로 구성된다. 이 점은 그 이론이 철저히 리더십에만 초점을 맞춘다는 사실을 한층 보강한다.

슘페터가 민주주의 정치에서 평범한 인민들의 역할을 축소시킨 주된 이유는 충분히 직설적이다. 왜냐하면 대부분 사람들은 현안에 대해서 무지하며, 의견과 선호는 비합리적이고, 부도덕한 정치인들에 의해서 조작된 호소에 쉽게 흔들리기 때문이다. 정치 문제에 관한 일반 '대중들의 무능'에 대해서 추호의 의문도 가지지 않은 미헬스를 따라서, 슘페터는 연구를 통해서 대부분 사람들의 비합리적인 경향이 결정적으로 입증되었다고 생각했다. 그는 기술하기를 "전형적인 시민은 정치 분야에 들어가자마자 정신적 수행능력이 낮은 수준으로 떨어진다. 시민은 자신의 현실적 이익이 관련된 영역에서 어린애와 같다고 쉽게 인정할 만한 방식으로 주장하고 분석한다. 그는 다시금 미개인(primitive)이 된다"라고 한다([1943] 1976, 295). 이러한 민주주의에서, 시민의 역할이란 전적으로 명백하다. 즉 그들은 투표를 해야 한다. 하지만 "일단 그들이 어느 개인을 선출하면, 정치적 행위는 그 개인의 업무이지 그들의 업무가 아니라는 점을 이해해야 한다"([1943] 1976, 295). 유권자들의 역할이란 정부를 산출하는 것이지 그 이상도 그 이하도 아니다. 슘페터는 지도자의 자질, 정부 내에서의 제약과 전문성의 필요에 대해서는 여러 말을 한다(그는 영국 정부 체계가 일견 바람직한 자질들 중 많은 것을 공급하기 때문에, 그 체계의 특징에 애착을 가졌다). 그러나 그의 언설을 종합해보면, 인민은 이 민주주의에서 두드러지게 작은 역할을 담당할 뿐이다.

젠더의 부재 마지막으로, 누가 이러한 지도자들이 될 것인지—상당히 배타적으로 남자이다—에 주목하라. 예를 들면 슘페터는 "민주적 방법이 리더십의 지위를 선택하는 사람들(men)의 특성(quality)"에 대해서 적었다. 여성은 다른 방식으로 언급되는바, 인민의 의지는 종종 조작되고 "제조된다"고 주장하는 맥락에서, "지금껏 살았던 사람들 중 가장 예쁜 소녀의 [담뱃갑에 있는] 그림도 장기적으로 저질 담배의 판매량을 유지하는 데에 무력하다는 점이 밝혀질 것이다"라고 언급된다([1943] 1976, 263). 그러나 이것은 무관하지 않은가? '사람들(men)'은 '남성(men)과 여성(women)'을 의미했고, 뒤에 인용된 것은 단순히 별 의미 없는 구절이 아닌가? 그럴지도 모른다. 그러나 우리가 다음 장에서 확인할 것처럼 몇몇 대항-서사(counter-narratives)를 검토해보면, 여성주의 비판자들은 여기에 동의하지 않을 법도 하다.

과두제에서 민주주의를 찾기

몇몇 핵심적인 점에서 중심축이기 때문에, 나는 슘페터의 이론을 상세하게 논했다. 무엇보다도 전후 민주주의에 대한 이해에 있어서 주류적인 논조를 정립한 것은 바로 슘페터의 이론이다. 이 이론은 미헬스의 딜레마를 취해, 엘리트 지배를 응당 받아들여야 하는 천벌과 같은 것이 아니라 민주주의의 본질로 만듦으로써, 흐름을 완전히 바꿔놓았다. 조반니 사르토리가 슘페터에게 동의하면서 적었듯이, '민주주의'는 미헬스가 멈춘 지점에서 시작할 수 있다. "안에서 검토했을 때 각각 소수가 지배하는 조직이 얼마나 과두적이냐에 상관없이, 그 소수들 간의 경쟁 결과는 전체적으로 민주주의다"(Sartori 1987,

1.151). 우리가 나중에 전후 시기 문헌에서 슘페터적인 서사가 확장되는 것을 보면 알게 되겠지만, 이 관점, 이 방식으로 민주주의를 구성하는 것 또는 민주주의를 이를테면 '리더십', '경쟁' 같은 기의(記意)에 결부시키는 것은 여전히 커다란 영향력을 행사한다. 우리는 이러한 버전의 서사를 받아들이는 것이 선출된 지도자들의 이익에 어떻게 부응했는지를 상상할 수 있다. 지도자들은 원칙적으로 그들 자신의 수중에 정당하게 집중된 권력을 향유하면서도 동시에 그것을 '민주주의'라고 방어할 수 있었다.

주제에 대한 하나의 변주: 다운스, 달, 레이파르트의 후기 슘페터주의 사유

제2차 세계대전의 종전 이후, 승리한 동맹국들이 냉전의 도래와 함께 상호 의심과 비방, 군비 경쟁, 대리전 및 이념적 대결의 자세로 빠져들게 된 이후, 슘페터적인 민주주의 서사는 민주주의의 근본적인 성격을 기술하고 설명하는 것에 지대한 관심을 가진 사람들 사이에서 적극적으로 호응하는 청중들을 발견했다. 나는 여기서 전후 여러 텍스트 가운데 특히 영향력 있는 앤서니 다운스, 로버트 달, 아렌트 레이파르트의 논지를 추적하겠다. 나는 이 저자들이—각각은 민주주의를 사유하는 것에 관해서 독자적인 목소리를 내왔다—슘페터주의라는 하나의 틀에 우겨넣을 수 있다거나 그래야만 한다고 제안하는 것이 아니다. 내가 이 저자들의 텍스트를 슘페터주의라는 맥락에서 검토하려고 선택한 이유는 한 가지 핵심적인 수준에서 그들이 이 서사를 수정하고 다듬는 과정을 통해서 이 서사에 새로운 생명력을 불어넣었기 때문이다. 나는 이 저자들의 텍스트에 대한 다른

합당한 해석들이 존재한다거나 이 저자들의 다른 저작들이 대안적 관점을 제공할 것이라는 점을 부인할 생각은 없다. 이 책에서 늘 그래왔듯이, 나는 하나를 세밀히 보는 것에 초점을 두지 전체를 다 아우르는 척하지 않는다. 간략하게라도 이 저자들의 텍스트를 검토하는 것은 우리로 하여금 민주주의에 관해서 20세기 말에 이르기까지 지배적인 슘페터주의적 서사의 주된 경로를 추적할 수 있도록 한다.

시장으로서의 민주적 정치 : 다운스

1956년 미국에서 처음으로 출간된 앤서니 다운스의 『경제이론으로서의 민주주의(An Economic Theory of Democracy)』는 슘페터로부터 몇몇 주제들을 취하고 새로운 발상들을 추가해서 민주주의에 대한 일련의 논변을 담은 혼합물을 만들었는바, 그 영향력은 거의 반세기가 지난 후에도 유지되고 있다. 슘페터주의와의 연관성에 대해서는 의심의 여지가 거의 없다. 다운스는 "민주주의에 대한 슘페터의 심오한 분석이 우리의 전체 논제에 대한 영감과 토대를 형성했고, 그에 대한 우리의 부채와 고마움은 실로 막대하다"고 썼다 (Downs 1956, 29).

'경제'이론? 다운스의 『경제이론으로서의 민주주의』의 핵심적인 논점은 그가 민주주의를 보기 위해서 선택한 방식, 민주주의를 분석하기 위해서 낀 렌즈이다(그리고 분명 그는 자신이 비판이나 칭송을 하는 것이 아니라 **분석**을 하고 있다고 여겼다). 그가 채택한 시선이 응시하는 바로 그 대상인 '민주주의'를 어떻게 주조하고 형성하는지를 이해하는 것은 아주 중요하다. 여러 가지 방식으로, 이 핵심적인 논점은 슘페터주의적인 경로들을 선택한다. 다운스가 채택한 시선은 그의 책 제목에서 분명하게 드러난다—이것은 **경제이론**으로서의 민주주의이다. 이는 여러 가지를 의미할 수 있다. 예를 들면 우리는 사기업들이 기업 내부의 문제를 어떻게 처리하는지를 의미한다고 상상해볼 수 있다. 그러나 다운스에게 이는 우리가 민주주의를 경제학자의 시각과 가정들을 통해서 검토하기를 바란다는 것을 의미한다.

대부분의 경우, 경제학자는 남성과 여성이 그들이 지향하는 목적이나 목표를 성취하기 위해서 비용이 가장 덜 드는 수단을 고른다는 의미에서 **합리적 행위자**라고 가정한다. (경제학자들이 모든 사람을 정말로 이런 의미에서 합리적이라고 말하는 것이 아니라는 점에 유의하자. 단지 이렇게 **가정하면** 우리가 사회적 삶을 밝혀내고 분석하는 데에 도움이 된다는 것이다.) 다운스는 유권자와 정치인이라는 정치적 행위자들에 대해서도 이 가정을 한다. 합리적인 유권자는, 예를 들면, 그가 원하는 것을 가장 많이 해주겠다고 약속하는 정치인이나 정당에게 투표한다. 마찬가지로 합리적인 정당은 관직을 유지하거나 획득하기 위해서 (다른 말로 하면, 정권을 유지하거나 아니면 정권을 획득하기 위해서) 득표를 극대화하려고 노력할 것이다. 민주적인 정치라는 것은 이런 의미에서 합리적 행위자 사이에 전개되는 권력을 향한 경쟁에 대한 것이다.

우리는 슘페터가 정치를 경제 시장에서의 경쟁과 유사한 경쟁적인 투쟁으로 보았다는 점을 검토했다. 다운스는 이 통찰을 가지고 그것을 민주주의에 대한 우리의 이해에 더 공식적이고 더 중심적이게 만들었다. 이 방식으로 다운스의 분석은 민주주의를 어떻게 보아야 하는지에 관해서 슘페터가 제안한 바 있는 일련의 독자적인 선택들을 보강하고, 나아가서 이 선택들을 주류적, 정상적, 심지어는 일견 '자연스럽게' 만드는 데에 성공한다.

기술하기, 분석하기 그리고 추천하기   정치인과 유권자들을 합리적이고 자기 이익 중심적이며 경쟁적 행위자라고 보는 관점은 그에 수반되는 민주주의에 대한 비전이 어떻게 만들어지고 구성되는지에 연쇄효과를 가져온다. 다운스처럼 민주주의를 이해하는 것의 핵심에서는 방법론이 도덕적 목적은 물론 정부, 민주주의 또는 참여의 목표에 대한 관심이 부족하도록 만든다는 점에 특히 주목하라. 그러므로 한편으로 "우리의 모델에서 정치인들은 결코 특정한 정책을 실행하려고 직위를 추구하지 않는다. 본질적으로, 그들의 유일한 목표는 직위 자체를 유지하는 것으로부터 나오는 보상을 거두어들이는 것이다. 그들은 정책을 순전히 사적인 목적을 획득하는 수단으로 취급하는데, 그들은 오직 선출됨으로써만 이러한 목적에 도달할 수 있다"(Downs 1956, 28). 그리고 "각 시민은 다른 정당들보다 자신에게 더 많은 이익을 제공할 것이라고 믿는 정당에게 자신의 표를 던진다"(1956, 36). 이는 충분히 공정하다. 다운스는 정치를 설명하기 위한 도구를 갈고 닦으려고 하는 것이지, 그것을 도덕화하거나 변화시키려는 것이 아니기 때문이다. 그는 "우리는 일정한 조건에서 무엇이 발생할 것인지를 기술하려고 하는 것이지, 무엇이 발생해야 하는지를 기술하려고 하는 것은 아니다"라고 기술한다(1956, 20). 그리고 나아가서 "윤리적인 전제들을 피하기 위해서, 우리는 민주적인 정부를 기술적으로 정의해야 한다. 즉 현실에서 이런 형태의 정부를 다른 정부들과 구분시키는 몇몇 특징들을 나열함으로써 말이다"라고 말한다(1956, 20). 이 '일정한 특징들'은 철저히 슘페터주의적이다. 정당들은 자유롭고 공정한 선거에서 정해진 기간 동안 정부의 권력을 행사할 권리를 얻기 위해서 경쟁한다(Downs 1956, 23에 나오는 구절을 바꾸어서 표현한 것이다).

여기서 잠시 멈춰보자. 왜냐하면 모종의 흥미로운 일이 생기기 때문이다. 다운스는 분석의 목적을 위해서 그가 '민주주의'라고 생각하는 것이 무엇인지 기술하면서 거기에는 '윤리적인' 요소가 전혀 없고, 자신의 설명은 사실적이고 기술적이라고 주장한다는 점에 주목하자. 어떤 수준에서, 다운스가 내린 구분이나 그가 그것을 추구하는 방식은 단순히 합당한 것 이상으로 보인다. 기술하는 것과 처방하는 것, 또는 설명하는 것과 추천하는 것 사이에는 차이가 있다. 그러나 그가 설명하기 위해서 기술하고 추구하는 모델—선거, 경쟁, 자기 이익, 대표제를 중심으로 구성된 친숙한 모델—은 꽤 특정한 것이며, 분명히 그가 기술할 수 있었던 유일한 것은 아니다. 만일 다운스의 모델이 1950년대 그의 조국인 미국의 것과 같은 체계의 추상적인 버전이라면, 그리고 그가 이 모델을 일반적으로 '민주주의'에 대한 정확한 재현(representation)으로 제안하는 것이라면, 그것은 합당한가? 슘페터 역시 민주주의에 대한 '현실주의적인' 관점을 좋아했다는 점을 마찬가지로 상기해보자. 왜냐하면 이 관점을 현실 정치에 적용하는 관찰자들은 적어도 어떤 나라가 민주주의적인지 아닌지를 판단하기 위한 명확한 근거를 가질 수 있기 때문이었다. 다운스는 이 점을 한 단계 더 끌어올린 것으로 보인다. 이것은 **분석**, 측정 가능성, 가설을 수립하고 자료(예를 들면 선거의 투표율 또는 각 정당의 득표수)를 수집함으로써 가설을 검증할 수 있는 것에 대한 것이다. 요컨대, 이는 정치 과학(political science), 과학적이고 객관적인 방법으로 정치를 연구하는 것에 관한 것이다.[2] 다운스의 눈에 그와 같은 정치 과학자(political scientist)의 직무는 민주주의가 현실에서 어떻게 작동했는지 기술하고 분석하는 것이지, 가치들에 대해서 논하거나 민주주의가 어떻게 작동해야 하는지를 논하면서 시간을 낭비하는 것이 아니다.

'정치 과학'의 맥락 규범적인 것에 대립하는 것으로서 설명적인 정치 과학을 지향하는 강력한 운동의 본고장은 다운스가 저술하던 당시의 미국이었다. 이 시대에 미국은 소련과 전략적-군사적인 것뿐 아니라 이념적인 투쟁에 갇혀 있었다. 미국이 민주적이고 다원적인 반면, 소련의 공산주의는 이념에서는 반민주적이고 전체주의적이며 조직에서는 획일적이라는 점을 모든 사람이 알고 있었고, 단지 소수의 미국인들만이 이에 대해서 의문을 제기했을 뿐이다. 만일 당신이 '민주주의'를 분석하고 싶고, 그리고 미국이 민주주의의 모범이라면, 그러면 당신이 분석할 필요가 있는 것은 미국과 같은 체계이다. 깔끔한 순환논법이다(홀든[Holden 1974]은 이를 '정의상의 오류[definitional fallacy]'라고 부른다). 그러나 당시에 이 점을 깨닫는 것

---

2) 1950년대에 규범적이거나 가치에 관점을 둔 정치학 연구—예를 들면, '민주주의'나 '평등'에 강력한 가치의 토대를 제공하려는 것—는 심각한 위기에 처했다. 이 전통에서 연구하던 원로 정치이론가들은 정치철학이 '사멸'할지도 모른다고 우려했다. 사회과학과 철학에서 가치들은 제쳐두고 검증가능한 사실적 명제만 제시된 경우에 비로소 객관적인 지식에 도달할 수 있다고 믿는 학자들에 의해서 지적 경쟁이 벌어졌다. 다운스의 연구는 부상하는 후자의 전통에서 이룩된 업적이라고 볼 수 있다. 이 논쟁의 기원에 대한 탁월한 연구로는 Purcell(1973)을 보라.

이 어려웠다고 할지라도, 당연하게도 당시 미국은 민주주의가 무엇을 의미하는지 또는 무엇과 같은지에 대한 단 하나의 버전만을 대표한다. 이것이 정치적 분석의 일반적인 문제이다. 과학적 중립성은 칭찬할 만한 목표이다. 그러나 우리의 모델과 정의들은 그 자체로 '중립적'이거나 모두에게 동등하게 적용될 수 없는 맥락과 기원을 가지고 있다. 이 점을 지적하는 것은 다운스의 『경제이론으로서의 민주주의』에 반대하는 논변이 아니며, 그것의 엄밀성을 기각하는 것이 아니다. 다만, 비록 아무리 세심한 주의를 기울여서 추천으로부터 설명을 분리해낸다고 하더라도 무엇인가 추천의 요소들이 불가피하게 설명의 완벽함을 전복시킬 위험이 있다는 점을 말하려는 것이다. 이어지는 장에서 슘페터주의 접근법의 비판자들에게 귀를 기울이면서 이 점을 더욱 상세히 논할 것이다.

다운스의 방법들과 가정들은 슘페터의 많은 것을 반복하고 또 보강하는 데에 활용된다. 개인주의, 직위를 두고 경쟁한다는 발상, 대의제가 민주주의의 핵심이라는 관념, 그리고 우리가 우리의 방법과 모델 자체에 **내장된** 측정가능성에 예민한 관심을 가지고 민주주의를 연구해야 한다는 사실 등이 그것이다. 이러한 반복이나 흔적들은 제각기 민주주의에 대한 가치중립적이고 기술적인 설명을 제공하고자 하는 열망의 산물이거나 아니면 그것과 잘 어울린다. 이는 부수적으로 우리에게 흥미로운 진술들을 유발하는데, 나는 그중 하나를 여기서 언급하고자 한다. 그것은 부분적으로 비판자들이 제기하는 여성 및 성적 평등에 대한 논점과 연관되어 있기 때문이다. 그가 민주적 체계를 정의하면서 그 특성을 개괄할 때, 다운스는 (별로 깊은 생각 없이 툭 내뱉는 어조로) "어떤 민주국가들에서는 여성이나 영주권이 있는 외국인 또는 둘 다 투표하는 것이 허락되지 않는다"라고 기술한다(1956, 23). 내가 여기서 간단하게 지적하려는 논점은 두 가지이다. (a) 이러한 논평은 다운스가 사용하는 민주주의의 정의에 따르면 완벽하게 자연스러운 것이 된다는 점이다. 그리고 (b) 다른 합리적인 사고방식에서는 이것이 기이하고, 몹시 문제가 많은 진술이라는 점이다. 다시 말하면, '윤리적인' 것이 아무런 것도 의도되지 않은, 표면적으로는 중립적인 정의라도, 윤리적 측면에서 논쟁하겠다면 논쟁의 소지가 많은 그런 가정을 포함하고 있다.

더 이상 고뇌하지 않기 더 일반적으로 말해서, 다운스의 작업에는 미헬스가 했던 고뇌가 전적으로 결여되어 있다는 점에 주목하자. 슘페터는 말하자면 이 논쟁에서 승리했다. '민주주의'는 근본적으로 경쟁적 선거를 의미할 수 있고, 실제도로 그렇다. 다른 모든 것, 모든 고상한 또는 더욱 평등주의적인 열망은 망상적인 사고방식과 별로 다를 바가 없기 때문이다. 슘페터가 이 논쟁에서 승리했기 때문에 다운스는 더 이상 원래의 문제를 철저하게 다룰 필요가 없었다. 어떤 의미에서, 이데올로기적 작업이 그의 선배에 의해서 완료된 덕분에 다운스는 노골적으로 '분석적'일 수 있다. 예를 들면, 간헐적인 투표 이외에는 참여하지 않는 인민은 다운스에게 전혀 관심사가 아니다. 왜냐하면 그것이 바로 민주주의이기 때문이고, 다운스에게 흥미로운 지점은 그가 논의를 시작하는 '자기 이익이라는 공리'가 주어졌을 때, 정당들이 어떻게 표를 놓고 경쟁할 것인지에 대한 가설들을 도출하는 일이다. 그리고 실제로 다운스 이론의 초점과 정점은 25개의 "이론으로부터 도출된 검증가능한 명제들"이다(1956, 295-300).

다두제(多頭制)의 세계 : 달

나는 다운스의 이론을 간략히 다루었다. 왜냐하면 그 이론은 전후 서구(즉 미국과 미국의 영향을 받은 정치 과학과 그것의 다양한 청중들)의 지배적인 서사에서 민주주의가 무엇이었는지, 무엇일 수 있는지에 관한 가정들을 다소 엄격하고 절약적인 용어로 제시하기 때문이다. 어떤 면에서, 민주주의에 대한 비전은 미국의 체계를 포함하여 현존하는 체계들에 대해서 급진적이고 비판적인 도구가 될 수 있었다. 2000년 플로리다의 맥락에서 민주주의에서 **공정한** 선거가 중요하다는 이론이 가지는 중대한 가치에 대해서 생각해보라(제1장을 보라). 그러나 그보다는 빈번히, 그 비전은 현실세계에서 민주주의가 실제로 의미하고 대표하는 것의 전형으로, 정치와 민주주의에 관한 과도하게 급진적이고 이상적인 비전에 대항하는 보루로 서 있었다. 이 지점에서 아마도 전후에 가장 위대한 민주주의 이론가인 로버트 달이 수행한 작업의 주요 측면을 살펴보는 것이 유용할 것이다. 보다 구체적으로, 나는 그의 '다두제(polyarchy)' 개념을 언급하고자 한다. 왜냐하면 다두제는 이제껏 간략히 다루어진 민주주의에 대한 광의의 후기 슘페터주의적 관점과 그 한계를 포착하면서 확장하고 있기 때문이다. 또한 달이 흥미로운 이유는, 한편으로는 지배적인 슘페터적 서사를 흡수하고 확장하면서, 다른 한편으로는 규범적인 방식으로 미국 민주주의의 한계를 가장 신랄하게 비판한 사람들 중 하나이기 때문이다.

다두제의 요소들 1956년에 『민주주의 이론에 관한 서문(*A Preface to Democratic Theory*)』을 출간하는 것으로 시작해서, 달은 (다른 무엇보다도) 다두제라는 개념의 유용성에 대해서 소상히 설명했다. 이 개념은 달과 다른 이들에 의해서 일련의 여러 가지를 지칭하기 위해서 사용되었지만, 본질적으로 그것은 어떤 나라가 스스로를 민주주의라고 자처할 때 그 나라에게 기대하거나 요구할 수 있는 일종의 민주주의의 최소 수준으로서, '실제 세계'에 적합한 민주주의의 기준을 의미한다. 상당히 까다로운 기준임에도 불구하고, 이것의 특징들은 민주주의에 대한 슘페터나 이어지는 슘페터식인 사유에 친숙한 것들이다. 현실주의자로서, 달은 그의 초기 저작에서 현실의 국가들에게 너무 많은 것을 기대해서는 안 되며 민주주의의 기준선을 너무 높게 설정해서 그 선을 넘을 수 있는 나라가 아주 적거나 없어서는 안 된다는 관심을 피력했다. 1989년에 출간된 그의 고전적인 저작인 『민주주의와 그 비판자들(Democracy and its Critics)』에서 달은 다두제라는 개념의 다양한 가닥들에 대해서 밝힌다.

다두제는 몇 가지 방식으로 이해될 수 있다. 국민국가의 정치적 제도를 민주화하고 자유화하려는 노력의 역사적인 결과로, 중요한 방식에서 모든 종류의 비민주적 제도뿐만 아니라 초기의 소규모 민주주의들과도 다른 어떤 독특한 유형의 정치적 질서나 정치체제로, (슘페터식으로 말하자면) 국가의 정부에서 최고위층이 다른 후보, 정당, 집단들과의 정치적 경쟁인 선거에서 승리하기 위해서 자신의 행동을 수정하도록 유도하는 정치적 통제의 체계로, 정치적 권리의 체계로, 또는 커다란 규모의 민주적 절차에 필수적인 일련의 제도들로 이해될 수 있다.(Dahl 1989, 218-219)

각각의 의미들이 다 다르기는 하지만, 나는 다두제라는 개념이 실현가능한 민주화의 범위라는 현실적인 가능성들에 조율된, 민주주의의 구체적인 최소 수준으로서 각각의 의미를 포착하고 있다고 생각한다.

그러나 어떤 제도, 어떤 특징들이 이 최소 수준의 수용가능한 민주주의를 구성하는가? 전 세계의 정치학자(political scientist)에게 익숙한 아래의 목록은 많은 것들을 표현한다. 우리의 현재 논의에서 한 가지 중요한 특징은 어떻게 그것이 민주주의에 대한 슘페터적 접근법들의 기본적인 요지에 맞으면서도, 동시에 후기 슘페터주의를 핵심적인 방식으로 확장하고 심화하고 있느냐는 점이다. 『민주주의와 그 비판자들』(221쪽)에 표현된 다두제의 제도들은 다음과 같다.

1. 선출직 공직자들. 정책에 대한 정부의 결정을 내리는 것은 헌법적으로 선출된 공직자들에게 맡겨져 있다.
2. 자유롭고 공정한 선거. 선출된 공직자들은 강압이 비교적 드물게 발생하는 빈번하고 공정하게 시행되는 선거에서 뽑힌다.
3. 포괄적인 선거권. 사실상 모든 성인이 공직자에 대한 선거에서 투표권이 있다.
4. 공직에 출마할 권리. 선거권보다는 나이 제한이 높을지 몰라도, 사실상 모든 성인이 정부의 선출직 공직에 출마할 권리가 있다.
5. 표현의 자유. 시민들은 폭넓게 정의된 정치적 사안에 대해서 심각한 처벌의 위험 없이 자신을 표현할 권리를 보유하며, 그것은 공직자들, 정부, 정치체제, 사회경제적 질서 및 지배적인 이데올로기에 대해 비판할 수 있는 권리를 포함한다.

6. 대안적인 정보. 시민들은 정보의 대안적인 원천을 찾을 권리가 있다. 나아가서 정보의 대안적 원천들이 존재하며 그것들은 법에 의해서 보호받는다.

7. 결사의 자율성. 위에 명시된 것을 포함한 다양한 권리를 성취하기 위해서, 시민들은 독립적인 정당과 이익단체를 포함한 상대적으로 독립적인 결사와 조직을 구성할 권리가 있다.

1989년의 이 목록은 1956년에 달이 처음 만든 목록과는 상당히 달라 보인다. 이전의 것은 선거와 투표를 보다 좁고 형식적인 수준에서 강조했다. 그것은 다두제의 조건을 (예를 들면) '선거 기간'과 '선거들 사이 기간'의 특성으로 구분했다(1956, 84). 이러한 강조는 달의 접근법이 슘페터의 접근법에 무엇을 추가한 것인지에 대한 가장 명백한 실마리를 제공한다. 당연히 대부분의 기간이라고 할 수 있는 '선거들 사이에' 무엇이 발생하는지에 대한 고려가 추가된 것이다. 위에서 인용한 바 있는 나중에 수정된 다두제의 일련의 특성과 제도는 표현, 결사 및 정보수집의 자유에 대한 권리를 구체화함으로써 이러한 추가를 심화한다. 물론 이러한 권리들은 '민주적' 정치로 통상 간주되는 일상의 일부이다. 이 권리들과 자유들은 물론 선거를 치르는 데에 결정적이지만, 이것들의 중요성은 임박한 시기나 맥락을 넘어서 확장된다. 우리가 슘페터를 읽을 때, 우리는 선거를 치르고 일단지도자들이 선출되면 모든 것은 이 지도자들이 무엇을 하느냐에 전적으로 달려 있다고 느끼게 된다. 달의 다두제는 민주주의에 대해서 생각하는 전후(戰後)의 지배적인 접근법을 그 좁은 해석으로부터 벗어나게 한다.

기술하고 측정하기 그렇다고 하더라도 다두제의 이론적 의도는 '현실주의적'이고 [변수를] 조작가능하게 하고, '측정가능'하게 하는 것이다. 다두제는 권력에 대한 (자유롭고 공정한) 경쟁을 민주정치의 핵심이라고 강조한다. 그리고 그것은 민주주의에 대한 고전적인 이상이 민주주의와 그 가능성에 대한 엄격하고 경험적인 평가를 방해한다는 우려의 산물이다. 이 특징들은 각각 우리가 슘페터적인 사유라고 부른 것들 중에서 다두제 개념의 근원을 강조하는바, 달의 초기 저작에서 특히 분명하게 드러난다. 『민주주의 이론에 관한 서문』에서 달은 어떤 사람이 민주주의에 관해서 '윤리적'이고 가치에 기반을 둔 척도에서 시작한다고 하더라도, 그는 곧 '실제 세계'에 더 맞는 척도를 도입할 필요에 직면한다는 점을 분명히 한다. 달은 이러한 접근법을 '기술적(descrptive) 방법'이라고 부른다. 이것은 "정치학자들에 의해서 일반적으로 민주적이라 불리는 모든 국민국가와 사회조직의 현상을 하나의 종류"로 간주하는 것을 포함하고, "이 종류에 포함된 개별적인 것들을 검토함으로써, 첫째 이들이 공통적으로 가지고 있는 특징으로서 다른 종류와 구분되는 특징들, 둘째 이런 특징들을 가지는 사회조직이 되기 위한 필요충분조건들"을 밝히는 것을 포함한다(1956, 63). 이 접근법이 다두제의 뿌리이다. 기술(description)은 다두제의 핵심이다. 기술은 추가적인 목표 달성에 도움이 된다─원칙적으로 다두제의 여러 특징은 측정될 수 있기 때문이다(비록 달은 이것이 간단한 일은 아니라고 생각했지만). 당연하게도, 원칙적인 측정가능성은 다두제를 '민주주의'를 정의하고 이해하는 우월한 방식으로 만드는 데에 상당히 결정적이다.

달의 초기 저작은 읽히기보다는 비판을 더 자주 받았다. 『민주주의 이론에 관한 서문』은 복잡하면서도 정교한 텍스트로서, 민주적 규범과 이상을 결코 도외시하지 않으며, 또 미국과 다른 현존하는 '민주주의들'에 대해서 무비판적이지도 않다. 게다가 달은 그의 첫 저작에서부터, 참여 민주주의 전통에 대한 사고에 영향을 미쳐온 지역의 민주주의와 직장의 민주주의에 강한 관심을 드러냈다(그가 나중에 지은 '서문'─『경제 민주주의에 관한 서문(*A Preface to Economic Democracy*)』[3](1985)─과 제3장의 논의를 보라). 그럼에도 불구하고 『민주주의 이론에 관한 서문』은 달의 다른 어느 텍스트보다도 다두제라는 개념이 슘페터적인 뿌리를 가진다는 점을 보여준다. 나아가서, 『서문』은 미국적 민주주의 체계를 다두제의 중요한 모범으로 어느 정도 칭송한다(1956, 74). 그리고 일련의 구절들에서 "정부의 결정을 만들어내는 것은……상대적으로 작은 집단들의 요구를 꾸준히 들어주는 과정이다"라고 미국의 다원주의적 정치를 칭송한다(1956, 146). 미국 정치의 '정상적인' 과정에서, "전체 인구의 활동적이고 합법적인 집단은 결정 과정의 몇몇 주요 국면에서 자신들의 목소리를 효과적으로 전달할 수 있는 가능성이 높다"(1956, 145).

다수와 합의 : 레이파르트

기술, 경쟁적 선거, 측정가능성과 현실주의, 미국의 민주주의에 대한 선호와 '윤리적' 접근법에 대한 의구심 등의 주제들은 민주주의에 대한 이러한 부류의 서사를 추적함에 따라서 우리에게 친숙해지

---

3) *A Preface to Economic Democracy*는 국내에서 『경제 민주주의에 관하여』라는 제목으로 번역되었으나, 여기서는 저자의 의도를 살리기 위해서 원제를 그대로 사용했음을 밝힌다.(역주)

고 있다. 비록 (예를 들면) 달이 슘페터에 비해서 분명히 더 급진적이고 비판적인 민주주의 이론가라는 점을 받아들이더라도 말이다. 물론 나는 내가 언급한 저자와 텍스트, 그리고 내가 강조한 특징들에 있어서 선별적이라는 점을 부정하지 않겠다. 그러나 이것들은 전후 서구의 지배적인 서사를 널리 규정하는 텍스트, 저자, 주제들이다. 이제 이 특별한 서사의 영향력 있는 네 번째 주창자인 아렌트 레이파르트로 주의를 돌려보자.

나는 그의 두 주요 저작인 『민주주의들(*Democracies*)』(1984)과 『민주주의의 유형들(*Patterns of Democracy*)』(1999)에서 잘 예증된 레이파르트의 작업을 선택한다. 그 이유는 우리가 추적해온 바와 같이 미헬스의 딜레마에 대한 대응으로 슘페터가 제도적, '현실주의적', 측정가능한, 경쟁적 관점에서 민주주의를 이론화한 것을 레이파르트가 한 단계 더 전진시켰기 때문이다. (우리는 다음 장에서 레이파르트가 그의 주된 저작을 출간하던 시기에 이르러, 후기 슘페터주의의 전성기인 1950년대와 1960년대에는 침묵하던 민주주의에 대한 많은 다른 서사들이 어떻게 레이파르트의 서사와 강력하게 경쟁하는지를 보게 될 것이다.)

민주주의의 두 모델 이 서사에 대한 레이파르트의 중요한 기여는 민주주의의 두 모델을 기술한 것이다. 이 두 모델 사이에서 전통적으로 민주주의라고 불릴 수 있었던 전 세계 대부분의 주요 정치체계가 설명된다. 어떤 의미에서, 그는 다두제의 범주를 둘로 나누어서 **다수결주의 모델**과 **합의 모델**로 구분한 것이다. 분명 슘페터와 초기 달, 다운스에게 민주주의는 다수결주의적 용어로 이해된다(물론 더 정확히 말하면, '다원주의적'이다. 아래의 논의를 보라). 다시 말하면 각 시민의 표는 하나로, 딱 하나로 집계되며, 더 많은 표를 받는 것이 누가 선거에서 이기는지를 결정한다. 그러나 레이파르트는 전 세계의 36개국을 (『민주주의의 유형들』에서) 관찰한바, 대부분 민주주의들은 '다수결주의' 민주주의라기보다는 '합의' 민주주의라고 결론짓는다. 이것이 중요한 이유는 (그가 이해하는 전통적인 견해와는 반대로) "합의 민주주의는 대부분의 관점에서 다수결주의 민주주의보다 더 민주적인 것으로 고려되어야 하기 때문"이다(Lijphart 1999, 7). 우리는 여기서 레이파르트가 그의 설명틀 내에서 명시적으로 규범적인 자세를 취할 준비가 되었다는 점을 알 수 있다.

우리의 서사를 추적하는 과정에서 레이파르트에 대한 우리의 주된 관심사는 그가 무엇을 하는지에 못지않게 **어떻게** 그것들을 하는지에—그리고 이어서 그의 방법론과 전제들이 민주주의에 대한 그의 독특한 관점을 어떻게 조형하는지에 놓여 있다. 우리의 생각을 확고히 하기 위해서 이 두 모델의 개요를 정리해보자.

다수결주의(적) 민주주의 특히 영국에서 잘 예증된 다수결주의 모델은 다음과 같은 제도적 특징을 보인다.

- 행정권이 하나의 정당에 집중되어 있고, 그 정당이 자체적으로 정부를 구성한다.
- 정부 부처 장관으로 구성된 내각이 의회를 주도한다.
- 두 정당이 지배적인 선거. 비록 소수 정당이 종종 총선에서 의석을 확보하지만, 그들은 결코 정부를 구성할 정도로 의석을 얻지는 못한다.

- 다수결주의적 결과에 우호적인 선거 체계(선거가 치러지고 표를 집계하는 방식)로서 어떤 당이 비록 총선에서 과반 득표를 하지 못했더라도, 승리한 정당이 의회 내 과반 의석을 차지하도록 거대 정당에 대한 지지를 과장하는 체계
- 정부 밖에 있지만 정부에 영향을 주려고 시도하는 일종의 역동적인 사상의 자유시장으로서 '만인에게 자유로운 다원주의' 체제에서 활동하는 이익집단들
- 모든 하위의 정치적 단위와 관할권(이를테면 선출된 지방 정부)이 그 존재와 권력을 중앙 정부의 은총에 의존한다는 의미에서 일원화된 중앙집권적 정부
- 단 하나의 입법부에 입법권이 집중된 것
- 개정하기 어려운 성문 헌법이 없다는 점에서의 헌법적 유연성
- 입법부의 정치적 결과를 넘어서 제소할 수 있는 (다시 한번) '상위의' 법이 없다는 점에서 사법 심사의 부재
- 행정부에 의해서 통제되는 중앙은행

합의 민주주의 '순수한' 유형의 다수결주의 모델에서 권력은 분산되고 제한되어 있다기보다는 집중되고 상대적으로 제약을 받지 않는다. '순수한' 합의 모델은 정반대를 보여준다. 그것은 다음과 같은 제도적 특징을 보인다.(Lijphart 1999, 34-41)

- 연립 내각에서의 행정권 공유
- 행정부와 입법부 사이의 권력 균형
- 다당제(이는 '주요' 정당이 두 개를 초과하는 것을 의미한다)

- 한 정당이 입법부 내에서 얻는 의석수에 그 당이 선거에서 얻은 득표율을 꽤 근접하게 반영하는 비례적 선거 체계
- 노동조합이나 '최상위' 기업 단체 같은 일정한 이익집단들이 정부 내에서 정부와 함께 정기적으로 협상을 수행하는 이익집단 조합주의(corporatism)
- 연방적이고 지방분권화된 정부
- 강력한 양원제, 또는 거의 동등한 권력이 두 입법부 사이에 공유되는 것
- 경성(硬性) 헌법
- 사법 심사
- 독립된 중앙은행

레이파르트의 논변에서 벨기에와 스위스가 여러 측면에서 합의 모델의 예가 된다.

이러한 분석을 통해서, 레이파르트는— 위에서 선별적으로 검토한 달의 작업과 마찬가지로—우리를 다양한 방식으로 어느 정도 슘페터주의 너머로 이끈다. 텍스트들 사이의 한 가닥의 핵심 서사를 추적하는 것이 텍스트들 사이에 존재하는 차이점의 중요성을 부인하는 것은 아니다. 그러나 나는 몇 가지 핵심적인 점에서 레이파르트가 민주주의를 어떻게 보아야 하는지에 대한 후기 슘페터적인 가정들을 강화하고 확장하면서, 그 과정에서 이 가정들을 오늘날로 가져온다고 주장할 것이다. 이 점에서 다른 이론가들과 마찬가지로 레이파르트 역시 주류적인 민주주의 개념에 대한 후기 슘페터적 서사의 장악력을 강화하는 데에 기여했다. 그는 새로운 경험적 상황과

이론적 발전에 적응할 수 있도록 그 서사에 변화를 가함으로써 이 작업을 수행했다.

첫째로, 레이파르트가 하는 작업의 배후 추진력은 측정가능성 또는 조작가능성인데, 그것은 슘페터, 다운스, 달에게도 각각 다른 방식으로 핵심적이었다. 이것들은 모두 '현실세계'를 제도적으로 기술하고 설명하는 것과 관련된 민주주의의 **경험적** 모델이며, 당연히 이 모델은 일반적으로 민주주의들이라 불리는 국가 정치 체계를 정말로 '민주주의'라고 부르는 것에 불편을 느끼지 않는다. 레이파르트가 특히 초점을 맞추는 것은 그가 관심을 가지는 다양한 국가들에서 (예를 들면) 연립 정부에 참여한 정당의 숫자, 선거 결과 등 양적인 자료이다. 그의 주된 목표는 상이한 버전의 민주주의에 대한 경험적 일반화를 제공하는 것인데, 그의 설명에는 가치가 분명히 개입한다. 왜냐하면 그는 분명히 신생 민주국가들이 다수결주의가 아닌 합의 모델을 도입하는 것을 지지하기 때문이다. 그러나 이 가치판단들은, 이 가치판단에 선행하는 한정되고, 집중된 경험적 연구로부터 도출된 것이고 그것 없이는 아무런 의미를 획득하지 못한다.

사례들이 틀에 맞을 수 있을까? 그럼에도 불구하고 레이파르트가 자신의 도식의 간결성을 유지하기 위해서 다양한 측면에서 많은 노력을 기울여야 한다는 점에 주목하자. 그는 다수결주의 모델의 핵심 사례인 영국이 입법부의 다수가 선거 체계의 속성에 의해서 '제조된' 것이기 때문에, 사실은 다수결주의가 아니라 '다원결정주의적(pluralitarian)'이라는 점을 인정한다(1999, 15). 그리고 그의 합의 민주주의 역시 여전히 다수결주의라는 점 또한 명백해진다. 이러한 체계에서 통상 정부는 단지 전국적 득표의 관점에서 유권자의 단순 과반수를 넘어서는 정도(51퍼센트)에 이를 때까지 추가되는 정당들로 구성되기 때문이다. 게다가 그는 최근 책에서 그의 36개 '나라들'의 일부로 유럽연합을 포함하기를 바란다. 유럽연합은 '나라'나 '국가(nation)'가 아니라 상당한 독립적 국가권력을 보유하는 여러 국가들(nations)의 느슨한 연합이기 때문에 이는 과감하고 흥미로운 결정이다. 특히, 유럽연합의 제도적인 구조는 레이파르트가 말하는 국가적인 민주주의의 두 가지 모델 중 어느 하나의 특징에도 전혀 부합하지 않는다. [유럽연합이 국가라면] 레이파르트는 유럽연합 집행위원회(the European Commission)를 각국에서 지명한 선출되지 않은 사람들로 구성된 행정 기구, 곧 유럽연합의 '내각'으로, 그리고 심지어 각 회원국의 장관들로 구성된 각료이사회(the Council of Ministers)를 그 양원제 입법부의 상원으로 불러야 한다(!)(1999, 42 이하). 요약하면, 그의 범주에 실제로 들어맞지 않는 골치 아픈 사례들이—측정가능성, 비교가능성, 경험적 일반화의 이름 아래—다시 명명되고 이 범주들에 억지로 끼워 맞추어져야 한다.

레이파르트의 작업이 방법론적인 접근법이나 관심사에 있어서만 후기 슘페터적 경향을 반복하고 확장하는 것은 아니다. 그것의 초점은 (지역적이거나, 그가 유럽연합을 취급하는 방식에서도 드러나듯이 초국가적이라기보다는) 아주 엄격하게 국가적이며, 대의제적이고 간접적이며, 정부의 중심이 제도적 구조에 대한 문제에 집중되어 있고, 그 결과 권력과 리더십의 문제에 집중되어 있다. 대의제적이거나 간접적인 초점에 관해서『민주주의들』에서 레이파르트는 국민투표나 직접 민주주의에 대한 별도의 장을 두었지만,『민주주의의 유형들』에서는 이것이 사라졌다는 점이 흥미롭다. 이런 식으로, 이것은 우리가 흔히 민주적이라 부르는 정치 체계의 중요한 특징들에 대한 세부적이고 광범위하며 세련된 분석이다. 동시에 이것은 민주주의를 보고, 또 그것의 의미와 특징을 구성함에 있어서 영향력 있는 방식—후기 슘페터적 방식—을 선택하고 거기에 적응시키는 분석이다.

요약 : 민주주의에 대한 슘페터적인 서사의 핵심

민주주의의 이와 같은 특정한 서사에 대해서 더 많은 것을 말할 수 있겠지만, 여기에서는 이 장을 마무리하기 위해서 몇몇 논점들을 종합해보자. 우리는 슘페터적인 접근법이 다음과 같은 특징을 지닌다고 말함으로써 요약할 수 있다.

1. '현실주의적'이고 측정가능하고 '민주주의'가 무엇을 의미하는지에 대한 통상의 가정들에 적합한 모델을 제공하는 데에 관심을 가진다.
2. 무엇보다도 중앙 정부의 제도적 구조에 관심을 가지는 만큼 국가적인 것에 초점을 맞춘다.
3. 민주주의를 정치에 대한 민중적 참여 같은 것이라기보다는 리더십과 지도자를 선출하는 방법에 대한 것으로 본다는 점에서 간접적이거나 대의제적인 것에 초점을 맞춘 것이다.
4. 정치적 삶의 주된 단위로서 개인에 초점을 맞추고, 개인은 정치적 또는 다른 활동과 목표에서 자기 이익을 추구한다는 자유주의적 가

정에 따라 주로 작업을 한다는 점에서 개인주의적 성향을 가진다.

5. 목표나 지향점이 아닌 방법이나 수단으로서의 민주주의, 보다 급진적이고 아마도 비현실적인 미래의 열망에 따라서 설정된 것이 아니라, 바로 여기 현재에 규정되고 분석되는 무엇인가로서의 민주주의에 일차적으로 관심을 가진다.

6. 평등주의적이기는 하나 그것은 형식적인 의미에서 투표에서의 평등과 정치적 권리에서의 평등을 강조하며, 이 점에서 경제적 또는 사회적 평등에 대해서는 관심을 가지지 않는다. 그리고

7. [민주주의가] 무엇이 되어야 하는지 처방하는 것이라기보다는 무엇인지 기술하는 것에 관심을 가진다.

이렇게 요약된 논점들은 다양한 방식으로 중첩된다. 각각이 이 장에서 간략하게 논의된 각 저자의 텍스트들에 똑같이 적용될 수 있는 것은 아니다. 특히 달은 **몇몇** 저작에서 (예를 들면) 형식적인 평등의 한계에 도전하는 급진적이고 규범적인 면이 있다. 그럼에도 불구하고 요약된 논점들은 우리가 다음 장에서 이들에 대한 대항-서사를 고찰할 때, 비교를 위한 꽤 명확한 기준선을 제공한다.

3

민주주의에 대해서 이야기하기 II

서론

앞의 장에서 민주주의에 대한 지배적인 서사인 슘페터적 서사의 개요를 간략히 살펴보았다. 이 장에서는 두 계열의 분석이 제공될 것이다. 그것은 (1) 이 지배적인 서사의 역사적인 기원을 추적하는 것, 그리고 (2) 현대 비판자들이 어떻게 이 서사에 도전하는지를 설명하는 것이다. 이 주제들을 다룸으로써 우리는 20세기의 막바지까지 민주주의 사상의 경쟁적인 서사들에 대한 대강의 그림을 그릴 수 있을 것이다. 그런 연후에 우리는 제4장에서 이 서사들에서 파생해서 나온 사상, 예를 들면 생태학적 또는 '녹색' 접근법들 같은 새로운 사상을 검토할 수 있을 것이다. 우선은 무엇이 슘페터주의를 가능하게 했는지 질문해보자.

어떻게 여러분의 적을 구성할 것인가 : 슘페터와 '고전적 모델'

우리가 제2장에서 살펴본 것처럼, 슘페터는 민주주의에 관해서 자신이 선호하는 정의를 제시하기 위한 배경으로, 자신이 '민주주의의 고전적 교의'라고 부른 것을 공격의 손쉬운 먹잇감으로 삼았고('조롱'이라고 해도 과한 말은 아닐 것이다), 이 신빙성 없는 낡은 이론과 대조되는 빛나고 바람직한 자신의 새 이론을 발표했다.

낡은 이론을 "민주주의의 18세기 철학"이라고 부르면서, 슘페터는 그것을 다음과 같이 정의한다. "민주적 방법이란 정치적 결정에 도달하기 위한 제도적 장치로서, 인민으로 하여금 개인들의 선출을 통해서 이슈들을 스스로 결정하도록 함으로써 공동선을 실현하는바, 선출된 개인들은 한데 모여 인민의 의지를 수행한다."([1943] 1976, 250) 이 이론은 부적절한 것이라고 비판받는다. 왜냐하면 (1) 모두가 동의할 수 있는 '공동선'에 대한 단일의 개념화라는 것은 없고, (2) 그런 것이 있다고 하더라도, 구체적인 이슈를 어떻게 최선으로 해결할 수 있는지에 대한 논쟁이 여전히 남아 있을 것이며, (3) 그 결과 확실한 '인민의 의지'라는 것은 있을 수 없기 때문이다. 선출된 정치인은 인민의 의지를 알 수도 없고―왜냐하면 그것을 아는 사람은 하나도 없기 때문에―또 인민이 합리적이라고 믿을 수도 없다.

인간 본성과 정치

'고전적 모델'에 대항하는 모든 논변들의 기저에 있으면서 동력을 제공하는 것은 '정치에 있어서 인간의 본성'에 대한 대단히 회의적인 시각이다. 슘페터는 일반적으로 사람들이 직접적인 중요성이 있는 문제들(예를 들면 지역적인 문제)에, 특히 금전적인 이해가 달린 문제들에 대해서는 어느 정도 합리적인 이해력을 가지고 있다는 점을 인정한다. 그러나 우리가 "사적인 관심사와……직접적이고 확실한 연결고리가 결여된 국가적이거나 국제적인 이슈의 영역"을 고려할 때에는 "개인적인 의욕, 사실에 대한 이해력, 추론의 방법 등이 고전적 교의의 요건을 충족시키는 것이 금세 중단"된다. 이러한 맥락에서 "현실성에 대한 감각은 전적으로 사라진다." 사적인 시민들은 "의지"를 발전시킬 현실적인 여지가 전혀 없다. "그는 작동 불가능한 위원회, 곧 전 국민으로 구성된 위원회의 위원인데, 이 점이 그가 정치적 문제를 완벽히 숙지하기 위해서 잘 훈련된 노력을 기울이기보다는 카드놀이에 더 시간을 쓰는 이유이다"([1943] 1976, 261). 어떤 주제에 대해서 식별가능한 '민중적인 의지'가 있다고 하더라도, 슘페터는 그것이 "정확히 상업 광고의 방식과 유사한" 양식으로 "제조"될 것이라고 우려했다([1943] 1976, 263). 그리고 군중심리학에 대한 당대 이론들의 영향을 받아서 그는 "신문 독자들, 라디오 청취자들, 정당의 당원들 등은 물리적으로는 한곳에 모여 있지 않더라도, 너무나 쉽게 군중심리나 광란의 상태에 빠져들게 되고, 그렇게 되면 아무리 합리적인 주장을 시도한다고 해도 단지 야수 같은 충동만 자극하게 될 뿐이다"라고 우려했다([1943] 1976, 257).

누구의 '고전적 이론'?

확실히 슘페터의 이론이 '고전적 이론'에 대한 노골적인 거부라는 점은 충분히 명백해 보인다. 그러나 많은 논평자들은 이 '고전적 이론'에 어려움을 겪어왔다. '고전적 이론'이라는 것은 고전적인 저작과 저자들의 괴상한 잡동사니에서 도출된 것으로서, 상호 모순되는 생각들을 하나의 포괄적인 개념 안으로 쑤셔 넣어서 만들어진 것처럼 보이기 때문이다. 따라서, 예를 들면 슘페터는 명시적으로 '공리주의자들', 특히 19세기 영국의 사회적, 정치적 저술가이며 개혁가이자 근대 공리주의 사상의 창시자인 제러미 벤담에 대해서 명확히 언급한다. 인민이 선거를 통해서 결정한다는 생각, 심지어 '공동선'이라는 개념은 벤담과 그 추종자들에게 연결 지을 수 있다. 그러나 동시에 '일반의지'나 '인민의 의지'라는 개념은, 훨씬 더 일반적으로 (그리고 정확히) 18세기의 스위스-프랑스 철학자인 장 자크 루소와 연관되어 있다. 소규모의 공동체주의적이고 참여적인 민주주의에 대한 그의 급진적인 사상은 프랑스 혁명기의 사상에 심대한 영향을 미쳤다. 간단히 말하자면, 슘페터가 말하는 소위 고전적 이론이라는 것은, 상당히 다른 시대, 장소 및 사회적, 정치적 맥락에서 추려낸 여러 가지 사상들을 무질서하고 설득력 없이 합쳐놓은 것에 불과하다.

가공의 그릇된 적: 벤담, 제임스 밀, 그리고 공리주의

그리고 이것이 모호하게 하는 중요한 사실은 슘페터의 관점이—그리고 뒤이은 후기 슘페터적인 서사가—실제로 그가 쉽게 무시해버리는 일부 고전적인 저자들과 상당히 많은 **공통점**이 있다는 것이다. 슘페터적 서사는 그 이후는 물론 그보다 과거에서도 자취를 찾을 수 있다. 벤담과 그의 중요한 협력자인 제임스 밀의 관점을 고려해보자. 이 공리주의의 주창자들은 정부의 역할이란 개인들의 공리를 최대화하는 것이고, 그러므로 '최대 다수의 최대 행복'을 추구하는 것이라고 믿었다. 고전적인 공리주의자들은 인간이란 이기적이라서 자신의 공리를 최대화하는 것, 자신의 쾌락을 최대화하며 고통을 최소화하는 것을 추구한다는 가정으로부터 출발했다. 이것이 인간 본성의 기초이다.

그러므로 사회는 모두가 자신의 공리를 최대화할 것을 추구하는 그런 사람(그들은 사람[men]이라고 말했지만 남성[men]을 의미했다)들로 구성된다. 이것을 시도할 수 있는 핵심적인 방법은 타인에 대한 권력을 얻는 것인데, 권력은 다른 사람들의 의지를 자신의 의지에 복종시킬 수 있기 때문이다. 재산을 가지는 것 역시 쾌락—그리고 권력—을 얻는 주요 원천이었다. 결정적으로, 벤담과 밀이 보기에는 정부의 구성원들과 공무원들 역시 자신의 이익을 기를 쓰고 추구하는 다른 모든 사람과 완전히 똑같았다. 명백히 이 점은 딜레마를 만들어낸다. 모든 사람은 타인이 자신의 기본적인 자유들을 부정하지 못하도록 하기 위해서 정부의 보호가 필요하다. 그러나 정부 자체가 시민들의 자유를 박탈해버리면 어떻게 되는가? 해답은 대의 정부, 곧 정기적으로 선출되는 정부(벤담은 잉글랜드에서 매년 선출되는 의회를 지지했다)이며, 따라서 인민에게 책임을 지는 정부였다.

이처럼 짧은 설명만으로도 우리는 고전적인 공리주의 사고에서 작동하는 민주주의를 실현해야 하는 근본적인 이유와 민주주의의 특징—그것을 구성하는 방식—을 엿볼 수 있다. 슘페터적인 접근법의 더 앞선 선배라고 할 수 있는 두 가지를 언급하기 전에 공리주의의 두 가지 독특한 특징을 지적하고자 한다. 첫째, 고전적 공리주의자들에게 이것은 '민주주의'가 아니었다. 심지어 19세기 말엽까지도, '민주주의'는 고대 아테네의 선례에 따라서 전형적으로 직접 혹은 면 대 면 민주주의를 의미했다. 그러므로 제임스 밀은 아마도 벤담식 공리주의를 가장 명료하게 표현한 글에서 "민주주의"는 실현가능하지 않다고 적었다. 왜냐하면 "수많은 집회들은 본질적으로 업무를 처리할 수 없기 때문이다"(Mill [1861] 1978, 59). 대의 정부는 무엇보다도 정부를 제약하기 위해서 고안된 민주정, 귀족정, 군주정의 결합체였다. 둘째, 그 시대에 무엇이 '대표'로 간주될 수 있는지는 매우 독특한 것이었다. "정부에 관한 시론"의 꽤나 악명 높은 구절에서 밀은 "한 가지는 꽤 분명해 보이는데, 그것은 자신의 이익이 타인의 이익에 포함되어 있는 것이 분명한 모든 개인들은 큰 불편 없이 [선거권자 명단에서] 삭제될 것이라는 점이다"라고 지적했다. 이 논리로 어린이뿐만 아니라 여성들까지도 참정권에서 배제되는데, "거의 모든 경우에 그들의 이익은 그들의 아버지나 남편들의 이익에 포함되어" 있기 때문이다.

보호적인 민주주의 : 로크와 매디슨으로 돌아가기

벤담과 밀의 '민주주의'에 대한 시각—또는, 더 나은 표현으로는 대의 정부—은 민주주의의 '보호적인' 모델에 관한 패러다임으로 간주되었다(MacPherson 1977; Held 1996; Pateman 1970). 이는 그들이 대의적이고 책임을 지는 정부의 목적을, 개인들 간에 그리고 정부 자체로부터 개인들의 이익을 보호하는 것이라고 보았다는 사실과 관련이 있다. 이 보호의 개념은 슘페터적인 서사의 중추적인 줄기와 상당히 중첩된다. 그것은 또한 벤담의 공리주의를 민주주의 이념에 대한 근대 역사에서 아주 다른 고전적 줄기에 연결하는데, 나는 이 맥락에서 로크와 매디슨에 대해서 짧게나마 언급해야 하겠다.

존 로크의 출판물인 『통치론(*Two Treatises of Government*)』은 윌리엄 3세가 잉글랜드의 왕위를 차지한 명예혁명을 정당화하는 것이라고 널리 알려져 있다. 그리고 또한 민주주의 이념의 역사에서 매우 중요한 저작으로도 간주되고 있다. 고전적인 공리주의자들과 마찬가지로 로크의 사상에는 여기서 우리가 가볍게 다루기 힘들 만큼 엄청난 범위의 관념들과 미묘한 논점들이 있다. 현재의 목적을 위해서 핵심만 밝히자면, 정부에 대한 로크의 영향력 있는 이론 역시 **보호적인** 모델이었다는 것이다. 로크는 이상적인 정부를 동의(consent)와 신탁(trust)에 의해서 지배되는 일련의 제도들로 보았다. 그것의 기원과 정당화는 모든 사람이 "자연 상태", 곧 오직 신의 법률 아래에만 있고 국가는 없는 상황에서 존재하면서부터 자유롭다는 사실에 근거한다. 그러나 자연 상태의 '불편함'—정의가 자의적으로 적용되는 것, 재산이 안전하지 못한 것—이 사람들로 하여금 그들 자신과 그들의 재산을 정부에 의해서 보호받는 대가로, 자연적인 자유의 일정 요소를 포기하는 **계약을 맺도록** 한다. 말하자면 로크는 원초적 계약—시민사회, 그리고 그것과 더불어 정부를 수립하는—이라는 관념을 정립한 **계약론자**였다(분명히 해두자면 나는 이론가들을 무턱대고 우겨 넣고자 하는 것이 아니다. 벤담은 계약론이 기본이 되는 공리주의적인 가정들의 우월성에 반대되는 것으로서, 계약론을 "말도 안 되는 허튼소리"나 다름없다고 생각했다는 점을 지적해두고자 한다).

로크적인 계약에서 다음과 같은 아주 중요한 특징들이 나타난다. 정부는 정부에 선행해서 존재하는 권리들(특히 재산권)을 보호하기 위해서 존재한다는 점, 정부의 모든 정당한 권위는 피치자의 동의로부터 유래한다는 점, 정부가 '신탁'이나 적법한 역할을 위반하는 한 반란이 정당화될 수 있다는 점, 중요한 것은 개인들과 개인들의 권리로서 그것들이 정치의 토대를 구성한다는 점, 다수결의 원칙이 정치적 결정의 기본적인 규칙이어야 한다는 점, 그리고 책임성 있는 정부는 대체로 (근대적인 표현을 사용하자면) 국가적 수준에서의 고안물이라는 점이 그 특징들이다.

제임스 매디슨은 미합중국이라는 정치적 구조의 주요한 기획자로서 나중에 4대 대통령으로 취임했는데, 그 역시 '보호적' 이론가로서 로크뿐만 아니라 이를테면 프랑스의 몽테스키외 남작과 같은 다른 사람들의 논변으로부터 심대한 영향을 받았다. 우리의 목적에 비추어 볼 때, 매디슨 관점의 핵심은 『연방주의자 논설(*Federalist Paper*)』 10번에 있다. 거기에서 그는 사회 내에 당파들이 존재하는 것은 불가피하며, 당파들 사이의 투쟁 효과를 적절히 다루는 제도들을 설치해야지, 그 투쟁들이 사라지기를 바라서는 안 된다고 강력히 주장했다. 그렇지 않으면 한 당파가 다른 당파를 탄압하는 전제정이 초래된다는 것이다. 항상 존재하는 당파적 전제정의 위협에 대항해서 모두의 이익을 보호할 수 있는 정부의 형태가 요구되었다. 이에 대한 매디슨의 응답은 '민주주의'와 '공화정'을 명확히 구분하고, 단호히 후자를 택하는 것이었다. 민주주의란 그에게는 아테네식의 직접 민주주의로서, 본질적으로 "소수의 시민들이 모여 회합하면서 정부를 몸소 운영하는 사회"이다. 공화정이란 "대의제의 기획이 실현되는 정부"였다(Krouse 1983, 63-64에서 재인용).

매디슨은 민주주의자가 아니었다. 몇몇 사람들이 보기에 그의 최대 관심사는 바로 평범한 사람이 현실 정치에 영향을 주지 못하게끔 대륙적인 크기의 나라를 통치할 수 있는 체계를 만들어내는 것이었다. 그는 "민주주의와 공화정 사이에는 두 가지 커다란 차이점이 있는데, 첫째 공화정에서는 소수의 시민들이 나머지 시민들에 의해서 정부의 대표단으로 선출된다는 것이고, 둘째 공화정은 아주 많은 수의 시민들과 거대한 영역으로 확장될 수 있다는 것"이라고 적었다 (Krouse 1983, 64에서 재인용). 여기서 대의제는 민주주의의 한 유형이나 민주주의의 한 제도가 아니었다. 매디슨에게 그것은 '인민의 전면적인 배제'였다.

그러나 대의제라는 개념은 신생국인 미합중국에서 다른 의미들을 띠게 되었다. 1780년대에, 역사학자 고든 우드에 의하면, 대표란 모든 이가 혹은 누구나가 정당하게 [대표를] 한다고 주장할 수 없는 무엇인가로 보이게 되었다. 오직 선출되고 전체 유권자에게 책임을 지는 것만이 정치적인 의미에서 대표라고 주장할 수 있는 권리를 주었다. 이런 방식으로 대의제는 '민주적'으로 보이게 되었는데, 왜냐하면 구세계의 군주정적이고 귀족정적인 구조에 특징적이었던 대표 방식들(과 그것을 정당화하는 방식)이 신뢰를 잃었기 때문이다. 동시에 평범한 사람들이 실제로 정부를 운영하는 것에 대한 본래의 배제는 새롭고 '민주적'인 버전의 대의제에서 유지되었다.

물론 여기서 우리는 나라, 대륙, 시대들을 가로지르면서 역사와 이념들의 커다란 줄거리를 다루고 있다. 내 작업은 민주주의에 대한 서사들을 추적하는 것이었고, 민주주의에 대한 개념화가 구성되어 온, 또 구성될 수 있는 한두 가지 방식을 보여주는 것이었다. 나는 예를 들면 '보호적' 이론가라고 이름 붙여진 잘 알려진 이론가들이 민주주의의 이론과 현실에 관련된 일련의 어려운 질문들에서 모두가 서로에게 동의한다는 점을 내비치려고 의도한 것이 당연히 아니다. 그러나 과거의 사상들은 최근과 현재의 사상들에 커다란 영향을 끼친다(벤담은 슘페터의 논박에도 불구하고 슘페터주의의 부분적인 저자이다). 그리고 현재의 사상은 우리가 과거의 사상을 바라보는

시각을 형성하는 프리즘이다(매디슨은 이제 민주주의자로 읽히는
데, 그가 반민주적이라고 이해했던 무엇인가가 근대 민주주의의 아
주 중요한 핵심으로 변형되었기 때문이다).

슘페터주의를 가능하게 하기 : 중간 요약

그렇기는 하지만, [우선은] 우리가 지금까지 추적해온 몇몇 중요
한 요소들을 여기서 요약해보기로 하자. 제2장에 이어서 여기까지,
나는 슘페터의 이론과 영향력 있는 그의 후계자들의 저작을 하나의
통합적인 서사로 만들고자 몇몇 중요한 요소들을 설명했다. 나는 이
제 특정 고전적 사상들 자체가 바로 그 서사의 전사(前史)를 형성하
는 몇 가지 중요한 방식을 보여주고자 한다. 달리 표현하면, (이를테
면) 로크, 매디슨, 벤담, 그리고 제임스 밀의 특정 주제들이 어떻게
슘페터주의가 가능하도록 만들었는지 말이다.

첫째로, 슘페터주의적 이론들은 '현실주의적'이고 측정가능하며,
그리고 '민주주의'가 의미하는 바에 대한 공통적인 가정들에 적합한
모델을 제공하는 데에 관심을 가졌다는 점을 돌이켜보자.

고전의 현실주의적 감각은—예를 들면 매디슨과 공리주의자들은
인간의 본성이 본질적으로 자기 이익 중심적(self-interested)이라고
받아들였고, 또 로크와 몽테스키외 역시 그들 나름의 상이한 방식으
로 받아들였다—이러한 시각들에 선구적인 선례를 제공한다. 게다
가 '민주주의'를 '직접 민주주의'로, 그 결과 면 대 면의 아테네 집회
(assembly) 민주주의로 보는 것은 이 저자들로 하여금 간접적인 형
태, 최선의 경우에 대의제적 형태의 정치를 선호하도록 고무했다.
실제로 그들은 대의제를 민주적인 것으로 보지 **않았다**. 고전에서 현

실주의는 '민주주의'를 조금도, 혹은 전혀 의미하지 않았는 데에 반해, 슘페터주의자들에게 그것은 민주주의를 **재정의하는 것을 의미했다**. 우리는 현실주의라는 관념이 각 사례에서 행한 공통적인 작업을 인지해야 한다.

둘째로, 근래의 슘페터주의적 텍스트들은 **국가적인** 수준에 크게 초점을 맞추며, 무엇보다도 **중앙** 정부의 제도적인 구조에 관심을 둔다.

우리가 위에서 검토한 선별적인 고전 텍스트들의 '보호적'인 관심은 거의 틀림없이 그 텍스트들로 하여금 국민국가를 발전시키기 위한 강력하고 중앙집권적인 제도를 강조하도록 이끌었다. 보호자는 반드시 그 영토에서 가장 강력한 세력이어야 한다. 그렇지 않으면 그것에 명시된 목적을 적절히 수행할 수 없다. 우리가 언급했던 고전들은 각각 정부의 서로 다른 기관들을 어떻게 나누고 합칠 것인지에 대한 책략에 몰두했다. 대부분은 행정부, 입법부, 사법부가 서로에 대항하도록 하기 위해서(매디슨) 또는 서로를 보충해주기 위해서(밀) 권력을 분립하는 발상을 지지했다. 국가 차원의 정부 중심에서 나타나는 다양한 제도적 기획의 차별적인 영향에 대한 레이파르트의 세부적인 고찰은 특히 이러한 작업의 직계 후손이라고 볼 수 있다.

셋째로, 그리고 아주 중요한 논점인데, 슘페터주의의 간접적인 혹은 대의 정부에 대한 면밀한 관심은 이 고전적인 저자들의 작업에서 강력한 토대와 선례를 발견할 수 있다.

각자 자신의 고유한 방식으로 대중의 합리적이지 못한 정치를 두려워하면서, 그것을 길들이고, 배제하며, 그 본성에 반해서 작동하도록 하는 것을 추구한다. 우리는 슘페터의 관점들을 검토했고, 거기에 예를 들면 초기 달의 관심사를 추가할 수 있었다. 달은 경쟁적이고 다원적 정치체를 지탱하는 합의적 규범을 인민 대중이 받아들이도록 하는 '사회적 훈련'을 제안한 바 있다(Dahl 1956). 18-19 세기 텍스트들에서 대의제는 비민주적이다. 20세기 중반에 이르러 그것은 민주주의의 중핵 그 자체가 되었다. 슘페터적인 서사에서 민주주의는 대의적이고, 또 오직 대의적일 수밖에 없다. 인민은, 어떻게 구성되고 어떻게 해석되든 상관없이, 직접적으로 정치적인 역할을 수행하지 않는다. 그리고 그것은 좋은 일이다. 이는 고전적인 저자들 각각에게도 역시 명백하다. 민주주의는 리더십, 그리고 리더십의 선택과 선거에 관한 것이지, 민중 정치나 민중 참여에 관한 것이 아니다.

넷째로, 우리는 개인주의가 보다 최근의 서사 구성에서 중요한 주제임을 감지했다.

오히려 [서사 구성에서의 개인주의라는 주제의 중요성은] 고전들에서 더 명백하고 더 두드러진다. 고전들 중 일부는 상업 사회의 초기 발전 순간을 반영하고 포착하는바, 그것은 (여하튼 상류층 백인 남성의) 개인적 자유에 대한 애호, 재산 보호의 최우선성(이는 로크, 매디슨, 공리주의자들의 명시적이고 주요한 걱정거리였다), 그리고 개인적 권리와 행복에 대한 폭넓은 찬양을 수반한다. 이러한 구체적인 특징들이 이 이론들을 **자유주의적** 이론들로 만든다. 이러한 이름표를 이 이론들에 붙이는 것은 우리의 목적을 위해서 중요한데, 왜냐하면 그것이 (이후에 검토할 것처럼) 한두 가지의 대항-서사가 공격의 대상으로 삼은 특색들을 정확히 가리키기 때문이다. 개인과 개인의 자기 이익을 정치적 삶의 본질적인 단위로 여기는 관념은 바로 우리가 주목했던 이론과 저작의 강력한 산물이다.

마찬가지로 **다섯째**, 여기서 언급했던 고전들에서 민주주의는 수단으로서의 문제였다. 민주주의가 좋거나 유용하거나 바람직한 것은 그것 자체로서, (예를 들면) 민중적 참여라는 민주주의의 본래적인 이점 때문이 아니라, 민주주의가 무엇인가 가치 있는 다른 것들을 생산해내는 경향이 있기 때문이었다. 예를 들면, 대의제의 가치는 재산의 안전, 통치에서 폭정의 부재, 또는 최대 다수의 최대 행복을 가져다준다는 부차적인 경향에 있다. 여기서 민주주의는 서로 다른 방식에 따른 방법이나 수단이지, 실제로 그것 자체로서 목표나 지향점이 아니다.

여섯째, 고전들은 실로 평등에 대한 추상적 개념화—비록 평등에 대한 개념화가 일반적으로 여성, 빈자, 미성년자, 노예, 유색인(people of colour) 및 원주민을 포함하지 않지만—를 추구한다. 그러나 이 평등의 개념화는 본성상 형식적이다. 예를 들면 그것은 경제적 또는 사회적 평등이라는 더 포괄적이거나 실질적인 관념을 바람직하거나 필요하다고 볼 정도로 확장되지는 않는다. 이는 민주주의를 위한 정치적 평등이 다른 무엇보다도 공식 투표에서의 평등한 권리에만 있다며 평등을 협소하게 구성하는 20세기 저자들과 잘 맞아떨어진다.

중요한 서사들은 깊은 역사적 뿌리를 가지고 있고, 여기서 나는 단지 민주주의에 대한 슘페터적인 서사의 약간의 뿌리가 어디서 발견되는지를 간단히 지적했을 뿐이다. 20세기 이전과 20세기의 중요한 저자들 사이에서 민주주의에 대한 많은 단절들이 존재한다. 고전의 저자들은 기술, 설명하려는 시도들, 규범적인 규정을 독특한 방식으로 섞었다. 슘페터 계통의 저자들은 '정치 과학'을 한다는 것이 무엇을 의미하는지를 현대적 관념 내에서 연구하고, 훨씬 더 의식적으로 기술한다. 그렇다고 하더라도 나는 핵심적인 추적들이 어디에 소재하는지, 그리고 민주주의가 무엇인지에 대한 아주 영향력 있는 서사의 일부 구성요소들이 무엇인지를 보여주기에 충분할 정도로 이야기되었기를 바란다.

반론들

슘페터식으로 민주주의를 구성하는 것에 대한 비판자들은 서로 다른 전통들에 호소한다. 나는 참여 민주주의자, 마르크스주의자, 여성주의자라는 세 집단의 대항-서사를 간략하게 논의할 것이다. 다시 한번 말하지만, 이 설명은 선별적이다. 민주주의에 대한 중요한 대항-서사들의 풍미를 감상하기 위해서 고안된 방식으로서, 나는 영향력 있는 저자들로 구성된 소수 본보기 집단의 작업을 거론하겠다.

참여 민주주의

참여 민주주의자들부터 시작해보자. 이 저자들은―특히, 피터 바크랙(Peter Bachrach 1967), 캐럴 페이트만(Carole Pateman 1970), 맥퍼슨(C. B. MacPherson 1977)―모두 광범위한 정치 참여라는 바람직한 목표를 중심으로 대항-서사를 구성하고자 슘페터 이론의 모든 측면을 낱낱이 겨냥해서 비판했다. 페이트만의 출발점은 슘페터의 추론에서 대항-서사가 이륙할 수 있는 공간을 만들어내는, 이른바 균열의 지점을 열어젖혔다. 슘페터의 숭배자와 수많은 비판자들은, 그녀의 주장에 따르면, '고전적 이론'에 대한 슘페터의 논변을 무비판적으로 삼켜버렸다. 그런데 "그의 비판자와 옹호자들 중 누구도 깨닫지 못한 것은 '민주주의에 대한 고전적 이론'이라는 관념이 허구라는 점이다"(1970, 17, 원문의 강조). 이 사실이 중요한 이유는 슘페터가 소위 고전적인 저작들에서 "민주주의에 대한 완전히 다른 두 가지 이론들이 발견된다는 점을 깨닫지 못했기" 때문이다(1970, 18). 하나는 예를 들면 벤담의 이론인데, 그 이론은 우리가 위에서 간략히 논한 것처럼, 슘페터적 가정들의 많은 것을 지지한다. 다른 하나는, 고전적 저자들인 루소와 존 스튜어트 밀을 중심으로 하는 것인데, 그것은 매우 다른 참여적 지향을 강조한다.

이 관점에 따르면, 슘페터의 흑과 백, 고전 대 근대의 이분법적 구성은 강력한 대안들을 은폐하는데, 이제 비판자들은 그 대안들을 조명하고 발전시킨다. (페이트만이 단지 두 개의 고전적 이론만을 가리키는 것에 주목하라. '하나는 좋은 것이고 다른 하나는 나쁜 것'인데, 슘페터는 좋은 것이 자신이 말하는 것을 지지하지 않기 때문에 묵살해버렸다는 식의 논쟁 전략을 예상해볼 수 있다. 어느 쪽에서든, 서사 구성하기는 [자신들의] 이야기를 탄탄하고 명확하게 하기 위해서 전통, 텍스트, 사건들을 우겨넣는 것이다.) 1960년대부터 1980년대에 이르는 동안 참여 민주주의 비판의 가닥은 논쟁을 거치면서 정교해졌다. 다양한 방식으로, 슘페터적인 주장에 대항하는 논변들이 제기되었다. 여기서는 그러한 논변들 중 네 개를 간략히 검토하겠다.

현실주의가 숨긴 것들 첫째로, 참여주의자들은 '현실주의'의 주장, 그리고 그것과 관련해서 규범적이라기보다는 기술적이고 실증적이라는 주장을 겨냥해서 비판했다. 바크랙은 비록 "엘리트주의 민주주의 이론"(그는 이렇게 부른다)이 **설명**을 제공하는 것이 목적이라고 해도, 현실에서 그것은 "어떤 이데올로기에 깊게 뿌리를 두고 있는데, 그 이데올로기는 평범한 남성과 여성 대다수에 대한 깊은 불신과 기성 엘리트에 대한 신뢰에 근거하고 있다"라고 적었다(1967, 93). 비슷하게, 맥퍼슨은 슘페터주의의 벤담적인 뿌리에서 민주주의에 대한 열정이 심각하게 결여된 것, 그리고 "민주주의가 [인간을] 도덕적으로 변형할 수 있는 힘이 될 수 있다는 발상이 전적으로 결여된 것"을 찾아낸다. 왜냐하면 민주주의가 "본질적으로 자기 이익을 추구하고 충돌하는 개인들, 곧 자신의 사적인 이득을 무한정 추구하는 자들로 가정된 개인들을 통치하기 위한 논리적 귀결"로 그려지기 때문이다(1977, 43).

간단히 말하면, '현실주의'는 선별적이고 편견에 가득 차 있다는 주장이다. 그들이 내린 민주주의의 정의가 그들의 '현실주의' 및 실제 세계의 있는 그대로의 민주주의를 묘사하려는 열망과 조화를 이룬다면, 그들은 눈높이(시선)를 **실재**(what is)로 낮추고 그것을 찬양함으로써 민주주의의 규범적이고 참여적인 중요한 특징들을 무시한다고 비난받을 수 있다. 물론, 슘페터적인 관점은 엄격한(proper) 사회과학적 분석을 방해하는 가치판단을 최대한 피하자는 것이다. 그러나 이는 그다지 손쉬운 일이 아닌바, 설명과 규범을 구분하기 위해서 지어진 담장에는 계속 구멍이 뚫리고 있다. 또다른 비판자인 퀜틴 스키너가 말했듯이, "정치적 보수주의에 내재하는 인상은…… 현재 작동하고 있는 정치적 체계의 두드러진 특징들과 어떤 정치 체계가 진실로 민주주의라고 말하는 것을 가능케 하는 소위 충분조건들을 동일시함으로써 현재의 정치적 체계를 암묵적으로 칭찬한다는 사실에 의해서 형성된다"(Skinner 1973, 301). 참여 민주주의자들은 단순히 반대편 세력의 표면적 중립성 아래 깊이 자리 잡고 있는 규범적 뿌리를 지적하는 데에 만족하지 않고, 노골적으로 규범적으로 행동했다. 그들의 관점에서, 민주주의는 단지 어떤 다른 목표를 위한 수단이 아니라, 반대로 그것 자체가 목표나 이상이었다. 참여 민주주의자들에게 민주주의는 결코 완성될 수 없지만, 항상 더 많은 관심을 진작하고, 더 많은 참여를 북돋우며, 평범한 시민의 개인적인 능력과 자신감을 계발하는 실천적인 잠재력을 실현하는 기획으로 간주되었다.

민주주의의 범위를 넓히기 둘째로, 모든 참여 민주주의자들은 '민주주의'가 오직 국가적 정치와 국가적 정치 제도나 절차를 조형하는 것에만 적합하다는 관점에 이의를 제기했다. 그들은 민주주의가 다양한 공간과 장소에서 실행될 수 있고(또 실행되어야 하고), 국가나 정부 안에서는 물론 밖에서 이루어지는 많은 결정 과정의 일부일 수 있다(또 일부여야만 한다)고 주장했다. 그들은 단지 국가를 민주화하는 것뿐 아니라 사회를 민주화하는 것에도 관심이 있었다. 실로 참여 민주주의자들은 바크랙이 말한 것처럼 "산업 시대와 원자력 시대에서 삶의 긴급한 조건들은 전체주의 사회에서와 마찬가지로 민주주의에서도 중요하고 핵심적이며 정치적 결정들이 소수의 사람들에 의해서 내려지는 것을 불가피하게 만든다"는 점을 대체로 받아들였다(1967, 1). 그리고 페이트만 역시 "말하자면 3500만 명의 유권자들 사이에서, 개인의 역할이란 거의 전적으로 대표자를 고르는 것으로 국한된다"고 썼다(1970, 109). 하지만 국가를 넘어서 시민사회의 다양한 장소와 조직에 민주주의를 제도화하고 실천할 수 있는 범위는 상당했다. 상이한 참여 이론가들은 서로 다른 장소[에서의 민주주의]를 옹호하고 그것을 상세하게 논했다. 바크랙은 비록 짧고 간략하지만 자신이 선호하는 "민주주의의 자기 계발적 모델"에서 공장 내 민주주의가 성취할 수 있는 역할에 대해서 기술했다(1967, 100, 103). 페이트만의 중요한 텍스트에서 상당한 부분이 산업체에서의 민주주의와 참여의 가능성에 대한 논의에 할애되었다. 그녀는 이를테면 산업체와 같은 영역은 "국가적인 수준에 더해서 참여의 영역을 제공하는, 마땅히 그 자체로서 정치적인 체계로 보아야 한다"고 주장했다(1970, 43).

맥퍼슨은 정당 내에 아래로부터 올라오는 피라미드식 참여 구조를 세우는 것의 잠재성에 특히 초점을 맞추면서, 참여 민주주의의 한 가지 모델을 제안했다. "피라미드식 직접/간접 민주주의의 구조와 상존하는 정당의 체계를 결합하는 것은 필수 불가결한 것처럼 보인다. 다름 아닌 피라미드식 체계만이 여하한 직접 민주주의이든지 전국적인 통치구조의 범위에 편입시킬 것이며, 어떤 것이든 이른바 참여 민주주의라고 불리기 위해서는 꽤 의미 있는 수준의 직접 민주주의가 요구된다"(1977, 112). 예를 들면, 미국과 유럽에서 실제로 일어난 사태 전개들은 이러한 처방들의 일부와 어느 정도 궤를 같이 했다. 1970년대 초반 미국 민주당에서의 대선 후보 선출을 민주적으로 하기 위한 개혁들, 영국 노동당에서 노동조합들과 선거구들에 더욱 커다란 권력을 부여한 변화들, 1980년대 독일 녹색당에서의 풀뿌리 민주주의 혁신들이 중요한 실례들이다.

실로, '참여'는 의미심장한 사건과 혁신들을 반영하고 또 탄생시키면서 1970년대 서구 국가들에서 널리 퍼진 목표였는바, 이를테면 미국에서 존슨 집권기와 그 이후에 추진된 유명한 '빈곤과의 전쟁'과 영국 정치 체계 내에서 환자와 시민 단체들의 창설로 이어진 영국의 국민 의료 서비스를 들 수 있다. 바버(Barber 1984)와 같은 후속적인 참여 이론가들은 지역 공동체 정치에서 참여 민주주의를 갱신할 수 있는 가능성을 상세히 논했다. 학교나 병원과 같은 지역의 기관이나 전국적인 기관의 지점을 운영하는 데에 시민이 참여하는 것 역시 커다란 관심사였다. 참여 민주주의의 서사는, 일반적으로 말하자면 광범위하고 사회 전반에 걸친 '정치'의 개념화와, 국가는 물론 사회의 여러 절차와 제도들이 의사결정에서 풀뿌리 참여의 혜택을 키울 수 있도록 하는 유연하고 열린 태도를 강조했다. 같은 논지의 연장선에서, 엄격히 대의적 형태의 민주주의에 대한 슘페터적인 초점—그리고 그 결과 민주주의의 일차적 기제로서의 선거에 대한 초점—이 참여주의자들에게 비판의 대상이 된다는 점은 지금까지의 간략한 논평으로부터 명백해질 것이다. 민주주의는 국가적인 수준에서의 대의적인 과정들에 관한 것임은 물론 다양한 장소와 과정들에서 민중의 직접적인 참여에 관한 것일 수 있으며 또 그래야 한다.

시민과 그들의 역량　대의 민주주의에 대한 수많은 정통적인 설명의 핵심에 놓여 있는 개인에 대한 개념화는, 우리가 보아왔듯이, 개인은 자기 이익 중심적이고 자족적이라는 가정에 근거한다. 이 개인은 그 자신의('그녀'는 결코 언급되지 않는다) 선호나 욕구를 가지며, 이것들은 거의 '주어진' 것으로 간주된다. 예를 들면 슘페터는 벤담(적어도 이론적으로는, 그리고 여성을 고려하지 않는다면)과 같은 선배보다 평범한 인민의 역량과 합리성에 더욱 의구심을 가졌지만, 일반적인 논점은 비슷하다. 참여 이론가들은 개인과 개인의 실제적, 잠재적 역량에 대한 아주 다른 관점을 구축했다. 바크랙은 슘페터 계통의 정통적인 민주주의 이론에 새로운 목적, 새로운 목표를 추가하는 데에 열성이었는데, 바로 시민 계발이라는 목표였다. 이 이론에서는 무엇이 인민의 이익을 구성하는지에 대해서 과도하게 편협하고 고정된 시각을 취할 필요가 전혀 없다. 우리는 왜 "의미 있는 정치적 결정에 참여함으로써 생겨나는 계발의 기회" 역시 누군가의 이익에 고유한 것(본질적인 것)이라고 보지 못하는가(Bachrach 1967, 95)? 페이트만은 참여의 교육적인 효과에 일차적으로 관심을 가졌다. 그것은 개인들이 자신들의 삶에 영향을 미치는 결정들에 진정으로 참여하는 기회를 활용함으로써 얻게 되는 효능감을 말했다. 만일 특정한 또는 지역적인 참여의 기회가 촉진된다면, 그것은 사회적 통합과 결정의 수용가능성을 증진하는 것은 물론, 더 큰 체계의 수준에서도 추가적인 이득이 발생할 것이었다. 페이트만은 "우리는 참여적 모델을, 최대한의 투입(참여)이 요구되면서 산출이 정책들(결정)뿐만 아니라 각 개인의 사회적, 정치적 역량의 계발도 포함하는 그런 모델로 특징지을 수 있을 것이다"라고 기술했다(1970, 43). 간략히 말하자면, 개인들은 고정된 선호와 고정된 성향의 묶음으로 미리 포장되어 있지 않다. 개인들은 만일 직장, 지역 공동체, 정당과 이익집단 등 내부에서 정치적 참여의 기회를 포착해서 활용하도록 촉진된다면, 그들과 그들 사회들의 이득을 위해서 길러지고 형성될 수 있는 잠재력을 지니고 있다.

평등에 대한 더 넓은 시각　마지막으로 참여 이론가들이 평등한 가치를 지닌 평등한 투표라는 형태의 정치적 평등이라는 협소한 관점에 덧붙여, 사회적이고 경제적인 평등도 민주주의에 중요한 것으로 간주하기 때문에, 부분적으로 정치와 민주주의의 영역을 확대하는 것에 관심이 있었다는 점은 주목할 가치가 있다. 산업체에서 노동자의 참여를 주창하는 맥락에서 페이트만은, 예를 들면, "개인에게 평등한 참여를 위해서 필요한 독립과 안전을 제공하는 것에 요구되는 실질적인 수준의 경제적 평등"에 대해서 언급하면서, "'관리자'와 '노동자'의 영구적인 구분을 폐지하면서, 산업체에서의 권위적 구조를 민주화하는 것이 이 조건을 충족시키기 위한 커다란 조치를 의미할 것"이라고 기술한다(1970, 43).

참여적 대항-서사 : 중간 요약

우리는 여기서 훑어본 유사점과 단절점들을 과장해서는 안 될 것이다. 예를 들면, 바크랙과 다른 참여 이론가들은 대체로 슘페터가 전후 민주주의 이론에 물려준 '고전적인 신화'를 그대로 받아들인다. 페이트만은 『민주주의 이론에 관한 서문』을 저술한 달과 거시적 수준에서의 사회적 통합 및 체계 통합에 대한 관심을 공유한다. 그리고 주요 참여 이론가들 중 어느 누구도 근대의 거대한 국가에서 국가적 수준의 민주주의가 어떻게 조직되고 운영되어야 하는지에 대한 슘페터적인 논변에 기본적으로 의문을 제기하지 않는다. 그럼에도 불구하고, 참여 민주주의적 비판은 그 자체로 민주주의의 독특한 서사를 이룬다.

그러므로 간략히 말하자면 민주주의 이론의 슘페터적인 정통에 대한 상당히 포괄적이고 참여적인 대항-서사가 대략 20년이 넘는 기간에 걸쳐서 구축되었다. 슘페터적인 관점과 마찬가지로, 그리고 내적 정합성에 대한 얼마간의 주장을 담은 서사를 구성하려는 여하한 노력과 실로 마찬가지로, 참여적인 버전 역시 그 나름의 맹점, 특별한 관심과 초점, 가정들이 있다. 이것들은 차치하고 핵심적인 요소들을 포함해서 정리해보면 아래와 같다.

- 참여의 교육적이고 '계발적'인 기능
- 민주주의란 성취의 수준이 지속적으로 심화되는 가치를 지닌 이상이자 목표라는 관점
- '정치'와 '민주주의'의 의미가 국민국가 제도들의 범위를 넘어서, 현대사회를 가로질러 바람직하고 가능한 민주화의 다양한 장소를 포괄할 정도로 폭넓게 이해되는 것
- 정치에 대한 시장 모델, 개인이 고정된 선호와 동기를 가지고 있다고 가정하는 모델의 부적절함, 그리고 진보적이고 계발적인 시각에 대한 선호, 그리고
- '기술적'이고 '현실적'이라는 겉치장의 뒤에서, 정통적인 서사가 가치 부하적(負荷的)이거나 규범적이라는 사실. 가능한 것에 대한 존재하는 것, 그와 더불어 이상적인 것에 대한 실재적인 것을 암묵적으로 선호한다는 점에서 특히 그러하다.

참여 민주주의의 고전적 뿌리

참여적 대항-서사 역시 고전적인 뿌리가 있다. 페이트만은 (그녀의 관점에서 보기에) 슘페터적인 정통이 파묻어버린 것을 발굴해내기 위해서, 가장 명백하고 명시적이게 루소와 존 스튜어트 밀에게

되돌아갔다. 중요하고 영향력 있는 고전적 저자들의 핵심적인 저작들에서 발견되는 계발적, 참여적 줄기가 그것이다. 나는 이런 맥락에서 루소와 밀을 자세히 검토하지는 않을 것이며, 여기서는 간략한 논평을 제시하는 것으로 만족할 것이다(독자들이 각자 이러한 작업을 수행해볼 것을 권한다). 존 스튜어트 밀은, 특히 『대의 정부론(*Representative Government*)』에 적었듯이, 민주적 참정권의 확대로 인해서 새롭게 유권자 계층으로 편입된 하층계급의 사람들이, 책임을 떠맡고 관점과 습성을 절제하도록 잘 훈련받지 않는다면, 영국 정부와 사회의 안정이 저해될 것이라고 우려했다. 그 맥락에서 밀은 몇몇 유형의 지역적 의사결정에 참여하는 활동의 덕목이 교육적이고 계발적인 효과가 있다는 이유로 찬양했다. 그는 지방 정부를 평범한 사람들이 참여하고 이득을 볼 수 있는 적절한 훈련장으로 보았다. 페이트만은 밀에게는 "참여의 참된 교육적 효과가 발생하는 곳이 바로 지역 수준의 정치인바, 거기에서는 다루어지는 사안들이 개인과 그의 일상적 삶에 직접적으로 영향을 미칠 뿐 아니라 그 자신이 지역 기관에서 활동하기 위해서 선출될 수 있는 좋은 기회가 제공되기 때문"이었다고 이해한다(1970, 31).

비슷하게 조금 더 돌아가서 페이트만은 루소로부터 참여하는 개인들에게 참여가 교육적 효과가 있다는 발상을 받아들였다. 『사회계약론(*Social Contract*)』에 나타난 프랑스 혁명 이전의 이상적인 정치체에 대한 루소의 비전은, 애당초 민주주의를 이해하려는 근대적인 노력과는 관련이 적은 것처럼 보인다. 루소는 '일반의지'에 따라서 운영되는 소규모 면 대 면의 농촌 사회를 구상하는바, 여기서 일반의지란 공동체의 모든 구성원을 포괄하고 그들 모두가 참여해서 만들어내는 공동선에 대한 개념화이다. 주권—공동체의 기본적인 권력 기반—은 양도되거나 대표될 수 없고, 그래서 그것은 인민에게 소재한다. 이것은 직접적인, 대의적이지 않은 정치에 대한 비전이다. 그러나—이는 종종 혼란의 원천이 되기도 하는데—루소는 평범한 시민이 실제로 정부의 행정이나 다른 업무를 수행하는 것을 구상하지 않았다. 그런 **업무를 수행하는 것**을 자신의 목적에 부합하는 '민주주의'로 이해하면서, 루소는 한 유명한 구절에서 그런 민주주의는 신(神)들을 위한 것이지 사람들을 위한 것이 아니라고 기술했다. 그렇지만 그는 특히 강한 의미의 시민적 책무와 의무, 이것을 촉진하고 유지함에 있어서 참여의 핵심적인 중요성을 전달했다. 루소는 "질서가 잡힌 도시에서는 모든 시민이 의회로 달려간다"고 기술했다(Rousseau [1792] 1973, 240).

고대 아테네와의 (무)관련성?

나는 여기서 '직접 민주주의'에 대해서는 거의 말하지 않았다. 대부분의 참여 민주주의자들 역시 그것에 대해서 말할 것이 별로 없다. 그들은 '참여 민주주의'를 단순히 중앙 혹은 지방 정부의 공식 절차들에서 여러 사안들과 관련해서 직접 투표하는 것이라기보다는 정치적인 권력을 강화하는(political empowerment) 더 넓은 범주로 보기 때문이다. 물론 여기에 일부 예외가 없는 것은 아니다. 앞서 맥퍼슨이 제안했던 잠재적인 피라미드식 구조에서 '직접 민주적인' 요소와 관련해서 논한 것을 주목할 필요가 있다. 더 적극적인 직접 민주주의에 대한 제안으로는, 이를테면 지역적이고 면 대 면 의사결정을 하는 지역 의회와 국민투표에 대한 바버의 주장을 들 수 있다(여기

에 대해서는 제5장을 참조하라). 그 결과 아마도 민주주의가 '직접
민주주의'로 '발명'된 고대 아테네에 대해서는 별로 언급되지 않았던
것 같다.[1]

지배적인 서사의 관점에서 아테네의 경험이 근대 정치와 무관하
다고 기각한 것은 뛰어난 민주주의 이론가이자 '참여'학파의 비판자
인 조반니 사르토리의 저작에서 가장 명시적으로 드러난다. 사르토
리는 "고대의 민주주의들은 민주국가를 건설하는 것에 관해서, 곧
단순히 작은 도시가 아니라 대규모 인구 집단이 거주하는 광활한 영
토를 포괄하는 민주적 체계를 운영하는 것에 관해서 우리에게 아무
런 가르침을 주지 못한다"고 기술한다(1987, 2.279). 그러나 다른
학자들은 아테네와 20세기 서구 민주주의들을 갈라놓는 시간적이고
문화적인 거대한 간극에도 불구하고 아테네의 실천으로부터 슘페터
적인 가정과 열망을 비판할 수 있는 원천을 찾아냈다. 특히 모지스
핀리는 민중의 참여, 그리고 그러한 참여의 교육적인 효과에 대한
주장을 뒷받침하는 자원을 찾아낸다.

아테네 같이 작고 동질적이며 면 대 면인 사회와 직접적인 비교를
하려는 것은 어리석은 짓일 것이다. 나아가서 우리가 시민의 집회[민
회]를 근대의 도시나 국가에서 최고의 의사결정기구로 복원할 수 있
다고 제안하거나 심지어 꿈꾸는 것 역시 어리석은 짓일 것이다……공
공의 무관심과 정치적 무지는 오늘날의 근본적인 사실로서 논쟁의
여지가 없다. 결정은 민중적 투표가 아닌 정치적 지도자에 의해서 내
려지며, 민중적 투표는 기껏해야 종종 사후적인 거부권을 가지는 데

---

1) 이는 논쟁의 여지가 있는 주장이다. Manglapus(1987)를 보라.

에 불과하다. 중요한 것은 이런 사태가 근대적인 조건하에서 필연적이고 바람직한 것인지의 여부 또는 새로운 형태의 민중적 참여가, 내가 이런 식으로 표현해도 무방하다면, 아테네 같은 실체는 아닐지라도 아테네 정신에 따라서 발명될 필요가 있는지 여부이다.(Finley 1985, 36)

핀리가 바라건대 새로운 제도들에서 우리가 키웠으면 하는 아테네의 정신은 "당시에는 놀랄 만큼 새로웠지만, 이후에는 거의 반복된 적이 없는" 아테네 정치의 특징을 반영한 것이었다. 여기서 그 특징이란 "교육받은 상위 계층과 대등하게 평범한 시민이었던 농부, 상점 주인, 장인들"을 정치적 공동체의 완전한 구성원으로 포함한 것을 지칭한다(1985, 16). 물론 사르토리와 핀리 양자의 경고가 우리에게 환기하듯이, 기원전 4-5세기에 농업에 근거한, 면 대 면이고 비자유주의적이며 노예를 소유하고 배타적인 소규모 정치체인 (여성, 노예, 외국인은 '시민'이 될 수 없었다) 아테네에서 오늘날의 정치를 위해서 무엇인가를 불러내는 것은 쉽사리 허용되지 않는다. 그러나 비록 주변적인 차원에서이기는 하지만 참여적 서사는 슘페터적인 정통이론에 담겨 있는 것으로 보이는 [민주적] 열망의 노골적인 빈곤 및 평범한 시민들에 대한 불신과 명백히 대조되는 정신을 구현한 것으로서 '아테네'를 받아들인다. 이런 시각에서 볼 때 사르토리가 말한 대로 "우리의 모든 민주주의들은 간접적이다"(1987, 2.180)라고 간단히 말하는 것은 오히려 다음의 질문들을 제기한다. 그렇다면 우리의 모든 민주주의들은 그것들이 그럴 법한 것처럼 온전히 '민주적'인가? 그리고 진정으로 직접적인 요소로써 불가피하게 간접적인 요소들을 보충하는 것은 불가능한가? 제5장에서 직접 민주주의에 관한 혁신들을 고찰할 때, 나는 현대 정치에서 고대 아테네에서 흔하게 존재했던 기제들의 잠재적인 유용성에 대해서 논할 것이다.

참여 민주주의 서사는 특히 1960년대와 1970년대 미국과 영국에서 월남전에 반대하던 학생들의 항의 정치와 공동전선을 구축했다. 이 운동은 이를테면 제3세계 해방운동과 연대를 표명하는 다른 운동들과 함께, 정치적 좌파에 국가, 사회 및 민주주의에 대한 새롭고 갱신된 사고를 촉발했다. 다양한 관점에서 마르크스주의자와 여성주의자가 자유 민주주의적 정통에 대해서 제기한 비판은 참여 민주주의적 비판과 겹친다. 우리는 여기서 서로 얽혀 있는 서사와 복잡한 텍스트 간의 상호 연관성을 다룬다. 몇몇 학술적인 저자들이 서로 다른 서사들의 양립가능한 요소들을 통해서 자신들의 이론을 개척한 것도 중요한 이유 중 하나이다(예를 들면, 캐럴 페이트만은 과거는 물론 현재에도 늘 선구적인 참여주의적 이론가이자 여성주의적 이론가였다). 이 사실을 염두에 두고서, 전후(戰後) 시기에 민주주의에 대한 지배적인 사조에 독특한 해석을 제기했던 추가적인 서사들을 마르크스주의부터 검토해보자.

마르크스주의자의 비판들

'마르크스주의'에는 여러 부류가 있는데, 그중 일부는 1950년대와 1960년대에 교조적이고 현학적인 소련과 중국의 정통 마르크스주의들로부터 벗어나서 민주주의에 대한 서구의 표준적인 개념들의 적절성, 그리고 그 개념들이 '빠트린 것'에 대한 논쟁을 촉발시켰다. 의미를 명확히 하기 위해서, 그레고어 맥레넌의 주장, 곧 모든 마르크스주의 국가론은 세 가지 명제로 구성되어 있다는 주장을 활용하기로 하자. (1) 서구 사회들은 계급 분열, 경제적 착취 및 불평등을 수반하는 자본주의 경제에 기초한다. (2) 국가의 역할은 자본주의 사회의 안정을 보장하는 것이고, 국가의 행위는 자본주의 기업가를 지지한다. (3) 현대의 다원적 민주주의는 편협하고 개인주의적인 부르주아 민주주의로서 공통의 이익보다는 파벌적 이익에 복무한다 (McLennan 1990). 루이 알튀세르, 랄프 밀리반드, 니코스 풀란차스 같은 영향력 있는 마르크스주의 이론가들은 현존하는 자유 민주주의들의 거짓된 본질과 그런 민주주의들을 지탱하는 이론들의 부적절성에 대한 논증을 시도하기 위해서 이탈리아의 이론가이자 정치 지도자인 안토니오 그람시의 저작에서 중요한 줄기들을 가져왔다. 그람시의 사상을 검토하기 위해서 잠시 멈추는 것도 가치가 있을 것이다.

동의와 강압 : 그람시의 마르크스주의 안토니오 그람시는 이탈리아의 정치인이자 이론가였다. 1920년대와 1930년대 무솔리니가 지배하던 당시 감옥에서 집필한 자본주의와 국가에 대한 그의 저작은 마르크스-레닌주의의 교조주의에 도전했고, 제2차 세계대전 이후에는 덜 분파적인 '유럽 공산주의자' 정당들이 서유럽(특히 이탈리아, 스페인, 프랑스)에 확산되는 데에 크게 기여했다. 좌파 정치사상에 대한 그람시의 주된 공헌은 한 계급의 다른 계급에 대한 지배에서 이데올로기적, 정치적, 도덕적 요소들의 역할을 강조했다는 점이다. 많은 정치 분석가들에게 그는 서구 민주주의 국가에서 동의와 강압이라는 이중적 과정들을 고찰할 수 있는 새롭고 강력한 렌즈를 제공했다.

『옥중수고(*Prison Notebooks*)』(1971)에서 제시된 헤게모니 또는 지배(domination)에 대한 그람시의 독특한 초점은 그람시의 작업을 마르크스-레닌주의 정통에서 떼어놓는다. 마르크스와 엥겔스의 가장 유명한 설명에 따르면, 국가는 그 형태와 역할이 본질적으로 사회의 경제적 구조(나 토대)에 의해서 결정되는 일련의 반동적인 제도들의 조합으로서 한낱 '상부구조'일 뿐이다. 『공산당 선언(*Communist Manifesto*)』에 나온 표현에 따르면, "근대국가의 행정부는 단지 전체 부르주아지들의 공동 업무를 관리하는 위원회에 지나지 않는다." 마르크스주의 내에서 '토대와 상부구조' 모델의 중요성은 레닌에 의해서 보강되는데, 그는 이른바 '민주적'이라고 하는 자본주의 국가의 계급지배적인 본질과 억압적인 기능을 강조했다.

이탈리아에서 사회주의에 대한 파시즘의 승리를 목격하면서, 그람시는 국가를 다른 관점에서 지켜보았다(물론 그람시가 스스로를 정통 마르크스주의자라고 보았다는 점에는 의문의 여지가 없겠지만). 그의 생각에 노동계급에 대한 자본가계급의 효과적인 지배는 단순히 국가를 통한 억압이나 강압이라기보다는 무엇인가 그 이상의 산물이었다. 그리고 그것은 자신들이 지배당하는 조건에 대한 피지배자들의 **동의**를 필요로 했다. 헤게모니라는 관념의 핵심에 놓여 있는 것은 바로 동의의 역할이며, 그러한 동의를 획득하는 제도들의 역할이다.

그람시에게 근대국가는 단순히 행정, 입법, 사법 기관들로 구성된 것 이상이었다. 그는 통상적으로 국가의 일부분이라고 생각되지 않는 교회, 노동조합, 공식적인 정당, 학교와 대학, 매체 등으로 이루어진 확장된 국가(extended state)라는 것이 실제로 존재한다고 주장했다. 『옥중수고』에 적었듯이, 그람시는 "국가란 정부의 기제로서뿐만 아니라 헤게모니의 사적 기제나 시민사회로서도 이해되어야 한다" 고 느꼈다. 그의 핵심 논지는 시민사회의 이런 제도들이 노동계급 성원들의 마음이나 가슴이 그 질서에 순응하도록 만드는 데에 중요한 역할을 한다는 것이었다. 그런 식으로 "국가＝정치사회＋시민사회, 다른 말로 하면 강압이라는 갑옷에 의해서 보호되는 헤게모니"라는 그람시의 등식이 나온다. 그람시의 관점에서, 자본주의 사회에서 지배계급이 사용하는 술책은 그 계급의 특수한 이데올로기를 일반적인 통념이나 상식으로 치부해서 넘어가게 하는 것이고, 또 이 방식을 통해서 공공연한 강압이 필요한 사태를 피해가는 것이다.

헤게모니에 관한 그의 관점은 정치적 전략가로서 그람시의 세계관을 조형했다. 서구에서 자본주의의 헤게모니는 이를 상쇄하는 헤게모니의 원천을 필요로 한다, 그것은 독립적인 도덕적, 지적 리더십이 현존 질서의 일반적 통념에 대항하기 위해서 유연하면서도 정교한 방식으로 고안한 이념들을 말한다. 노동자의 공장평의회(factory coucil)를 주도했던 자신의 초기 경험을 반영하면서, 그람시는 좌파가 현재 지배적인 이데올로기와 제도 모두에 대항할 새로운 헤게모니 세력을 차근차근 구축할 필요가 있다고 강조했다.

우리는 그람시의 마르크스주의에서, '민주주의'에 대한 슘페터적인 계열의 정통적인 주장에 대한 깊은 의구심과, 참여 민주주의자들의 관심과 중복되는 참여와 권력강화(empowerment)의 장소에 대한 관심을 엿볼 수 있다. 주된 차이점은 그람시 같은 마르크스주의자는 현존하는 국가 구조와 거기에 결부된 대의 정치를 정당한 것으로 여기지 않는 반면, 참여 민주주의자들은 대체로 그렇게 여긴다는 점이다. 마르크스주의자들은 슘페터나 달과 같은 저자들이 (상이한 저작과 논조를 통해서) 강조했던 표면상의 경쟁과 다원주의의 배후에 자신의 특권을 지키고자 하는 지배계급의 주위를 감싸고 있는 목적의 단일성이 존재한다고 주장한다.

신-그람시주의와 다른 급진적 비판들 알튀세르, 밀리반드, 풀란차스는 1960년대부터 1980년대에 걸쳐서 그람시의 비판을 토대로해서 이론을 구축했다. 알튀세르(Althusser 1971)는 모든 다원적이고 '민주적'인 정치의 표면적인 외양의 기저에 계급지배의 심층적이고 객관적인 구조가 존재하는 방식, 그리고 모든 개인들이 이 구조의 '전달자'이자 '매개자'로서 행동하는 방식을 역설했다. 그는 또한 (예를 들면 학교나 언론 및 가족 같은) 이데올로기적 국가 기제의 작용에 의해서 지배계급의 이데올로기가 보강되고 심화된다고 강조했다. 밀리반드는 국가의 역할에 관해서 좀더 경험적이고 사회학적인 관점을 취하면서, 경제적, 사회적, 정치적 엘리트들의 공통된 사회적 배경을, 그리고 그 배경의 결과로 이들이 특정한 분파적 이익을, 무엇보다도 다른 분파의 이익보다 대기업의 이익을 선호한다는 점을 역설했다.

마르크스주의자가 아닌 급진적인 민주적 비판자들이 지배적인 민주주의 서사에 대해서 유사한 논점을 제기했다는 점도 주목할 가치가 있다. 예를 들면, 1977년에 『정치와 시장(*Politics and Market*)』을 저술한 찰스 린드블롬은 기업의 "특권적인 지위"가 다두제에 중대한 결과를 가져온다고 기술했다(앞에서 논의했던 다두제의 특징에 대해서 다시 생각해보라). "우리가 다두제라고 부르는 체계는 두 집단의 지도자들에 의해서 작동한다. 그러나 그중 단 하나의 집단만이 다두제의 통제에 체계적으로 구속된다"(1977, 89). 그리고 린드블롬처럼, 로버트 달도 1980년대에 그 자신을 민주주의의 정통이론에 대한 급진적 비판자로 재정립하면서, 다두제나 민주주의를 확대하고 심화하기 위해서는 현대 자본주의 사회들이 협동적으로 자치하는 기업들(예를 들면, 피고용자들이 관리자를 선출하고 기업을 집단적으로 소유하는 것)의 체계를 가져야 한다고 주장했다. 이 관점을 뒷받침하기 위해서, 달은 다음과 같이 역설했다. "민주주의가 국가를 통치하는 것이 정당화된다면, 민주주의가 경제 기업들을 통치하는 것 역시 정당화되어야 한다. 나아가서, 만일 민주주의가 경제 기업들을 통치하는 것이 정당화될 수 없다면, 우리는 민주주의가 국가를 통치하는 것이 어떻게 정당화되는지도 이해할 수 없다"(1985, 134-135).

짧게 말하면, 마르크스주의자와 급진적인 대항-서사들은 이하의 내용을 강조했다.

- 민주적 정치에서의 계급적 맥락
- 민주주의는 그 핵심에서 동의뿐 아니라 강압도 포함한다.
- 인민은 사실상 그들의 진정한 이익에 부합하지 않는 규칙, 지도자 및 정책의 체계에 '동의'할지도 모른다.
- '민주적' 사회는 통상적으로 심층적이고 지속적인 경제적, 사회적인 불평등을 포함한다.

이제 마지막 주된 대항-서사인 여성주의로 시선을 돌려보자.

여성주의자의 비판들

국가와 자유 민주주의에 대한 여성주의자의 비판들은 다양한 공격 대상들을 가지고 있다. 우선 한 가지로, 그들은 20세기 이전의 고전적 저작들과 슘페터주의자들 모두 명백하게 또는 은연중에, 의도적으로나 습관적으로, 여성을 열외로 취급했다고 주장한다. 우리는 슘페터와 다운스가 '예쁜 소녀', '담배', 그리고 여성은 투표하는 것이 허용되지 않는 '민주주의들'을 어떻게 슬쩍 언급하고 지나갔는지를 보았다. 달은 1956년에 민주주의 이론에서 선호의 강도 문제를 설명하기 위해서 '흑발 여성'보다 '금발 여성'을 좋아하는 '존스'의 사례를 들었다. 몇몇 고전에서, 우리는 여성의 위치가 더욱 노골적이고 의도적으로 취급되는 것을 발견할 수 있다. 우리가 살펴본 것처럼, 제임스 밀은 기꺼이 여성을 투표에서 제외했다. 루소는 예를 들면 "여자는 남자의 기쁨을 위해서 특별히 창조되었다", "스스로 판단하지 못하므로 여성들은 아버지와 남편의 판단을 교회가 내린 판단처럼 받아들여야 한다"(Levin 1992, 180에서 재인용)고 적었듯이, 여성의 역할을 회의적으로 보았다. 이 모든 예시들은 사소하고 단순히 별 의미 없는 말들로 간주될 수도 있겠지만, 나는 이 예시들이 모든 정치적 참여자를 기술하는 데에 '남성들[사람들](men)'이라고 차별적으로 쓴 것을 떠받치는 사고방식을 반영한다는 주장을 견지하겠다. 마르크스주의도 종류가 많은 것처럼 여성주의도 종류가 많다. 그런데 당면한 이 문제에 대해서 대부분의 현대 여성주의자들은 민주주의에 대한 주류 저작들을 관통하는 일련의 악의적인 가부장적(또는 남성지배적) 가정들이, 민주적 이념과 실천에서 여성의 역할, 역량 및 지위를 체계적으로 격하하는 일에 복무한다는 점에 동의할 것이다.

최근 몇 해 동안 여성주의 정치 비판은 서구 근대 정치의 자유주의적이고 민주적인 양상이 가부장적이라는 점, 따라서 근본적으로 불평등한 특징이 있다는 점에 특히 초점을 맞추어왔다. 여성주의 서사에 따르면, 17세기 이래 주류 정치이론에서 자유 민주주의의 토대는 (1) 개인주의와 개인적 권리, (2) 제한 정부, 그리고 (3) 공/사의 이분법이다. 이론적으로, 자유주의는 성별(sex)과 계급에 무관하게 모든 '개인들'에게 중립적이다. 권리는 보편적인 것이며 선천적인 우열이 있다는 가정에 맞서기 위해서 사용될 수 있다.

공/사의 이분법에 대한 비판이 여성주의의 핵심이다. 이 이분법 혹은 구분은 그들의 주장에 따르면 여성의 역할을 가정의 영역에 한정함으로써, 정치적 이념들의 영역에서 여성을 '사라지게' 만드는 데에 복무해왔다. 고전적 자유주의 이론에서 독립적이고, 선택을 하는 개인은 대체로 남성이라고 간주되는 속성들에 알맞게 구성되며, 여성의 특성이라고 간주되는 속성들에 반대된다. 공적 영역과 가정 영역의 이분법을 언급하면서, 여성주의자들은 '공적' 영역(국가와 시민사회)이 빈번히 지속적으로 문화의 영역, 남성들의 영역, 독립성의 영역, 합리성의 영역, 시민적이고 정치적인 권리들을 통한 시민됨(citizenship)의 영역으로 간주된다고 주장한다. 이와 대조적으로 사적 혹은 가정의 영역은 자연, 여성들, 의존, 본능, 불확실한 시민됨의 지위, 사회적 권리의 용어로 정의된다. 이런 방식으로 겉으로는 중립적인 공/사의 이분법이 사실은 남성들(men)의 이익에 편향되어 있고, 또 가부장적 이데올로기를 대변한다고 여성주의자들은 주장한다.

슘페터적 서사에 지배적인 영향을 준 공/사의 이분법에 대한 비

판으로부터 제기되는 중요한 여성주의적인 관심은 아래의 내용을
포함한다.

- 임금노동과 정치를 포함하는 공적인 영역에서 여성이 과소 대표되
  는 것의 지속: 공식적인 선거 민주주의는 평등을 구현하지만(예를
  들면 1인 1표), 거의 확실히 더 큰 사회적 불평등들을 놓치고 있거
  나 심지어 유지하고 있다.
- "일신적인 것(the personal)은 정치적이다"라는 관점, 즉 가정 영역
  이 권력 관계, 따라서 정치적 관계를 포함한다는 관점, 그러므로 민
  주주의는 단지 국가 제도 내에서뿐 아니라 가정 영역에서 무엇이
  발생하는지에 관한 것이기도 해야 한다는 관점을 말한다.
- 시민적, 정치적 권리들을 행사하기 위한—따라서 온전한 시민권
  을 위한—사회적 전제 조건은 자유 민주주의자들에게는 심각하게
  받아들여지지 않는다는 관점; 공적 영역에서의 여성의 기회와 지
  위에 직접적인 영향을 미치는 관점; 근저에 깔려 있는 기회의 불평
  등은 사람들이 다두제라는 게임을 수행하는 기회에 영향을 미친다.
  그리고
- 자유주의적 개인주의는 가령 여성과 같은 **집단들**이 지닌 필요를
  은폐한다는 주장

이렇게 논점을 제기하는 것은 민주주의의 정통적인 관점에 대한
여성주의의 관심을 다루는 데에 있어 논쟁의 여지가 없는 손쉬운 방
식이 있다는 점을 제안하려는 것은 아니다. 민주주의 사회에서 더
큰 사회적 불평등들을 다루기 위해서, 예를 들면 국가적으로 가사

노동을 인정하거나 체계적으로 육아를 지원하는 제도를 설립하는 것은 그 자체로 문제를 야기할지도 모른다. 오히려 여성주의 비판은 주류 민주주의 서사가 편협하고, 어떤 민주주의자라도 결코 무시해서는 안 될 많은 것들을 무시하고 있다는 관점을 강조한다.

나는 또한 여성주의 대항-서사가 지배적인 서사의 모든 핵심적 요소들을 도매금으로 기각한다고 주장하려는 것이 아니다. 많은 여성주의자들은 새로운 위험을 수반할 (이를테면 참여 민주주의의 급진적인 버전 같은) 새로운 모델을 도입하려고 한다기보다는, 자유 민주주의를 계속 유지하고 그것을 개선할 것을 추구한다. 따라서 이들은 여성에 관련된 자유 민주주의적인 실천을 비판하기 위해서 권리 등과 같은 자유 민주주의적인 관념들을 활용하는 전략을 선호한다. 나아가서 이들은 사적 영역이라는 관념에 원칙적으로 반대하는 것은 아니다. 그렇다기보다는 [공적 영역과의 사이에] 선을 어디에서 긋고, 그 선을 어떻게 이해하느냐에 관해서 반론을 제기하는 것이다.

결론

이 장은 제2장처럼 민주주의의 중요한 서사들을 검토했다. 그리고 다양한 지점에서 상이한 서사의 줄기 가닥들의 끄트머리가 어떻게 느슨해지는지 살펴보았다. 그렇게 되는 것이 불가피하기는 하지만 말이다. 우리의 논의는 다음과 같은 점에서 제1장의 개방적인 토론으로부터 출현한 중요한 질문들에 기반을 두고 전개되어왔다. (1) 기표로서의 민주주의가 가진 의미의 풍성함에 대한 추가적인 증거가 여기서 다루어진 논쟁에 의해서 공급되었다는 점, (2) 국민국가 내에서의 '정치적 단위들(공장들, 지역들)'의 문제가 검토되었다는 점, 그리고 (3) 이를테면 '나라 X'의 설계와 관련된 문제들을 다루는 추가적인 제도적 자원들이 슘페터적 혹은 대안적인 서사들로부터 제기되었다는 점을 들 수 있다.

우리가 여러 장들에서 많은 텍스트들을 검토했지만, 단지 겉만 훑고 지나왔을 뿐이라는 경고를 나는 반복하고 싶다. 이 점에서 추가적인 독서를 대신할 수 있는 다른 대안이란 없다. 이 텍스트들의 저자들이 그들의 사상을 엮어낸 역사적, 문화적, 사회적 맥락의 주요 요소들에 대해서도 똑같이 말할 수 있다. 그렇다고 하더라도 이렇게 서사들의 개요를 이해한 것을 토대로 해서, 우리는 제4장으로 넘어가서 친숙한 민주주의 서사들에 잠재적으로 영향을 줄 환경주의나 지구화와 같은 현재와 미래의 도전들을 고찰할 수 있게 되었다. 이것들은 앞에서 다루었던 모든 민주주의의 서사나 모델들에 도전한다. 새로운 시대의 민주주의를 다시 생각해보기 위한 20세기 후반과 21세기 초반의 딜레마와 기회들이다. 예를 들면, '지구화'는 이제까지 장들에서 살펴본 각각의 서사들에서 국민국가가 어떻게 민주주의에 대한 사유에 군림해왔는지에 대해서 근본적으로 다시 생각해보기를 요구하는 것처럼 보인다. 생태학적인 의식의 성장 역시 인류의 장기적인 관심, 사람이 아닌 동물과 심지어 생태계의 진정한 이익을 다룰 수 있게 하기 위해서 '이익'에 대한 심화된 개념화를 요구하는 것처럼 보인다. 지금까지 검토했던 어떤 서사에서도 그와 유사한 것은 발견되지 않았다. 이어지는 제4장에서 이런 사례들을 검토하는 것은, 제5장에서 우리로 하여금 민주주의 사상에 있어서 가장 두드러진 새로운 혁신들 중 일부가 오늘날의 주된 도전들을 어떻게 다루는지 이해할 수 있게 할 것이고, 나아가서 그러한 이해를 통해서 우리가 이제껏 검토했던 서사들의 요소들을 다양하게 이용하거나 기각함으로써 **새로운** 서사들을 구축할 수 있도록 할 것이다.

4

다섯 가지 도전

서론

이 책의 전반적인 초점은 말할 필요도 없이 민주주의라는 **관념**에 맞추어져 있는데, 이는 (선거와 같은) 구체적인 제도들뿐 아니라 이론들, 관점들 및 접근법들에 대한 것을 의미한다. 앞 장들에서 민주주의의 정의에 대한 골치 아픈 문제들을 밝혔고, 20세기를 주도했던 몇몇 민주주의의 서사들이 어떻게 이 문제들 중 일부를 다루었는지를 (또는 그러는 데에 실패했는지) 밝혔다. 민주주의의 의미와 요구에 대한 관심들은 끝없이 지속된다. 이 장에서 우리는 그 목록에 새로운 것들을 보탤 것이다. 이 책의 시작 부분에서 나는 민주주의의 이념에 대한 논쟁들을 소개하는 하나의 방식으로서 선별된 문제와 사례들을 '가볍게 살펴보는' 발상에 대해서 언급했다. 이러한 정신에 따라서 이 장은 현대적인 도전들 다섯 개를 선택해서 거기에 집중하는데, 이 도전들 대부분은 21세기 초 정치 세계의 특유한 불확실성 및 문제들과 관련되어 있다. 앞 장들에서와 마찬가지로 나의 의도는 이 도전들의 윤곽을 탐색하려는 것이지, 이 도전들이 제기하는 딜레마에 잘 준비된 답변을 처방하거나 시도하려는 것이 아니다.

여기서 다룰 다섯 가지 도전은 아래와 같다.

1. 우리는 민주주의를 해석하는 경우 **경계**를 어떻게 구체적으로 정할 수 있는가? 그 경계는 아무렇게나 정해도 되는 것인가? 이 문제는 우리가 제1장에서 사례들을 논의할 때부터 크게 부각되었는데, 특히 파키스탄 사례에서 무샤라프 장군이 '민주적'임을 자처한 것에서 그렇다. 아마도 우리는 어느 선에서이든 경계를 정하기는 해야 한다. 만일 민주주의가 무엇이든 뜻할 수 있다면, 사실 아무것도 의미하지 않게 되기 때문이다.

2. **지구화**가 민주주의에 주는 충격은 무엇인가? '지구화'는 다의적(多義的)으로, 종종 상충되는 방식으로 사용되는 경향이 있다. 그러나 지구화가 국가가 아닌 정치적 권력의 새로운 중심들(유럽연합과 같은 지역적인 기구, 유엔이나 세계무역기구 등 국제적이고 지구적인 기구들)의 중요성을 가리키는 것이라면, 그것은 새로운 형태의 민주적 통제나 책임이 필요할 수도 있다는 문제를 제기한다.

3. 현대 국가에서 조직이나 정책의 **복잡성**이 점차 증대되는 것에 민주주의는 어떻게 대처할 수 있는가. 제2장과 제3장에서 검토했던 민주주의에 대한 대부분의 관점들은 '인민'과 선출된 정치인들 사이의 연결고리에 대해서 이야기했다. 그러나 현대 국가를 구성하는 광대한 관료제—행정, 사법, 규제 기구 등—는 어떻게 다룰 것인가? 국가는 그 이전 어느 때보다 더 많은 일을 하고, 요구되는 전문성의 수준도 어느 때보다 높은데, 이는 오늘날 민주주의의 가능성에 대한 다양한 질문을 제기한다.

4. 민주주의의 이념과 실천에 관해서 **환경주의**가 제기하는 딜레마는 무엇인가? 환경주의자들은 민주주의에 대한 통념적인 지혜에 많은 문제를 제기한다. 민주적인 정치가 '인간이 아닌 자연물(non-human nature)'의 이해관계를 포섭할 수 있는가? 민주적인 체계가 환경주의자의 파도에 효과적으로 적응해왔는가?

5. 서구와 비서구의 맥락에서 민주주의의 전망이 서로 다른가? 우리는 민주주의를 무엇인가 보편적인 가치를 지닌 것으로 여긴다. 예를 들면 제1장에서 인용했던 아마르티아 센의 관점은 분명 그렇다. 그러나 민주주의는 보편적인 것이 아니라 서구 자유주의적인 것인가? 민주주의는 모든 나라와 문화권에서 필수적이고 바람직한 것이라고 충분히 평가받을 만큼 유연하고 호소력이 있는가?

다시 나는 이 장의 대부분에서 이러한 도전들이 지닌 속성의 대강만을 다루려고 한다. 제5장에서 우리는 민주주의에 대한 새롭고 혁신적인 이념들을 검토할 것인데, 이들 중 많은 것은 이러한 도전들에 대한 **반응**으로서 제시된 것이다. 예를 들면, 환경주의적 도전에 대한 반응으로 민주주의를 생태학적 또는 '녹색'으로 다시 생각해보려는 노력은 기존 모델들의 이른바 '맹점들'을 보여주고자 한다.

민주주의의 척도 만들기

우리는 제1장에서 '민주주의'가 많은 것을 의미할 수 있고 실제로 그러한 것을 보았다. 많은 정치학자들은 민주주의를 측정할 수 있는 공통된 척도를 만드는 것과 더불어 모두가 동의할 수 있는 민주주의의 정의를 찾아내려는 작업에 몰두하고 있다. 그러나 민주주의가 상이한 장소와 문화들에서 가지는 상이한 가능성들과 의미들에 민감하게 반응할 필요가 있다는 점 때문에 이 작업은 매우 도전적이다. 민주주의에 관한 수많은 저자들이 무엇이 민주주의로 간주되고 무엇이 그렇지 않은지에 대해서 명백한 관념(idea)을 제시함으로써 응답했다. 그러나 어느 누구의 관념도 중립적이거나 논쟁의 여지가 없는 수준에 이르지 못했다. 여기서 내 작업은 이러한 도전들의 몇몇 중요한 요소들을 간략히 훑어보는 것이다.

문턱과 연속성

우선, 한편으로는 **문턱** 기준과 다른 한편으로는 **연속성**이라는 관념을 구분해보자. 문턱 기준을 구체화하는 것은 우리가 무엇이 민주주의이고 무엇이 아닌지를 이해하는 데에 도움이 된다. 예를 들면, 혹자는 한 나라가 국가적 수준에서 자유롭고 공정한 선거라는 분명한 경험이 있다면 그 나라는 민주주의적이라고 (그리고 만일 그러한 경험이 없다면 민주주의적이지 않다고) 주장할 수 있다. 문턱이라는 것은 민주주의와 비민주주의 사이의 경계이다. 다른 한편, **연속성**이라는 것은 한 나라에서 (또는 다른 단위에서) 얼마나 **많은** 민주주의가 현존하는지의 문제를 다룬다. 한 나라의 민주주의 실천이 문턱 기준을 가까스로 만족시키는 하한선으로부터 얼마나 위에 있는가? 예를 들면, 혹자는 인민이 집회와 언론의 자유를 향유하는 정도, 법원이 정실(情實)이나 부패로부터 자유로운 정도가, 해당 국가의 민주적 체계가 문턱으로부터 얼마나 위에 '놓여 있는지'를 결정하는 데에 중요하다고 말할 수도 있다.

146

수사학과 실질

최소한으로 말하더라도, 문턱과 연속성의 기준들을 구성하고 배치하는 데에는 상이한 방법들이 있다. 몇몇 관련된 문제들을 생각해 보기 위해서, 잠시 제1장의 사례로 돌아가보자. 거기서 우리는 우리가 초점을 맞추었던 사례 연구들로부터 제기된 여러 방식들을 검토해, 민주주의의 의미가 다양할 수 있다고 결론지었다. 그 목록에는 예를 들면 한편으로는 공정한 선거에서 **표를 집계하는 것**, 다른 한편 정치적으로 '**옳은 일을 하는 것**'의 중요성이 포함되어 있다. 민주주의의 합당한 범위를 염두에 두면서 이 목록에 담긴 것들을 구분하기 위한 첫 번째 단계로, 나는 구체적으로 한편으로 **수사학적이고 주관적인 것들**, 다른 한편으로는 **실질적이고 검증할 수 있는 것들** 사이의 구분을 제안한다. 제1장의 논의에서 구체적으로 지목하자면, 어떤 지도자가 국가적인 이익에 따라서 행동하고 있거나 '옳은 일'을 행하고 있다는 어떠한 주장도 검증하기가 어렵다(38쪽의 목록을 보라). 우리가 의지해야 하는 모든 것은 그 주장 자체뿐이다. 이런 주장은 때로 하기가 참 쉬운데, 바로 어느 누구도 이 주장에 결정적으로 반박하는 것이 어렵기 때문이다. 이 주장이 결국에 '참'인지 아닌지는 다소 주관적인 문제이다. 예를 들면 인민의 선택에 의해서가 아니라 무력으로 집권한 어떤 군사 지도자도 선뜻 그가 국가적인 이익에 따라서 행동한다거나 그의 인민을 위해 옳은 일을 하고 있다는 등의 **주장**을 충분히 할 수 있다. 그러나 인민이 자신들의 이익이 무엇인지에 대한 **스스로**의 관점을 표현할 수 있거나 누가 인민의 이름으로 말할 수 있는지를 결정할 수 있는 일관적이고 분명하며 공정한 메커니즘이 없다면, 이러한 주장은 아마 공허하거나 지지하는 증거가 없는 것으로 보일 것이다. 만일 어떤 주장이 (그것이 정당화된 것이라고 보여줄 수 있는) 모종의 기제나 장치 및 제도에 의해서 만족스럽게 입증되지 않는다면, 우리는 그 주장이 거의 전적으로 수사학적이고, 실속 없는 허튼소리라고 결론 내리게 될 것이다.

[민주주의의] 다른 가능한 의미는 적어도 정치 체계의 제도적인 특징들을 비교할 수 있는 가능성을 제공하는 것으로 **보인다.** 이 관점에서 제1장의 사례들로부터 제기되는 다른 가능한 의미들을 고려해 보자. 이를테면 공정하고 공개적인 선거에서의 공정한 투표, 수적으로 우세한 인민들의 선택, 지방적, 국가적 공동체에서의 집단적 자치, 적절한 규칙과 절차의 역할을 들 수 있다. 물론 서로 다른 맥락에서 이것들 각각이 무엇을 의미하는지, 이것들 각각이 우리에게 무엇을 요구하는지는 정당한 논쟁거리가 될 수 있다. 그러나 이 특징들은 분명 수사학이나 극단적인 주관성을 넘어선 것으로 보인다. 예를 들면 합당할 정도로 공개된 선거를 치르는 일이 없다면, 어떤 정치적 인물이든 인민의 선택으로 결정되었다고 주장하기는 어려울 것이다. 선거가 얼마나 자유롭고 공정하게 치러졌는지를 측정하는 것이 항상 쉬운 일은 아니고, 전적으로 객관적인 문제와도 거리가 멀지만—제1장에서 논의된 플로리다의 2000년 선거에 대한 사건과 논란들을 보라—이런 문제들은 원칙적으로 합당한 검증이 가능하다.

민주주의의 의미

게다가, 그리고 더 일반적인 관점에서 보았을 때 제1장의 사례들로부터의 특징들을 종합하면 민주주의는 다음과 같은 체계를 표현하는 것으로 보인다. (a) 일정한 정도의 **정치적 평등과 공정함**이 실질적으로(tangibly) 수립될 필요가 있다. (b) 정부의 정책이나 조치의 신뢰가능성, 수용가능성은 그것들이 실질적 의미에서 **민중적 권력**의 산물이 되는지에 달려 있다. (c) 기본적인 절차는 공적인 감사에 열려 있을 정도로 거의 **투명하다.** 평등과 공정함, 민중적 권력과 투명성, 나는 이것을 민주주의의 한 가지 **정의**라고 제시하려는 것이 아니다. 그러나 나는 이 원칙들이 민주주의의 합당한 정의들에 필수적인 **구성요소**나 **성분**이라고 주장할 것이다. 만일 이것들 중 어느 하나라도 민주주의의 정의를 구성하는 일부분이 **아니라면,** 또는 적어도 그 정의에 **함축되어** 있지 않다면, 우리는 그 정의가 완전하지 못하다고 의심해보아야 할 것이다. 비록 민주주의의 의미가 구성되는 것이고 정당한 논쟁에 열려 있다고 할지라도 민주주의의 구성이 수사학이나 극단적인 주관성을 넘어서는 것을 제시하는 것이 별로 없고, 또 어떤 실질적인 방식으로도 평등이나 공정함, 민중적 권력 및 투명성을 받아들이지 않는다면, 나는 그것이 불완전하고 부적절하다고 말하고 있는 것이다.

(말이 나온 김에 덧붙이자면, 내가 보기에 이것은 우리가 제1장에서 맞닥뜨린 무샤라프 장군의 모든 주장을 **필연적으로** 배제하는 것은 아니다. 전국 선거, 공정함, 투명성과 마찬가지로 **지방선거도** 역시 중요하다. 그리고 그가 지방 민주주의를 활성화한 것이 진심이라면, 그것은 **아마도** 그가 전국 수준에서 선출된 지도자들을 끌어내린 쿠데타의 충격을 어느 정도 상쇄하려고 했던 것으로 보인다. 이러한 논변에 따라서 비록 잠정적인 결론이라도 합당하게 도달하기 위해서는, 이 사례에 대한 자세하고 충분한 연구가 필요할 것이라는 점을 분명히 해두고자 한다. 아마도 훌륭한 정치인류학적 연구와 같은

부류의 연구는 이러한 과제를 잘 수행할 수 있을 것이다. 인류학자들은 내가 옹호해온 이러한 방식으로 지역적인 맥락에 대한 감수성이 풍부하고 예민하기 때문이다. 내가 제1장은 물론 다른 곳에서도 강조했듯이, 나는 이 사례들에 판단을 내리지 않는다. 그렇다기보다는 나는 민주주의의 가능한 의미들에 대한 우리의 생각을 가다듬는 데에 도움을 얻기 위해서 이 사례들을 활용한 것이다.)

민주주의를 측정하는 것의 딜레마

정치학자들은 민주주의를 식별하고 측정하기 위한 적절한 척도를 구성하려는 노력에서 여러 가지 난처한 딜레마에 직면한다. 그들은 '민주주의냐 아니냐'라는 흑백의 이분법적 문제(문턱 기준)에 집중하는가, 아니면 그들은 연속적인 척도(연속성)를 구성하려고 노력하는 가? 그들은 객관적인 지표(예를 들면 투표율)를 이용하는가, 아니면 주관적인 지표(예를 들면 개인적 자유의 정도)를 이용하는가? 또는 양자가 결합된 무엇인가를 이용하는가? '민주적임(democraticness)'을 판단할 개별적인 판단자들이 있어야 하는가, 아니면 전문가 패널이 더 나은가? 나아가서 한 시점에서의 척도가 필요한가, 아니면 시계열적인 척도가 필요한가?[1] 이 질문들에 대한 정확한 답변이 무엇이건, 전문가들이 민주주의를 재고 측정하기 위해서 그들의 대상에 대한 **통제**를 확립하고 특정한 방식으로 민주주의를 **구성**할 필요가 있다는 점은 분명하다. 그리고 '민주주의'를 통제하고 구성하기 위한 그들의 전략들이 담고 있는 것이 명백한 특정한 편향에 관해서 도전

---

1) 이 점에 대한 논의로는 Bollen(1995)을 보라.

할 수 있는 신뢰할 만한 논거는 항상 있을 것이다. 민주주의를 측정하기 위한 척도를 구성함에 있어서 최선의 접근법은 차이, 변이, 측정과 해석 모두에서 유연성의 필요에 민감하게 반응하는 그런 것으로 보인다. 현실의 구체적인 장소들에서의 특정한 경험은 중요하다. '민주적', '부분적으로 민주적' 또는 '반민주적'인 나라들로 구성된 간략한 목록은 현실에서 훨씬 미묘하고 복잡한 양상을 드러내는 나라들의 특징들을 거의 항상 숨기거나 얼버무린다.

이러한 맥락에서 비담(Beetham 1994)의 작업은 특히 유익하다. 영국의 '민주적 감사(監査)'를 실행하기 위해서 비담은 책임성, 선거, 권리, 시민사회를 포함하는 **문항들**로 구성된 민주주의의 척도를 만들었다. 어떤 문항들은 (비록 여전히 주관적인 해석을 필요로 하지만) 양적이고 객관적인 답변에 적합했고, 다른 질문들은 좀더 주관적이고 질적인 해석을 요구했다. 비담과 그의 동료 연구자들은 민주주의를 전반적으로 측정해서 '총점'을 매기는 것을 거부했다. 대신에 그의 척도와 질문들을 ('열려 있고 책임성이 있는 정부', '자유롭고 공정한 선거' 같이) '현대사회 민주주의의 주된 차원들을 구성하는' 하위 영역과 하위 원칙들로 분류했다(Beetham 1994). 여기서 더 자세히 설명하지는 않겠고, 간단히 이렇게 말하는 것으로 만족하겠다. '민주적 감사' 프로젝트는 (a) 가변적이고 대안적인 [민주주의의] 의미들에 대한 민감성, 맥락에 민감한 척도들을 배치할 필요에 상당한 정도의 관심을 내비친다. 그리고 (b) 앞선 장들에서 검토한 고려들에 기초하여 우리가 잠정적으로 도달한 것과 유사한 조합인 **정치적 평등**과 **민중적 통제**를 기본적인 원칙들로 배치한다.

전반적으로 말하자면, 이 첫 번째 도전에 대한 내 반응은 민주적 원칙에 대한 (그러므로 민주주의에 대해서도) 합당한 해석의 범위들이 있다는 것, 그러나 이 범위들의 정확한 성격과 위치는 역동적이라서 고정된 문제가 아니라는 것이다. 민주주의는 민주주의의 중핵적 원칙인 정치적 평등, 민중적 권력 및 투명성과 더불어 상이한 (그리고 심지어는 동일한) 맥락들에서 서로 다른 것을 의미할 수 있지만, 그렇다고 아무 데에서나 아무 것을 의미하지는 않는다.

지구화의 도전

이제 더 큰 도전(아니면 위협?)으로 고개를 돌려보자. (주장에 따르면) 국민국가가 갈수록 더 상호 연결되고 상호 의존적이도록 만드는 복잡한 과정인 지구화는 민주주의의 실천과 이론에 대한 긴급한 다양한 질문들을 제기한다. 거의 불가피하게 지구화는 상이한 사람들에게 상이한 것을 의미하는 단어이다. 2000년과 2001년에 시애틀, 프라하, 퀘벡 시, 제노바에서 열린 세계 정상회담에서 세계의 빈곤과 불평등에 대한 불만의 목소리를 낸 시위자들에게 지구화는 크고 강력한 초국가적 기업들(TNCs)을 의미했다. 그 기업들은 세계무역기구(WTO)와 같은 국제적인 규제 기구들의 지원을 등에 업고 국가적 정부들이나 평범한 인민들을 구속하면서 그들 위에 점차 군림하기 시작했다. 지구화의 지지자들에게 지구화는 예를 들면, 국제적인 자유무역을 확대하여 모든 국가들이 자유무역에 참여할 수 있고 이를 통해서 경제적으로나 다른 방식으로 이익을 보는 것을 의미한다. 지구화는 단순히 경제적 현상만이 아니라 중요한 정치적, 사회적, 문화적 특징들 역시 수반하는 어떤 현상이다.

지구화를 향한 추세

어떤 종류의 요소들이 지구화의 과정이 존재한다는 점을 보여주는가? 지구화를 향한 추세는 비록 현실에서는 상호 연결이 되어 있지만 경제적, 정치적, 기술적, 문화적 과정들로 쪼개볼 수 있다. 첫째, 정보기술의 발전은 분명 이제 개인들이 지구상에서 어느 누구와도 즉각적으로 소통할 수 있다는 것을 의미한다. 복잡한 컴퓨터 정보 네트워크는 소통자들의 자율성을 강화하고, 교환될 수 있는 정보의 양과 복잡성을 엄청나게 증가시킨다. 이러한 사태 전개는 최근 몇십 년 동안 국제무역과 여행을 통한 접촉의 속도와 빈도를 배경으로 해서 일어났다. 위성과 케이블 기술의 발전은 지구적인 규모에서의 전자 매체가 편성되도록 만들었다. 갈수록 텔레비전 뉴스는 단일한 국가나 지역을 넘어서고 있다. 광대한 거리는 새로운 기술에 의해서 효과적으로 좁혀졌고, 먼 곳에서 일어난 사건은 한층 더 즉각적인 성격과 중요성을 띠게 되었다. 이런 의미에서 우리 모두는 '지구촌'에 살고 있다.

현대 기술은 세계 금융과 경제의 성격을 바꾸고 있다. 국내경제에서의 성공은 이제 지식과 기술이 주도하는 고도로 경쟁적인 국제시장에서의 성공을 주로 의미한다. 세계에서 가장 크고 중요한 초국가적 기업들은 갈수록 하나의 국가나 시장에 뿌리를 두지 않고 '무국적'이 되어간다는 주장이 나오고 있다. 이 기업들은 막대한 자원을 보유하고 있다. 세계에서 가장 큰 5개의 회사(제너럴 모터스, 월마트, 엑손 모빌, 포드, 다임러 크라이슬러)는, 예를 들면 각각 그 수입이 노르웨이나 싱가포르의 국내총생산(GDP)보다 높으며, 제너럴 모터스의 연간 수입은 8개국(아일랜드, 뉴질랜드, 우루과이, 스리랑

카, 케냐, 나미비아, 니카라과, 차드)의 국내총생산을 합친 것과 거의 맞먹는다(Hertz 2001). 이들은 전 지구적인 분업을 수행할 수 있는 기술적, 재정적 자원이 있다. 그래서 예를 들면 환경 규제가 덜 엄격하고 노동력이 저렴한 개발도상국가들을 생산을 위해서 전략적으로 활용한다. 이들 중 다수는 국가나 지역적인 정치 구조로부터 발생하는 법률적인 것이나 다른 제약으로부터 그들 스스로를 자유롭게 함으로써 전 지구를 하나의 시장처럼 다룰 수 있다. 그런 초국가적 기업들이 그들의 투자와 생산 전략으로부터 영향을 받는 다양한 인민들에게 민주적으로 책임을 질 수 있겠는가?

게다가 우리는 최근 몇십 년 동안 지구적인 **정치적, 경제적 기구들**이 숫자, 역할, 능력에서 엄청나게 팽창하는 것을 목격해왔다. 이 기구들 중 일부는 국제원자력기구나 세계기상기구처럼 다소 기술적인 성격을 띤 것도 있고, 다른 기구들은 더욱 명시적으로 정치적인 성격을 띤 것도 있는데, 이 기구들은 국민국가 수준을 넘어서는 의사 결정의 강화를 의미한다. 유엔, 세계은행, 국제통화기금(IMF), 세계무역기구 및 유럽연합은 국제 정치 행위자들의 확장되는 네트워크에서 가장 권위 있고 중요한 조직(의 집합들)이다.

초국가적인 정치적 쟁점의 부상

그러한 제도적 구조들은 초국가적인 정치적 쟁점들의 점증하는 중요성을 반영한다. 그 존재를 통해서 그 구조들은 이 문제들이 아주 중요하다는 관점을 강화한다. 가장 중요한 초국가적 쟁점들의 사례는 지구온난화, 지구를 보호하는 오존층의 파괴, 이주와 난민, 마약 거래, 테러, 에이즈(AIDS)의 유행, 지구적인 빈부 격차의 심화, 무기 거래(이들 중 다수는 서로 연결되어 있다)를 포함한다. 이 쟁점들은 투자 결정이나 통화 가치 같은 협소한 경제적 문제들과 한데 섞여서, 그 본질상 효과적인 국제적 조직화와 중재를 필요로 하는 질문과 문제들을 형성한다. 이처럼 지구적인 정책 문제들이 점차 두드러지는 것은 그것들을 다루기 위해서 고안되었거나 [거기에] 적응한 체계들이 점차 가시적이 된 것과 상응한다. 1992년 리우데자네이루에서 열린 '지구정상회담(유엔 환경개발회의, UNCED)'은 지구온난화, 생물 다양성, 삼림 파괴, 지속가능성을 지향하는 변화의 미래적 성격과 속도 등 다양한 주제에 대해서 협상하고 협정에 서명하게 하기 위해서 전 세계의 지도자들을 한자리에 불러 모았다. 이어서 2002년 요하네스버그에서 추가적인 합의가 이루어졌다. 1994년 카이로에서 개최된 유엔 인구개발회의는 끈질긴 교섭 끝에 지구의 인구 증가를 줄이기 위한 조치들에 대한 협정을 타결했다. 1999년 교토에서 열린 기후변화회의는 지구온난화의 위협을 다루기 위해서 고안된 조치들에 대한 합의―그 합의는 특히 2000년 미국 대선에서 환경 문제에 소극적이면서 석유 로비스트들의 친구인 조지 W. 부시의 대통령 당선 이후 지속적으로 무산될 위협에 처해 있다―에 도달했다.

마지막으로, 우리는 국민국가의 범위를 넘어서 자동적으로 적용되는 규범과 절차들이 있다는 가정에 근거하여 국가를 가로질러 활동하는 사회운동의 점증하는 영향력과 활동을 최근 몇십 년간 목격해 왔다. 지구의 벗(Friends of the Earth)이나 그린피스(Greenpeace) 같은 환경적인 목표를 추구하는 조직들, 국제 엠네스티와 같이 인권 문제를 주장하는 조직들은 이러한 행위자들 중에서 가장 두드러진다.

지구화와 국민국가들

이러한 현상들은 국가적인 주권이나 자율성—민주적이건 아니건, 자신의 일을 스스로 결정할 수 있는 개별 국가의 능력—이 지구화에 직면하여 서서히 손상되고 있다고 주장할 수 있는 강력한 논거를 제공하는 것처럼 보인다. 그러나 이러한 추세는 전혀 획일적이지 않다. 분명한 것은 상이한 나라와 상이한 지역들이 지구화를 상이한 방식으로 경험하고 인지한다는 점이다. 국가적 주권에 대한 지구화의 충격은 예를 들면 부유한 북반부 나라들로부터 개발도상국까지 몹시 다양하다.

데이비드 헬드는 그가 국민국가의 공식적인 권위와 부상하는 지구적 체계의 현실들 사이의 '균열(disjunctures)'이라고 부른 것을 [현실을 재구성하여 설명하는] 이론적 개념으로 내놓았다(Held 1991; 1995). 이 개념이 국민국가의 '주권'이 진정으로 위협에 처하는 방식을 명확히 이해하는 데에 도움이 되므로 간략히 살펴보자. 첫째, 헬드는 "국가의 공식적인 권위와 (여러 가지 방식으로 전국적인 정치적 권위체의 권력과 범위를 제한하는 데에 영향을 미치는) 생산, 분배, 교환의 실제 체계" 사이의 균열을 식별해낸다(Held 1991, 214). 초국가적 기업들은 그들의 활동이 점차 지구적 규모로 조직되어가면서 국가 자율성을 서서히 약화한다. 그런 활동의 핵심적 요소로는 생산의 국제화와 세계 주요 주식시장에서 금융거래의 국제화를 들수 있다. 국가의 경계는 경제활동의 경계로서 더 이상 중요하지 않다. 국내적인 것과 국제적인 것 사이의 경계선에 아주 많은 구멍이 뚫려 있다는 점을 감안할 때, 국내시장이라고 말하는 것은 더 이상 정확하지 않다. 국제경제의 성장과 역동성은 경제적인 통제와 조작

을 하는 대내적인 정치적 역량을 제약하고 있는데, 이러한 사태 전
개는 잘사는 나라건 가난한 나라건 사실상 모든 국가에서 건전한 정
치적 관리의 가장 중요한 구성요소로서 건전한 경제적 관리가 출현
한 것과 맞물려 있다. 이런 추세가 전 지구에서 획일적으로 진행되
는 것은 전혀 아니고, 또 곳에 따라서는 지역적인 기구들(이를테면
유럽연합)이 국가적 정부에게 경제 발전에 영향을 줄 수 있는 새로
운 여력을 제공하기도 하지만, 결국 이러한 추세들은 국가 자율성에
대한 의미심장한 제약으로 귀결된다.

둘째, 헬드는 "초국가적 활동과……집단적 정책 문제들의 모든 영
역을 다루기 위하여 설립된 국제적 레짐과 조직의 광대한 배열들"
내의 주된 균열을 식별한다(Held 1991, 216). 다양한 정도에 따라서
상이한 정책 영역들 내에서, 가령 세계은행과 유엔은 이제 다국적
정책결정을 위한 단순한 정보교환소 이상으로 역할하면서 정책적 자
율성을 발전시켜왔다. 많은 개발도상국들의 자율성은 국제통화기금
에 의해서 심각하게 위축되고 있다. 국제통화기금은 '자유' 혹은 '자
유로워진' 시장을 통한 경제적 효율성을 촉진하기 위해서 공통된 규
준을 따르라고 압력을 넣고 있기 때문이다. 유럽연합은 국민국가로
부터 국가 상위에 있는(supra-state) 일련의 제도들로 자율성이나 주
권이 이전된 것을 보여주는 명확한 사례를 대표한다. 유럽연합의 제
도들은 선출된 의회, 국가의 집행부에 상응하는 유사한 기구들, 사법
기관으로 구성되어 있다는 점에서 국가적 정부의 제도들과 유사한
면모를 보인다(제2장에 있는 레이파르트의 구조틀에 대한 논평을
보라). 특히 무역과 통화의 영역에서 유럽연합은 흔히 연방 국가가
보유하고 있다고 기대하는 정도의 권력을 이미 보유하고 있다.

세 번째 균열은 국제법의 발달이 국가적 주권에 미친 충격이다 (Held 1991, 218-220). 이것은 국제 무대라는 곳에서 자국의 이익을 추구하기 위해서 국가들에게 제공되어왔던 전통적인 활동의 자율성에 도전한다. 이제 국제적 권리의 집단적 집행을 위한 기구가 존재하는데, 가장 주목할 만한 것은 아마도 '인권과 근본적 자유의 보호를 위한 유럽 협약(European Convention for the Protections of Human Rights and Fundamental Freedoms)'일 것이다. 유럽연합의 법규 아래에서 회원국들은 자국 시민들의 기본적 권리를 침해한 경우 성공적으로 기소되어왔다. 유엔의 세계인권선언은 본래 상징적인 성격이 강했지만, 그것 역시 점차 중요성이 부각되고 있다. 최근 네덜란드에 있는 국제전범재판소는 전범 용의자이자 유고슬라비아의 전직 대통령인 슬로보단 밀로셰비치를 송환하여 재판함으로써 새로운 지평을 열었다.

마지막으로 헬드는 한편으로 주권국에 대한 관념과 다른 한편으로 헤게모니적 권력 및 지역 패권 블록의 존재 사이의 균열을 식별해낸다(1991, 220-222). 미국은 경제적, 군사적, 문화적으로 전 세계에서 가장 강력한 국가로 존재한다. 미국 정부의 동의 없이 지구적 차원의 정책결정에서 진전을 성취하는 것이 어렵다는 점은 조지 W. 부시 대통령이 지구온난화에 대한 교토 협정에서 탈퇴한 것, 2002년 지속가능한 발전을 주제로 요하네스버그에서 열린 지구정상회담에 참석하지 않은 것, 기존의 군비 조약들을 대신해서 이른바 국가 미사일 방어 체계를 추구한 것 등으로부터 분명히 알 수 있다. 북대서양조약기구(NATO)는 그 영향력이 이전 바르샤바 협정(Warsaw Pact)의 회원국들에게까지 뻗친다는 점, 1990년대 보스니아 전쟁과 같은 분쟁에 적극적으로 개입한다는 점 등으로 볼 때 냉전 시기보다 냉전 이후 시기에 훨씬 더 핵심적인 요소가 되었다고 주장할 수 있다. 2001년 9월 11일에 있었던 사건은 이러한 사태 전개에 많은 것을 한층 더 보강해왔다.

상이한 논평자들은 사태들이 상이하게 전개되는 것으로 보고, 그래서 국민국가의 미래에 대하여 내놓는 예측도 다양하다. 전직 유럽연합 과학기술 예측가였던 리카르도 페트렐라는 예를 들면, "다음 세기의 중반에 이르면 독일, 이탈리아, 미국 또는 일본 같은 국민국가는 더 이상 가장 적절한 사회경제적 실체나 최종적인 정치 형태가 아니게 될 것이다. 대신에 캘리포니아의 오렌지 카운티, 일본의 오사카, 프랑스의 리옹 지역 또는 독일의 루르 지역이 우월한 사회경제적 지위를 얻을 것이다. 미래에는 정책결정에 대한 진정한 권력은…… 도시나 지방 정부와 연합한 초국가적 기업들에게 있을 것이다"라고 내다보았다(Toffler and Toffler 1993에서 재인용). 서니(Philip G. Cerny 1999)는 "가장 그럴싸한 시나리오"를 "내구성 있는 무질서(durable disorder)"로 보는데, 그는 이를 "신중세주의(neomedievalism)"라고 부른다. 그에 의하면 이것은 국가 역시 경쟁적이고 파편화되어 있고 본질적으로 비민주적인 지구적 '질서' 내에서 (예를 들면) 기업들이나 조직들의 국제적 네트워크와 경쟁하는 하나의 요소에 불과한 상태이다. 가능한 미래의 성격이 어떻게 규정되든지, 많은 이들은 달이 "나라의 경계는 이제 그 나라 시민들의 근본적인 이해관계에 중요한 영향을 미치는 결정의 경계보다 훨씬 작다……나라들의 정부가 이제는 지방 정부들이 되어가고 있다"고 말한 것에 동의할 것이다(1989, 319).

지구화가 민주주의에 던진 충격

더욱 깐깐하게 따져보았을 때, 지구화가 민주주의에 던진 충격은 무엇이었고 또 무엇이 될 것인가? 국민국가의 주권과 자율성이 중요한 위협에 직면하지 않는 세상에서, 피치자의 **동의로서의 민주주의**라는 관념은 다분히 **명확한** 의미와 적용가능성이 있다. 각각의 정부는 해당 나라의 **인정받는 경계 내**에 사는 시민들의 동의를 필요로 한다. 그러나 지구화가 국가의 주권과 자율성의 핵심 측면들을 문제삼는 상황에서는, 어떤 조치에 관해서 **누구의** 동의가 민주적으로 필요한지의 문제는 훨씬 더 복잡해진다. 국제적 원조를 받는 수혜국들이 기부를 하는 정부의 특정 원조 정책에 동의를 하거나 동의를 철회할 수 있어야 하는가? 타국의 산업 활동으로 인해서 원치 않는 산성비를 맞는 이웃 나라의 시민들이 있다. 그들은 이러한 산업 활동을 연장하거나 악화시키는 정책들에 대하여 동의할 수 있는 민주적 권리나 적어도 그런 기회를 가져야 하는 것 아닌가? 책임과 의무로부터 벗어나서 어디든 자유롭게 이동할 수 있는 초국적 기업들이 일국의 경제적 성과에 점점 더 많은 영향력을 미치고 있는 상황이 전개되고 있다. 이런 상황에서, 민주적 원칙들은 이러한 영향력을 반영하여 그 영향을 받는 **상이한** 여러 국가의 시민들이 각 기업이 어디에 소재하고 무엇에 투자할 것인지를 결정하는 것에 발언권을 행사하는 메커니즘을 수립하도록 요구하지 않는가?

나아가서, 지구화는 선거 정치에 아주 중요한 내용을 형성하는 공약이나 프로그램들을 이행할 능력을 민주국가로부터 박탈해왔는가? 일국적 민주주의에서는 아직도 경쟁적인 정당들이 서로 상대방보다 더 많은, 더 좋은 공약을 내세우도록 노력하는 데에 반해서, 우리가 위에서 추적한 것처럼 경제와 정치에서의 권력이 이동함에 따라서 이제 어떤 정당이든 공약을 이행할 수 있는 기회는 그동안 슬그머니 사라진 것 아닌가? 21세기 초, 시민들이 그들의 정치적 지도자들을 불신하고, 정치 제도에 대한 냉소주의가 만연하는 주목할 만한 세계적 추세가 모든 자유 민주주의 국가들에 있다. 실제로, 어떤 논평자는 "인민들은 정치에 대한 신뢰를 잃었다. 왜냐하면 그들은 도대체 정부가 무엇을 위한 것인지 더 이상 알 수 없기 때문이다. 지난 20년 동안 공공 영역에서 정부가 점차 철수한 탓에, 정부가 아니라 기업들이 점점 더 공공 영역을 규정하게 되었다"고 주장한 바 있다(Hertz 2001, 22).

보통 각각의 민주적 체계는 정해진 '정치적 단위'에 속하는 것으로 가정되는데, 이때 정치적 단위란 민주적 체계가 최종적 권위를 행사하는 해당 영토를 의미한다. 우리는 앞의 세 장에서 이러한 기본적인 가정이 민주주의에 대한 우리의 생각에 얼마나 뿌리 깊게 자리하고 있는지 보았다. 지배적인 슘페터적 접근법들은 현존하는 국민국가를 민주주의를 위한 **바로** 그 정치적 단위로 여겼고, 그 비판자들도 대부분 이를 수용했다. 이러한 서사들에서 정치적 단위의 성격은 검토되지 않은 채 남아 있었다. 이는 상당히 최근까지 "민주주의가 인민의 지배를 의미한다면, 누가 '그 인민'인가?"라는 물음에 꽤 명확한 답변이 있었다는 것을 의미했다. 그러나 지구화의 맥락에서, 우리는 새롭게 등장한 긴급한 질문을 던질 필요가 생겼다. 무엇이 민주적인 지배가 적용되기에 적절한 집단이나 공동체 또는 단위인가? 만일 이에 대한 답변이 더 이상 의문의 여지없이 국민국가인 것이 아니라면, 그것은 지방인가? 지역인가? 세계인가? 강력한 기업의 고객들인가? 무엇이 문제인지에 따라서, 이 모든 것인가?

더욱 즉각적이고 실천적인 문제는 아마도 현존하는 지구적 정치 제도들에서 민주주의가 결여되어 있다는 점일 것이다. 유럽연합의 관찰자들은 이 연합의 제도적 구조의 핵심에 있는 "민주적 결손"이라는 문제에 친숙하다. 이 구절은 흔히 유럽연합 내에서 유일하게 민주적으로 선출된 기구인 유럽 의회에 부여된 권위가 부족하다는 점을 의미한다. 유엔은 대체로 자기 스스로 선출된 안전보장이사회의 권력 때문에 특히 민주주의의 결손에 시달리는데, 여러 전쟁이나 평화에 대한 다수의 가장 결정적인 판단이 이들의 손에서 유엔의 이름으로 내려진다. 세계은행과 세계무역기구, 국제통화기금은 대체로 책임을 지지 않는 방식으로 운영된다는 주장에 따라서 비판의 대상이 되어왔다. 우리가 이런 질문에 답변하기 위해서 국민국가라는 범위를 넘어서는 민주주의를 다시 생각해야만 할지라도, 이들과 같은 중요한 국제적 기구들을 좀더 명시적으로 민주적 토대 위에 올려놓을 수 있는가?

이들은 지구화가 민주주의에—민주주의의 실천에, 그리고 그에 앞서 민주주의가 무엇인가 하는 바로 그 관념에—부과하는 도전의 일부에 속한다. 지구화의 여러 핵심적인 양상들은 제2장과 제3장에서 검토된 지배적인 서사의 한계에 직접적으로 도전한다.

복잡성과 그 결과들

민주주의에 대한 일련의 현대적이거나 고전적인 서사들—이를테면 제2장과 제3장에서 다루었던 것들—을 검토해보면, 민주적 체계의 중요한 제도적 특징들이 거의 명확하고 투명하다고 생각하는 것이 무리가 아니다. 확실히, 세계를 상당히 과감하게 단순화한 민주주의 이론이 적용되는 폭넓은 지대가 있다. 이는 이해하기 어렵지 않다. 우리 모두는 세계를 기술하기 위해서 단순화하는 모델을 이용할 필요가 있기 때문이다. 그러나 최근 민주주의에 대한 중요한 도전 중 하나는 바로 현대의 정부와 거버넌스의 엄청난 **복잡성**에 있다. 예를 들면 (식품 생산에서 유전자 조작의 활용, 복제 생물, 복제 기술 등과 같이) 과학적이고 기술적인 차원이 갈수록 두드러지게 된 정책결정 과정에서 시민들은 의미 있는 참여를 할 수 있는가? 그리고 현대 민주 정부의 구조는 너무 광대하고 파편화되어 있어서 사실상 '통제 불능'이 아닌가?

　이런 복잡성의 본질, 그리고 그 배후에 놓여 있는 몇몇 요소들은 위에서 지구화에 대하여 논의한 것에서도 명백하다. 여기서 이제 내 목적은 복잡성의 충격을 폭넓고 체계적으로 검토하는 것이다. 이를 위해서 간략히 복잡성의 유형, 이에 대한 정치학자들 및 정치인들의 주된 반응, 또 이런 반응에 비추어서 민주주의가 어떻게 이해되고 실천되어야 하는가의 함의들을 설명하겠다.

　'국가'는 한 나라를 지배하는 여러 제도들의 집합이다. 더 기술적으로, 국가는 주어진 영토 내에서 폭력의 정당한 사용에 대한 독점을 주장한다.[2] 종종 '정부'라는 용어가 같은 것을 의미하기 위해서 사용되기도 한다. 그러나 '국가'라는 용어를 사용하는 것은 모든 '공적인' 기관들(즉 사적인 회사나 자선단체, 자발적 결사가 아닌 기관

---

2) 이는 막스 베버가 근대국가에 대해서 내린 유명한 정의이다. Weber(1991, 82-83)를 보라.

들)이 포함된다는 점을 강조한다. 이 기관들이 정치 체계의 핵심에서 얼마나 멀리 떨어져 있건 (또는 멀리 떨어져 있는 것으로 보이건) 상관없이 말이다.

국가 복잡성의 유형들

국가 복잡성에는 네 개의 중요한 차원이 있다. 첫째, **구조적 복잡성**은 특히 현대 국가들의 급증하는 행정 부서들을 구성하는 여러 조직의 숫자나 범위만 보더라도 명확히 알 수 있다. 미국과 주요 유럽 민주국가들의 행정부는 예를 들면 수천 개는 아닐지 몰라도 수백 개의 분리된 조직들—규제나 사법, 정책 수행과 자문 등의 역할을 담당하는, 갈피를 못 잡을 만큼 다양한 행정 부서, 국(局), 청(廳) 등—으로 구성되어 있다.

이와 밀접하게 연관된 것은 **기능적 복잡성**이다. 19세기, 그리고 20세기에 진입했을 당시, 정부의 기능은 국방, 외교, 법률의 기본틀을 제공하고 유지하는 것 등 상당히 적고 기본적인 것에 국한되었다. 그런데 제2차 세계대전 이후 복지국가의 발전 및 팽창과 함께, 그리고 정부가 (예를 들면 민간 목적의 핵에너지 사용 등) 과학적, 기술적 진보를 통제하려고 노력하는 것과 함께, 국가에 의해서 수행되는 (또는 국가에 의해서 발생한) 역할들은 그 숫자와 유형에서 엄청난 변화를 겪었다. 더욱이, 현대 민주국가에서 일반 사람들은 삶의 질에 영향을 주는 모든 중요한 사안들—건강, 교육, 환경, 직장 등—에 전반적으로 국가가 일차적인 책임을 부담할 것을 기대한다.

셋째, **기술적 복잡성**은 폭넓은 정책 문제들의 다양한 구성요소가 지극히 전문화되고 파악하기 어려운 성질을 가진다는 점에서 비롯된다. 점증하는 기술적 복잡성으로 인해서 구체적인 정책 선택지들을 완전히 이해하는 데에 전문가들로 구성된 전문 조직이 그 어느 때보다 더 중요해졌다. 이어서 국가 복잡성의 마지막 중요한 차원은 **경계 문제**이다. 어느 지점에서 국가의 영역이 끝나고 사적인 영역이 시작되는가? 공과 사의 경계가 흐려졌다고 흔히들 주장한다. 기업이나 노동조합, 전문직 협회, 자선단체와 같은 사적인 조직들도 때로는 공적인 기능(이를테면 복지 기능)을 수행한다. 동시에 공공 조직이 그들이 제공하는 서비스에 대해서 요금을 징수하면서 어떤 식으로든 사적인 영역과 경쟁을 벌이는 현상 역시 보기 드문 일이 아니다.

국가 복잡성의 함의

복잡성이 국가와 민주주의에 가지는 함의는 상당하다. 일부 현대 민주국가에서 선출된 입법부를 효과적으로 제쳐두는 것은 그중 단지 첫 번째일 뿐이다. 국가 기구와 기능에서의 급속한 팽창이 현대 국가들의 행정 부처에서 일어났다. 거대하게 팽창한 행정부의 일을 세밀하게 감독하고 나아가서 효과적인 감사를 실시하는 입법부의 능력은 제한되어 있다(비록 정치 체계의 속성에 따라서 여기서 차이가 나타날 수도 있지만 말이다. 제2장에서 제시된 '다수결주의' 모델과 '합의' 모델에 대한 논평을 보라). 둘째로, 정부 장관들과 거대한 중앙 정부의 부서와 기관의 수장들은 종종 그들이 명목상 수장으로 있는 광대하고 파편화된 행정 구조들을 이해할 가능성이 거의 없다. 하물며 통제하는 것은 말할 필요도 없다. 셋째로, 정책의 기술적인 내용이 점차 증가함에 따라서 일반 인민이 정책결정에 효과적으로 참여할 수 있는 기회는 희박해졌다. 넷째로 '통치불가능성'이라 일컬

어졌던 위험이 있다. 이는 1970년대에 유행하던 용어인데, 현대 서구 국가들이 침체된 경기, 제도적인 경화(硬化), 명백히 비효율적인 정부라는 악순환에서 벗어날 수 없는 처지에 내몰린 것처럼 보였기 때문이다. 만일 국가 자체가 통치될 수 없다면, 어떻게 국가가 사회 전반의 정부로서 작동할 수 있을 것인가? 다양한 방식으로, 정부가 직면한 임무의 복잡성은 정책 문제의 관리와 해결을 위해서 설립된 여러 기관들의 복잡성과 함께 민주주의에서의 효과적인 정책결정에 장애물로 작용하는 것 같다.

정치학자들은 복잡성의 여러 양상을 이해하기 위해서 새로운 정책 과정 모델을 고안하려고 시도해왔다. 1950년대에 시민의 의견을 정책결정자에게 선형(線形) 방식으로 전달하는 비교적 낙관적이고 간단한 모델은 (예를 들면) 스태그플레이션, 제도적 경화, 경기 하락, 월남전과 워터게이트 사건의 결과로 어두운 어조로 바뀌었다. 이 새로운 모델들은 때로 슘페터주의의 가정들에 도전했다. 우리가 제2장에서 검토한 다두제 모델의 주창자인 로버트 달은 1989년에 이르러 "다두제 II"가 있다고 제안했다. 그것은 정책 영역과 범위가 팽창하는 것에 따라서 정부 역시 팽창할 필요에 부응하여 "현대 정부 서비스에 전문화된 지식인의 동원"을 제안한 것이었다. 그러나 전문가들에게 인민의 대표와 함께 일차적인 통치의 역할을 부여하는 것은 민주주의에 위험을 초래했다. 그것은 민주주의를 '수호자 지배(guardianship)'—민주주의의 주된 적으로 지칭되는 달의 용어—와 훨씬 유사한 것으로 만들 것이었기 때문이다. 달은 현대 민주주의 체계가, 정책이 너무 복잡해서 "우리는 다두제 II를 더 이상 데모스의 인민주권에 수호자 지배의 전문성을 접목한 것으로 해석할 수 없는" 지점으로 이동하고 있다고 염려했다. "대신에 우리는 그것[다두제 II]을 사실상 정책 엘리트들의 수호자 지배에 단지 민주주의의 상징들을 접목한 것으로 해석해야 할지도 모른다"(Dahl 1989, 337).

네트워크라는 비유

복잡한 국가의 정치와 정책의 비(非)선형적이고 비위계적이며 파편화된 성격을 표현하는 가장 두드러지는 비유는 '정책 네트워크'의 비유이다. 그것은 서유럽과 미국의 저작에서 두드러지게 나타나는 비유이다. 정책 네트워크는 국가와 사적 조직들 및 개인들의 그룹으로서 수많은 분야들(농업과 건강 분야가 대서양의 양측 모두에서 가장 많이 연구된 영역이다)에서 정책을 둘러싼 권력 협상의 진정한 소재지를 종종 제공했다. 그것은 영국에서는 '탈의회주의적' 민주주의, 미국에서는 비교적 숨겨진 '하위 체계' 정치의 중요성을 반영했다. 그것은 복잡성에 직접적으로 연결된 다양한 추세의 결과로서 출현했다. 그런 추세로는 정책결정에서의 전문화와 파편화, 경쟁하는 이익들의 거대한 동원, 범위가 확대되는 국가 기능, 규모가 커지는 국가 구조, 공과 사의 구분이 점차 흐려지는 것 등을 들 수 있다. 적어도 이론상으로 네트워크는 정책결정에 접근하는 통로를 열어주거나 제한하는 것, 정책 자문과 협상을 규칙화하는 것, 효과적이고 전통이며 선형적인 위계가 부재한 상황에서 조정하는 수단을 제공하는 것, 그리고 그에 못지않게 정책을 실행하는 것을 돕는다.

민주주의는 국가 복잡성과 네트워크 거버넌스에 대처하는 일에 어떻게 적응할 것인가? 이어지는 장에서 다루어질 민주주의 이념에 대한 새로운 혁신들 중 두 가지는 복잡성과 책임성에 관한 관심과 연관되어 있다. 민주주의에 대한 **숙의적 접근법**과 **결사체적 접근법**이 그것이다. 전자는 로버트 달이 '다두제 III'이라는 이름표를 붙여서 간략하지만 자랑스럽게 내세우는 버전인데, 새로운 숙의의 장이 일반 인민들로 하여금 복잡한 쟁점과 절차들에 새롭게 접근할 수 있게 만들 것이라는 내용을 담고 있다. 다른 한편, 결사체적 민주주의라는 발상은 국가의 외부에 있는 본질적으로 사적인 결사로, 정책과 서비스-제공의 급진적인 권한 이양을 구상한다. 이는 어느 정도 정치를 인민에게 돌려주는 것이다. 이것들은 아래에서 각각 자세하게 논의될 것이다.

환경과 미래 세대

우리 세계에 대한 친숙한 설명은, 특히 우리의 일상적 삶의 환경을 조형하는 설명은 그 주제에 대해서 완전한 설명을 제공하는 것으로 보인다. 제2장에서 다루어진 민주주의의 지배적인 서사는 오랜 기간 동안 적어도 서구에서는 민주주의의 가능성 전체를 대표한 것으로 보였다. 친숙한 서사들의 이제까지 상상하지도 못했던 단점—이 서사들의 맹점, 접근 금지 구역, 통념적 지혜에 대한 의존—을 밝혀내기 위해서는 놀라울 정도로 새롭고 참신한 관점이 필요하다. 예를 들면 여성주의자의 비판은, 지배적이던 슘페터적 서사가 공-사 구분을 하는 방식이 근본적인 젠더불평등을 은폐한다고 강조함으로써 슘페터적 서사에 충격을 가했다. 환경주의의 급속한 출현과 그 정치적 충격은 이와 유사한 어떤 새로운 '시각', 즉 민주주의에 대한 전통적인 발상이 지닌 핵심적인 한계들을 밝혀내는 시각을 불러왔다.

'녹색' 관점의 스펙트럼

환경주의가 민주주의의 실천과 이론에 가한 충격은 환경주의가 담고 있는 관점들의 스펙트럼, 많은 서구 민주국가에서 선거와 정책에 영향을 주는 녹색 정당들과 압력단체들, 그리고 민주주의와 환경주의 각각의 이상들 사이의 관계라는 측면에서 가장 잘 검토될 수 있다. 이 영역들 각각은 환경주의가 민주주의에 제기한 여러 도전들의 지점을 정확히 파악하는 데에 도움이 된다.

환경주의는 미묘하게 다른 많은 다양한 의견을 망라한다. 그럼에도 불구하고, 환경주의의 핵심적인 가치들을 식별해낼 수 있다. 거의 전범(典範)에 가까운 **독일 녹색당의 프로그램**(1983)에 따르면, 환경주의의 네 가지 기본 원칙은 다음과 같다. (a) 생태계의 안정성을 보호하기 위한 정치적, 경제적 체계의 인지된 필요에 기초한 생태적인 것, (b) 사회 정의, 자기결정, 삶의 질에 대한 헌신을 강조하는 사회적인 것, (c) 분권화와 직접 민주주의에 대한 요구들을 포함하는 풀뿌리 민주주의, (d) "인간적인 목표는 비인간적인 수단에 의하여 성취될 수 없다"는 관념으로부터 도출된 비폭력. 나아가서 (일국주의나 고립주의라기보다는) 지구주의, 그리고 과거 및 현재의 행위가 장기적으로 미칠 영향에 대한 관심은 종종 환경주의의 지침적인 원칙으로 제시된다.

최근 몇 년 동안, **지속가능성**의 원칙—때로는 '지속가능한 발전'—은 환경주의자의 사고와 정책 제안에서 중심적인 지위를 점하게 되었다. 유엔 세계환경개발위원회가 1987년에 제출한 영향력 있는 보고서인 「우리 모두의 미래(*Our Common Future*)」는 지속가능한 발전을 "미래 세대가 자신들의 필요를 충족시킬 능력을 손상하지 않으면서 우리 세대의 필요를 충족시키는 발전"이라고 정의한다. 환경적인 지속가능성에 대한 개념화는 무엇이 지속되어야 하는지(자연적인 것과 마찬가지로 인간이 만든 것도?), 왜 그것이 지속되어야 하는지(인간의 복지 또는 자연의 가치도?), 또 누구를 위해서 그래야 하는지(현재의 인간과 비인간, 또는 미래의 인간과 비인간도?) 등 많은 차원에 따라서 다양해질 수 있다(Dobson 1996a). 분명, 지속가능성의 개념은 현재의 경제정책과 기술적 발전에 대한 약간의 조정으로부터 더욱 급진적으로 정치적, 경제적 제도들을 철저히 점검하는 것까지의 다양한 해석을 허용한다(Barry 1999를 보라).

환경주의 내부에서는 이른바 '표층'과 '심층' 생태학 또는 '연한' 녹색과 '짙은' 녹색이라는 구분에 대한 공통된 합의가 있다. 폭넓게 말하자면, 연한 녹색은 현존하는 서구 민주 제도를 통한 개혁 전략을 추구한다. 반면 짙은 녹색은 현존하는 민주정치의 형태와 제도에 대한 깊은 불신을 표출하고, 종종 자유주의적 대의제 민주주의의 현재 형태가 환경 파괴에 깊이 **연루되었다**고 간주하기도 한다. 민주정치가 환경 위기에 대해서 부분적으로나마 비난받을 수 있는가? 구소련과 동유럽 위성국들 같은 비민주주의 체제들이 광의의 민주주의 나라들보다 더 나쁜 환경 기록을 보이는 경향이 있었다는 점을 언급하는 것이 공정할 것 같다. 동시에 잠재적인 유권자들의 소망을— 이 소망들이 '녹색' 소망이건 아니건—만족시키기를 바라는 민주적 지도자들의 이해할 만한 충동이 환경 친화적인 결과에 불리하게 작용할 수도 있다. 비록 1970년대 일부 환경주의 저술가들이 이러한 이유로 민주주의에 의구심을 가졌더라도 오늘날 '녹색주의자들'은 민주적 방법을 환영하며, 종종 좀더 급진적인 풀뿌리 형태나 숙의적 형태의 민주적 실천을 강조하는 것도 사실이다(제5장의 논의를 보라).

녹색주의자들의 경우, 다른 이들의 경우와 마찬가지로 민주주의에 대한 그들의 태도는 더 폭넓은 헌신과 관심을 반영한다. 녹색주의자들은 인간에 관해서, 자연 환경 내 인간의 역할 및 자연환경에 대한 인간의 관계에 대해서 상이한 윤리적 가정들을 제시한다. 환경주의에 대한 인간-중심적 (혹은 '인류중심적') 접근법들은 이를테면 자연 자원에 대한 보호와 보존을 강조한다. 이는 그것들이 인간에게 유용하기 때문에, 휴양을 위한 자원을 제공하기 때문에 그렇다. 이런 접근법들은 민주주의의 지배적인 신-슘페터주의 서사와 겹쳐지는데, 신-슘페터주의는 민주주의의 우주에서 인류를 중심에 둔다. 더 급진적, 또는 더 '생태중심적(지구-중심적)' 접근법은 감각성, 생명, 그리고/또는 자연의 자기갱생 과정들이 그 자체로서의 가치가 있다고 역설한다. 그것들이 인간을 위해서 여하한 도구적 가치를 지니는지와는 상관없이 말이다. 이 대안적 관점은 현 세대 인간의 이익을 대변(한다고 우리가 추정)하는 유권자들의 이익과 더불어, 비-인간과 미래 세대의 이익도 공적인 의사결정 과정에 편입시키는 정치 체계에 대한 전망, 실로 도발적인 전망을 열어놓는다. 다음 장에서는 정치적 생태주의자가 이러한 경로를 인류가 따라야 한다고 어떻게 제안하는지를 볼 것이다.

환경주의의 충격

주류 민주정치 내에서, 환경주의가 선거와 정책에 미친 영향은 상당하다. 비록 많은 녹색주의자들은 의미심장한 역전현상도 있었고, 또 명색만 녹색인 경우도 많았다고 주장하겠지만 말이다. 1970년대

초에 가령 오염, 돌이킬 수 없는 자원 고갈, 인구과잉과 핵무기에 대한 반대와 같은 쟁점에 대한 정치적 관심이 높아지면서, 지구의 벗이나 그린피스와 같은 환경 압력단체들은 많은 회원을 확보했는데, 서유럽 나라들에서는 심지어 주요 정당들의 회원 수보다 환경 압력단체들의 회원 수가 더 많을 정도였다. 또한 그들은 많은 서구 민주 국가들의 일상 정치에서 높은 주목을 받았다. 이익집단들의 이러한 새로운 물결에 담긴 국제주의와 명시적으로 윤리적인 관점으로 인해서 그들은 보다 전통적인 노동, 기업, 직업 기반의 이익집단들과 구분되게 되었다. 실제로 더 많은 물질적 이득보다는 삶의 질에 관심을 가지는 새로운 계급이 환경주의의 지지기반을 형성했다는 주장도 때로 나온다.

선거에서 녹색 정당들의 획기적인 부상은 1983년 서독(당시) 연방의회 하원 선거에서 녹색당 후보들이 진출한 것이었다. 녹색 정당들은 1989년 유럽 의회 선거에서도 성공을 거두었다. 이전에는 잘 알려지지 않았던 영국과 프랑스의 해당 정당들이, 예를 들면 각각 자국의 투표에서 14.9퍼센트와 10.6퍼센트를 획득했기 때문이다. 동시에 체르노빌 원전 사고, 지구온난화, 산성비, 지구를 보호하는 오존층의 고갈 등과 같은 문제에 언론의 엄청난 주목이 집중되었다.

[녹색 정당들이 거둔] 선거와 정부에서의 성공은 1998년 독일에서 적록(赤綠) 연립 정부가 구성되는 것으로서 정점을 찍었다. 그 정부는 (이 책을 집필할 당시에도) 외무부 장관인 요슈카 피셔를 비롯한 유명한 녹색당 장관들을 입각시키면서 유지되고 있었다. 독일 녹색당은 손쉽게 세계의 환경주의자 정당들 중에서 가장 유명한 정당이 되었고, 당의 강령, 정책, 조직의 측면에서 다른 나라 녹색 정당

들에게 의미심장한 영향을 끼쳤다. 다른 유럽 나라들에서, 특히 영국, 프랑스, 네덜란드, 벨기에, 이탈리아의 녹색 정당들은 이제 선거 정치에서 일정한 기반을 확보하고 있다(비록 이들의 선거 성과가 1980년대로부터 새로운 세기에 이르기까지 고르지 못하며, 그 나라의 선거 체계에 심각하게 의존하고 있지만 말이다).

환경에 대한 정부의 조치

상당한 정치적, 과학적 압력에 직면하여, 몇몇 서구 민주국가의 정부들은 오염 통제, 건강, 교통, 농업, 도시환경 등의 영역을 포함하는 상당히 포괄적인 환경정책 계획을 도입하고, 또 어느 정도 실천에 옮겼다. 게다가 초국가적인 단체와 회의들이 포괄적인 환경정책과 조약들을 발전시키는 데에 갈수록 중요한 역할을 수행해왔다. 충분히 당연하게도, 기후변화, 오존층 고갈, 가난한 나라들이 기본적 자원을 향유하는 것 등은 사안의 성격상 한 국가의 정부가 혼자 조치를 취하는 것에 의해서 효과를 보기 어렵기 때문이다. 환경정책들은 특히 1980년대 중반 이후부터 유럽연합의 핵심적인 관심사가 되어왔다. 또 1992년 리우데자네이루에서 개최된 유엔 환경개발회의('지구정상회담')는 지금까지 가장 많은 정부 수반이 참석한 회의로서 기후변화, 생물 다양성, 삼림 파괴, 원조 및 지속가능한 발전에 관해서 다양한 정도의 영향력을 지닌 협정을 체결하는 것으로 귀결되었다. 하지만 환경에 대한 국제적인 협정을 만들어내는 것은 결코 쉬운 일이 아니었다. 리우데자네이루에서의 지구정상회담은 부유한 북반부 국가들과 가난한 남반부 국가들 사이에서 누가 최악의 환경 파괴자인지, 환경 보호라는 명분을 위해서 누가 더 많은 경제적 희

생을 부담해야만 하는지에 관해서 첨예한 논쟁을 불러일으켰다. 이러한 논쟁은 2002년 8월 요하네스버그에서 지속가능한 발전을 주제로 열린 지구 정상회담까지 수그러들지 않고 이어졌다. 그리고 2001년 이후 미국 정부가 기후변화에 대처하기 위한 교토 협정에 서명하거나 그 틀 안에서 필요한 적절한 조치를 취하는 것을 거부함으로써, 화석연료 배출 가스를 어떻게 효과적인 방식으로 다룰 것인지를 놓고 불확실성과 어려움이 증폭되었다(관련된 사안에 있어서 미국이 단일의 가장 큰 국제적 문제아이다).

급진적인 녹색 민주주의?

녹색 민주주의의 가장 독특한 비전들은 종종 농촌 공동체—자립적이고 노동집약적인 생산을 특징으로 하는—에서 소규모 직접 민주주의를 실천하고자 하는 다분히 유토피아적인 정치체이다. 이 모델에 대한 영향력 있는 한 가지 설명은 인간 공동체들이 반드시 자연 세계의 특징에 따라서 조직되어야 한다는 생태지역주의(bioregionalism)이다. 이것은 분명, 우리가 알고 있는 민주주의와 국민국가의 미래에 대해서 커다란 함의를 가지는 교의이다(Sale 1985). 이러한 직접 민주적이고 분권화된 이상들은 녹색 정당을 조직할 때 **몇** 가지 실천적인 표현들을 통해서 구현되었다. 그중 주목할 만한 것은, 예를 들면 독일 녹색당 초창기의 실험인데, 당시 '풀뿌리 민주주의'의 기본적 원칙은 정책 입안에 대한 광범위한 지역적 참여와 의회 지도자의 윤번제 취임(엘리트 리더십의 출현을 방지하기 위한 감시의 목적)으로 구체화되었다. 그러나 이러한 급진적인 비전은 논리적인 문제를 초래할 수 있다. 예를 들면, 만약 직접 민주주의를 실행한다는 것이 공공정책이 시민들의 소망을 더 정확하게 반영하는 것을 의미한다면, 직접 민주주의는 분명히 (예를 들면) 선거나 국민투표를 통해서 표출된 대중적 의지에 구속되지 않을 수 없다. 그렇다면 시민들이 녹색적인 결과를 원하지 않으면 어떻게 할 것인가? 그런 경우에, 추측하건대 환경주의자의 목표인 (예를 들면) 소비를 낮추고 대체에너지를 사용하는 것을 대중의 의지에 따라서 약화 혹은 포기하거나, 그렇지 않으면 (직접) 민주주의에 대한 공약 자체를 반드시 약화해야 하는 등 무엇인가 해결책이 필요하다. 아니면 두 번째 대안으로, '민주주의' 자체가 꽤나 근본적으로 다시 생각되어야 할 것이다. 아마 (슘페터주의 같은) 전통적인 관점에 따르면, 민주주의는 인간의 필요와 이익에 편향되어 있고, 동시에 인간이 아닌 동물이나 다른 실체들의 필요와 이익은 소홀히 하지 않는가? 아마도 마찬가지로 우리가 알고 있는 민주주의는 현 세대 인간의 이익에 편향되어 있고, 미래 세대의 이익은 무시하는 것 아닌가? 우리가 '민주주의'라고 생각하는 것은 이러한 급진적인 질문들에 깔려 있는 관심들을 포섭할 수 있는가?

이 가능성들은 각각 가장 긴급한 정치적 도전, 곧 경쟁하는 국민 국가들로 구성된 세계가 원칙에 따라서 협력적으로 행동하도록 고무하는 방식을 어떻게 찾을 것인지의 문제와 관련되어 있다. 다음 장에서 우리는 민주주의를 다시 생각함으로써 이러한 도전들에 어떻게 대처할 것인지에 관해서 사고를 자극하는 몇 가지 발상들을 검토할 것이다.

유연성의 도전

민주주의는 서로 다른 문화와 종교적 토양에 뿌리를 내리고 번영할 수 있을까? 아니면 그것은 오직 '서구'와만 관련이 있는 '문화적으로 특수한' 것인가? 이 장에서 논의된 다른 질문들과 마찬가지로, 이 질문 역시 그 자체로 엄청나게 큰 주제를 구성한다. 나는 여기서 개략적으로 두 가지 요점만을 다루는 것으로 한정할 것인데, 나의 주장은 사실상 다음과 같은 것이다. (적어도 매우 상이한 문화권에 있는 상당히 많은 사람들이 민주주의를 가치 있게 여긴다는 점에서) 비록 민주주의가 보편적인 가치를 가지고 있지만, 우리는 민주주의가 상이한 문화와 맥락들에서 상이한 것을 의미하거나 그런 것이 될 것이라고 예상해야지, 그것이 어디서나 기존의 서구 자유주의 모델의 모조품이 될 것이라고 예상해서는 결코 안 된다.

이제 모두가 민주주의자?

비민주적 정부에서 민주주의로의 이행, 그리고 신생 민주국가에서 민주주의가 공고화되는 조건에 대한 정치학의 관심은 최근에 부쩍 늘었는데, 특히 1989년 동유럽의 혁명들 때문에 더욱 그러하다. 최근의 이러한 떠들썩한 사건들은 민주화의 '제3의 물결'이라고 불리는 것에 대한 관심을 다시 활성화했다(Huntington 1991). 제1의 물결은 19세기 중반부터 1920년대까지, 제2의 물결은 제2차 세계대전 이후이다. 현재의 제3의 물결은 1970년대 중반 포르투갈과 스페인에서 시작하여, 예를 들면 아프리카와 라틴아메리카로 (머뭇거리면서) 이어졌다. 민주주의로의 어떤 이행도 완전히 직선적이거나 전적으로 예측가능하지 않다. 신생 민주국가에서 민주주의를 공고화하려는 과정을 촉진하거나 방해하는 조건이 무엇인지를 논쟁하느라 많은 양의 잉크가 사용되었다. 궁극적으로는 많은 것이 개별 국가의 상황에 달려 있는 것으로 보인다(Lewis 1997). 공고화를 지원하는 몇몇 요인들을 콕 짚어서 말한다면, 거기에는 경제 발전의 상태, 계층과 사회적 분화의 성격, 어떤 제도가 도입되었는지, 최초 이행의 성격 등이 포함된다(Beetham 1999, 67-86).

민주주의가 직면하고 있는 거대한 도전들에도 불구하고, 역사상 처음으로 세계에서 절반이 넘는 나라들이 민주적 정당성을 어느 정도 그럴듯하게 주장할 수 있는 지도자들에 의해서 통치되고 있다. 적어도 그것이 더 넓고 지구적인 관점에서의 모습이다. 그러나 그처럼 커다란 모습이 문화나 다른 맥락들을 가로지르는 민주주의의 적실성과 유연성에 대해서 우리에게 많은 것을 반드시 말해주지는 않는다. 우리는, 예를 들면 지역적 맥락에서 민주주의를 받아들이고 이해하는 것의 실제적 속성을 측정하기 위해서 국가적인 선거 민주주의라는 단순한 모델을 넘어서 볼 수 있는 지역적이고 세밀한 분석을 필요로 할 것이다. 세계의 '안정적인 민주주의들'이 부유한 북반부 나라들에 집중되어 있다는 사실은 변함이 없다. 그 나라들은 대체로 자유주의 문화와 자본주의 경제를 구가하고 있고, 과거에 식민지 종주국이었다. 여기에는 아주 의미심장한 변주가 있다. 예를 들면, 단연코 가장 큰 민주국가는 과거 식민지였던 개발도상국(인도)이고, 비록 때로 취약한 면도 있지만 최근 몇십 년 동안의 아프리카와 라틴아메리카에서의 선거 민주주의 진전은 의미심장하다는 점이다. 그러나 핵심적인 질문이자 도전은 남아 있다. 서구의 자유 민주주의 모델을 꽤 상이한 문화적 맥락에 적응할 수 있는가?

문화적 가치와 민주주의

민주주의의 물결 내에서, 전 지구적 구도에 따라서 쉽사리 간과되는 중요한 하나의 이슈는 민주주의와 지역의 문화, 종교, 관습의 관계에 관한 것이다. 민주주의는 두루 적용되도록 만들어진 것이라고 너무나 쉽게 가정된다. 여하한 주어진 체계에서도 거기에는 문화적 전통과 역사가 어떻게 이해되어야만 하는지, 또 그것들이 어느 정도로 민주적 구조와 실천을 수정하거나 제한해야 하는지에 대한 많은 논쟁이 있을 것이다. 심지어 완전히 정당한 비민주국가들이 있을 수 있다고 주장하는 사례가 있을지도 모른다. 예를 들면, 1959년 중국의 점령이 완료되기 이전의 티베트가 명백한—그리고 보기 드문—사례라고 할 수 있다. 티베트에서는 감지할 수 있는 우월한 지식을 기반으로 하는 엘리트 지배가 거의 보편적으로 받아들여지고 있었다. 종종 서구의 비판자들은 (a) 민주주의는 서구적이며, (b) 민주주의는 비서구 문화들의 다양한 양상들과 양립할 수 없다고 가정한다. 이 관점에서 이슬람교가 종종 공격의 목표가 된다.

또한, 종종 민주주의에 대한 옹호는 민주주의에 반대되는 자신의 가치 때문에 아마도 민주주의를 거부해야 할 것 같은 자들에 의해서 가장 강력하게 나타난다. 심지어 티베트의 사례에서 (중국에 점령된) 이 나라의 정치적, 영적 지도자인 달라이 라마는 최근에 "민주주의의 바탕에 깔려 있는 핵심적인 윤리적, 정치적 가치의 보편성을 우리의 모든 부분에서 인정해야 하는 강한 확신의 필요성"에 대하여 기술했다(1999, 3). 이와 관련해서 불교국가인 미얀마의 유명한 반체제 지도자인 아웅 산 수 치는 다음과 같이 지적했다. "책임성, 공론에 대한 존중, 정의로운 법의 최고성 등의 원칙에 의해서 규율되는 정부가, 인민의 의지를 존중할 필요에 구속되지 않으면서도 전권을 휘두르는 지배자나 지배계급보다 불교 왕정의 전통적인 의무를 더 잘 준수하리라는 점은, 민주주의를 지지하는 강력한 논변이다. 전통적인 가치들은 민주적 정부에 대한 민중적 기대들을 정당화하는 동시에 읽어내는 데에 도움이 된다"(1991, 173).

이슬람과 민주주의

여러 무슬림 나라들 내에는 학자들 사이에서만큼이나 정치인들 사이에서도 이슬람과 민주주의의 양립가능성이라는 골치 아픈 문제에 대한 아주 많은 논변들이 있다. 2001년 9월 11일의 사건은 이러한 논쟁을 다시 활성화했다. 비록 그 논쟁이 이슬람이나 민주주의에 관한 정확한 지식에 근거하여 항상 진행되는 것은 아니지만 말이다. 이 질문에 대해서 이란의 학자 하미드 에나야트가 택한 한 가지 경로는 다음과 같다. "만일 이슬람이 민주주의의 특정한 공리와 상충한다면, 이는 이슬람이 종교로서 가지는 **일반적인 특성** 때문이다"(1982, 126)—"이슬람과 민주주의를 종합하려는 모든 노력은 모든 종교의 진수를 구성하는 영원하고 불변적인 일련의 교의들이라는 암반에 부딪혀 좌초할 수밖에 없다"(1982, 135). 동시에 그는 이슬람과 민주주의의 "이론적 친화성"을 지적하는 데에 열심이다. 이슬람은 평등, 법치, 집합적 결정을 내릴 때 '슈라(shura, 협의)'와 '이즈마(ijma, 합의)'의 원칙을 통해서 피지배자의 소망을 받아들이는 것 등에 대한 강력한 개념이 있다(1982, 127-129).

정치적인 이슬람은 최근 아랍 세계 및 그곳을 넘어서 엄청난 힘을 발휘하고 있다. 레바논의 헤즈볼라(Hizbullah), 팔레스타인 점령 지구의 하마스(Hamas) 또는 알제리의 이슬람구국전선(Front Islamique du Salut, FIS), 무장이슬람그룹(Groupe Islamique Armé, GIA) 같은 단체에 의해서 제창된 '이슬람주의'는 신념과 실천에 있어서 획일적인 묶음이 아니다. 이 운동들 중 일부는 때로 '민주주의'에 대해서 적대적으로 발언하기도 했다. 그러나 그러한 발언은 특정한 정치 제도들에 대한 적대감 못지않게, 이를테면 '서구'에 대한 적대감을 표출한 것이다. 최선의 경우, 에나야트가 택한 종류의 접근법은 '이슬람'과 '민주주의'의 일반적인 양립가능성의 영역을 확보할 수도 있을 것이다. 그러나 여기서 우리는 각별한 주의를 기울일 필요가 있다. 이 비교는 전적으로 서구적인 용어들(terms)로만 진행될 수는 없는데, 특히 "이슬람주의 담론 기능성의 원칙은……서구 문화의 세계에 적어도 상징적인 파열을 만들 것이기" 때문이다(Burgat and Dowell 1993, 121). 주장하건대 이 비교는 종교-지배적인 것을 포함한 어떠한 문화적, 정치적 체계도 본질적인 의미에 관한 중대한 변화나 내부적 논쟁에 결코 닫혀 있지 않다는 점을 늘 염두에 두고, 이슬람주의의 가치와 '핵심적 본질'을 토대로 행해질 필요가 있다. 달리 말하면, 이러한 문제들에서 우리가 민주주의의 의미와 민주주의에 대한 요구를 생각할 때, 서구적 중력의 중심으로부터 벗어날 필요가 있다고 말할 만한 사례가 있다는 것이다.

분명, 민주주의를 격렬히 반대하는 이슬람주의자의 사례들이 있다. 동시에 이슬람주의의 선도적인 지식인인 (튀니지의) 라시드 간누시나 (이란의) 압둘 카림 소루시와 더불어, 이슬람주의 사상가들이 '민주적 다원주의'의 가치들을 어떤 식으로든 포용하기 위해서 이슬람주의의 반민주적인 '반동적 국면'을 '극복'하려는 흐름도 있다 (Burgat and Dowell 1993, 127). 흥미롭게도 이는 때로 단순히 정태적인 양자의 **양립가능성**이 아니라, 이슬람에 기본적인 민주적 원칙들이 **내재함**을 가리키는 것처럼 보인다. 주요 사상가들은 두 가지 시각 사이에서 동요하는 것으로 보인다. 소루시와 간누시의 말을 비교해보자. "〈소루시에게〉, 가장 중요한 것은 민주주의이다. 비록 이슬람이 문자 그대로 '복종'을 의미하더라도, 소루시는 민주주의에 내재한 자유들과 이슬람 사이의 모순은 없다고 주장한다. '이슬람과 민주주의는 양립가능할 뿐 아니라, 이 둘의 결합은 피할 수 없다'" (Wright 1996, 68). 간누시는 "슈라를 통한 의사결정은 전체로서의 공동체에 속한다. 그러므로 정치적 다원주의와 관용의 민주적 가치는 이슬람과 완벽히 양립가능하다"고 논평한다(Wright 1996, 72). 이란의 사례에서는 적어도 소루시의 사상이 그 나라가 확립된 이슬람 민주주의나 공화국이 되는 것에 대한 내부 논쟁에 의미심장한 영향을 주었다.

여행하는 민주주의

우리는 또 이러한 논쟁에서 언어 자체의 미묘함에 주의를 기울여야 한다. 샤퍼(Schaffer 1998)는 세네갈에서 월로프어(Wolof 語)를 사용하는 화자들에게 '데모카라아시(demokaraasi)'가 세네갈의 독특한 맥락에서 어떤 구체적인 의미와 의의를 가졌는지 기록한다. 예를 들면 그는 다음과 같이 적는다.

프랑스어권이 아닌 월로프어를 사용하는 화자들은……이 단어를 그들 자신의 문화와 조건들에 맞게 변용했다. 그들에게 데모카라아 시는 이것의 프랑스어 원본과 가장 밀접하게 합치되는 선거, 투표, 다당제, 협회들과 지속적으로 연관되어왔다. 그러나 이 단어는 합의, 연대, 공평함이라는 추가적인 의미도 띠게 되었는데, 그런 의미들은 일부는 월로프의 정치 엘리트 담론에서, 일부는 경제적 불안정성이 라는 만연한 조건에 뿌리를 둔 윤리적 상호의존성에서 유래했다. (Schaffer 1998, 80)

이는 단순히 표준적인 민주주의 제도의 희석이나 변용의 문제가 아니라, 민주주의 및 그와 관련된 용어가 근본적으로 다른 문화적 맥락 사이에서 번역되면서 의미가 아주 바뀐다는 문제이다.

문화적 감수성은 민주주의라는 우리의 이념에 대한 진정한 도전 인 것으로 보인다. 물론 전적으로 비서구적인 민주주의의 모델이란 결코 없다. 근대성이란 서구적이며 모든 곳에 영향을 미치고 있기 때문이다. 그러나 비서구 사회의 사상가와 실천가들이 "지구촌"에서 새로운 민주적 "경로들"을 향한 그들의 방식을 개척함에 따라서 민 주주의의 이해와 실천에 의미심장하고 정당한 변용들, 변형들, 제도 적 혁신들이 존재할 수 있다(Dallmayr 1998).

놀라운 친화성들?

마지막으로 사변적인 논평을 하나 하겠다. 자유주의 또는 방종적 이고 종종 이기적인 개인주의가 흔히 비서구 비판자들의 공격 목표 가 된다. '서구 민주주의'는 자유주의적 개인주의와의 긴밀하고 불가피한 연관으로 인하여 ('아시아적 가치'의 주창자, 일부 이슬람주의자, 토착적인 '민주적' 문화들과의 비교, 아프리카의 일당제[one-party], 혹은 무당적[no-party] '민주주의'의 주창자들에 의해서) 집중적인 포화를 맞고 있다. 이와 관련하여 최근 영미 민주주의 이론의 주된 가닥이 대체로 비슷한 성격을 보인다는 점은 주목할 만하다. 공화주의와 공동체주의가 중대한 부활을 경험하고 있기 때문이다. 그것들은 모두가 공동의 책임들을 질 준비가 되어 있는 확장된 공적 영역에서, 공동선을 성취하는 것을 목표로 하는 숙의의 중요성 같은 관념들을 새롭게 강조하고 있다. 아마도 여기에는 예를 들면 면 대면 회의를 통한 공동체의 합의 추구라는 이른바 아프리카적 전통, 만장일치, 합의, 대화가 적절한 민주주의의 핵심이라는 일반적인 관념과 단순히 수사학적으로 겹치는 것 이상의 무엇인가가 있을 것이다. 이 연결고리들을 과장하는 것은 무리가 되겠지만, 만일 "자유주의가 불안정과 분열로 치닫는 경향이 있기 때문에 정기적인 공동체주의의 교정을 필요로 한다"면(Walzer 1990, 21), 그렇다면 어떤 특정한 시기에 공동의 책임과 의무에 대한 유사한 담론들이 서구와 비서구 맥락들에서 공명(共鳴)하고 있다는 사실은 전혀 놀랄 일이 아니다. 확실히 현대 영미와 특히 전통적인 아프리카 담론[그리고, 망글라푸스(Manglapus 1987)가 옳다면, 여러 대륙에서 발견되는 토착적인 '원초적인 민주주의들']의 중요한 여러 요소들 사이에는 놀라울 만큼 가치들의 공통성이 나타난다.

민주주의가 어떤 맥락에 뿌리내리기 위해서는 반드시 그 맥락에 적응해야 한다. 민주주의는 반드시 이슬람식 민주주의, 또는 중국식 혹은 세네갈식 민주주의가 되어야 한다.[3] 이러한 접두어가 무슨 의미냐는 것은 의심의 여지없이 고도의 논쟁을 불러일으킬 것이다. 그러나 핵심은 이것이다. 만일 민주주의가 계속해서 확산될 것이라면, 민주주의는 계속해서 다양한 문화적 맥락에 적응할 필요가 있다는 것이다. '서구' 밖의 개발도상국에 사는 사람들이 세계 인구에서 차지하는 비중이 급속히 증가하고 있다. 이러한 관점에서 민주주의의 연속적인 '토착화'가 민주주의의 미래를 대변하고 있다고 주장할 수도 있을 것이다. 아마도 민주화의 '제4의 물결'이 있다면, 그것은 단순히 지리적으로 확산되는 것이라기보다는 민주주의의 깊이와 성격을 확장하고 조형하는 것이라고 생각한다.

결론

민주주의는 항상 번영하지는 않는다. 그러나 번영할 때에는 이는 단지 민주주의가 그 의미와 가치에 관해서 근본적인 의문을 제기하는 도전에 대처했기 때문이다. 이어지는 장에서 우리는 민주주의가 일련의 긴급한 도전들—앞에서 그 개요를 논한 것들로 국한되지 않

---

3) 마이클 왈저는 다음과 같이 기술한다. "만일 내가 중국에 초청받아서 민주주의 이론에 대한 세미나를 하게 된다면, 나는 내가 할 수 있는 최선을 다해서 민주주의의 의미에 대한 내 자신의 견해를 설명할 것이다. 그러나 나는 선교사적인 어조로 말하는 것을 피하고자 할 것이다. 내 견해는 중국에서의 민주주의는 반드시 **중국적**이어야 한다는 발상을 포함하기 때문이다. 그리고 내 설명력이 그것[중국적]이 무엇인지까지에는 미치지 못한다……동의의 원칙은 적어도 이 정도를 요구한다. 중국의 민주주의는 중국인 자신들에 의해서, 그들 자신의 역사와 문화적인 관점에서 정의되어야 한다. 그들은 반드시 자신들만의 주장, 자신들만의 법전화(중국적 권리장전?), 그리고 자신들만의 해석적 논변을 만들어야 한다"(1994, 60-61).

는다—에 대처하기 위해서 어떻게 재구성될 수 있는지에 관한 새롭고 혁신적인 발상들을 고찰할 것이다. 민주주의에 대한 도전과 다음 장에서 논의될 새로운 접근법들 사이에 물 샐 틈 없는 대칭은 존재하지 않지만(민주정치에 관한 그 어떤 것도 그렇게 간단하지 않다), 대체로 말하자면 우리는 다음과 같이 말할 수 있다. 혁신적인 숙의적이고 생태학적인 발상들은 환경주의 도전을 다루는 데에 이용될 수 있을 것이다. 세계시민적이고 숙의적 모델들은 지구화에 대해서 생각해볼 수 있는 자원을 제공할 것이다. 숙의적이고 결사체적인 모델들은 복잡성의 도전에 대응할 잠재적인 자원을 제공할 것이다. 숙의와 '차이' 민주주의에 대한 발상들은 유연성의 도전 중 일부에 대해서 비슷한 일을 할 것이다.

5

민주주의 다시 발명하기

21세기 초 정치의 아이러니 중 하나는, 선거와 대의제 민주주의에 대한 만연한 무관심과 더불어서, 제4장에서 그 대강을 제시한 다양한 유형의 도전들에 대처하기 위해서 민주주의가 어떻게 재발명되어야 하는지에 대한 창의적이고 독창적인 사유가 동시에 출현하고 있다는 점이다. 이 마지막 장에서 우리는 오늘날 가장 활발히 논의되는 민주주의 혁신을 선택하여 살펴봄으로써 가능한 민주주의의 미래들을 검토할 것이다. 숙의적, 직접, 세계시민적, 생태주의적, '현존의 정치', 결사체적이고 정당기반적 모델들이 바로 그런 혁신이다. 물론 이 모델들이 전적으로 새로운 것은 아니다. 이 모델들은 친숙한 줄거리에 새로운 뒤틀림을 추가함으로써 이전의 민주주의의 서사 위에 구축되었다. 실로 우리는 이 혁신적인 모델들이 친숙한 서사들로부터 어느 지점에서, 그리고 어떻게 갈라져 나왔는지에 초점을 맞출 때, 그것들을 가장 잘 이해할 수 있다. 나는 바로 이 방법을 택한다.

분석의 범위는 넓지만 나는 아래의 방식들로 분석을 제한할 것이다. 세심히 살펴볼 여섯 가지 혁신적인 발상들은 개발도상중인 남반부가 아니라 부유한 북반부 나라들로부터 생겨났으며, 또 대체로 그 나라들을 (남측 나라들을 배제하는 것은 아니지만) 다룬다. 이 여섯 가지 혁신적 발상들은 민주주의 이론에서의 최근 혁신들을 다 망라하지는 않는다. 또 이것들은 대체로 영어권 문헌에 기반을 둔다.

민주주의의 여섯 가지 차원

새롭거나 혁신적이라고 제안된 발상들을 다룰 때, 우리는 반드시 "어떤 것에 대하여 새롭거나 혁신적인가?"라고 물어야 한다. 따라서 새로운 발상을 살펴보기 전에, 그들의 일부 특징을 식별할 수 있는 일종의 기준선을 설정해보자. 내 생각에 민주주의에는 여섯 가지 핵심적인 **차원들**이 있다. 민주주의의 어떤 모델 혹은 이론은 이 여섯 가지 차원들 중 대부분에 관해서 무엇인가 말할 수 있을 것이고, 그 차원들은 상이한 모델 등을 비교하는 데에 유용한 도구가 될 것이다. 이 여섯 가지 차원들은 아래에서 질문의 형식으로 표현될 것이다. 호칭의 편의를 위하여 이하에서는 각각을 A에서 F까지로 부르겠다. 우리의 방향감각을 돕기 위해서 각 질문이나 차원에 대한 간단한 설명을 제공하고, 이전 장들에서 검토한 민주주의의 주요 서사들이 이러한 범주에 어떻게 대응하는지를 보여주겠다.

A 차원 - 공간과 소속

지리, 인구 규모, 구성원의 조건(혹은 시민권), 문화적 동질성 정도의 측면에서 민주주의가 실천될 정치적 단위나 정치적 공동체는 어떻게 이해되어야 하는가?

슘페터적 서사와 참여적 서사는 모두 아무런 의심 없이 국민국가를 민주주의를 위한 기본적인 정치 단위로 간주했다. 참여주의자들은 더 나아가서 국가 내에 있는 더 작은 '정치적 단위들'(이를테면 일터)의 중요성을 강조했다. 두 서사 모두에서 문화는 한 나라에서 동질적일 것이라는 암묵적인 가정과 함께 거의 언급되지 않았다. 다른 한편, 마르크스주의자와 여성주의자는 지리적 경계를 넘어서 노동계급들과 여성의 연대를 강조해왔다.

B 차원 - 권리들

민주적 다수는, 만일 있다면, 어떤 헌법적 제약에 직면해야 하는가? 만일 있다면, 어떤 권리들이 민주주의의 구성원이나 시민에게 보장되어야 하는가?

비록 이후의 설명들(레이파르트나 달의 설명 등)이 다소 균형을 잡아주기는 했지만, 슘페터 그 자신은 시민의 권리보다는 의무를 강조했다. 참여적 이론가들은 참여적인 권리를 강조했다. 어떤 서사도 국민적 다수를 제한하는 것의 중요성을 특히 강조하지 않았다. 마르크스주의자들은 권리들을 일종의 명목뿐인 것으로 보아서, 권리들의 문제를 넘어서 각자 노동의 결실을 향유할 수 있는 좀더 실질적인 권리를 지향했다. 여성주의자들은 자유주의 권리들이 개인의 이미지를 구성해온 방식을 강조하는데, 이 이미지는 독립적인 **남성**의 이미지로서 겉보기에는 중립적인 개념과 범주인 것 같지만, 사실은 젠더화된 본질을 무시한다고 주장했다.

C 차원 - 집단 자치

어느 정도로 또 어떤 관심사에 관해서, 기능적으로 혹은 지역적으로 구분 되는 하위집단이 자치권이나 집단적 자기결정권을 가져야 하는가?

후기 슘페터적 서사는 지역적인 분권화를 진지하게 고려하게 되었는데, 특히 레이파르트의 작업이 그렇다. 참여주의자들은 사람들이 특히 자기가 일하는 곳에서 강화된 권한을 가지도록 하기 위해서, 기능적 집단이 어느 정도 자율권을 가질 필요성에 열정적인 관심을 두었다. 마르크스주의자들은 항상 조금 더 넓은 관점을 취하면서, 계급 집단들이 어떻게 사회에서 가장 기본적인지 또 노동계급이 현실에서 어떻게 스스로를 민족이나 다른 지역적, 문화적 단위로 분열시켜서 축소하는 그런 이해관계를 가지게 되는지를 강조했다.

D 차원 - 참여

(a) 직접 민주주의 제도와 대의제 민주주의 제도 사이의 균형, (b) 이두 기본적 형태 내의 다양한 변형들 사이의 균형이라는 두 측면에서, 집단적 의사결정의 과정에서 상이한 여러 민중적 참여의 형태들 사이의 균형은 어떻게 맞추어야 하는가?

슘페터적 서사들은 직접 민주주의에 대한 어떠한 필요성도 포함하지 않는다. 실로 선거와 대의 제도를 통해서 작동하는 상당히 엄격한 간접 민주주의에 대한 강조가 이러한 서사들의 **규정적인 특징**

에 가까웠다. 심지어 참여주의자들도 맥퍼슨(MacPherson 1977)과 나중의 벤자민 바버(Barber 1984)의 부분적인 예외를 제외하고는 직접 민주주의에 대해서 그다지 글을 쓰지 않았고, 단지 더 넓은 참여적인 명칭을 선호했을 뿐이다. 일부 마르크스주의 전통에서는, 가령 마르크스 자신의 1871년 파리 코뮌에 대한 서술을 선별해서, 지역적이고 직접적인 형태의 민주주의와 참여를 강조하기도 했다.

E 차원 – 책임성

책임성의 관계(accountability)는 어떻게 구성되어야 하는가? '책임'은 어떻게 주어지는가? 누구로부터 또 누구에게?

이 서사들에서 책임성은 선거에서의 '책임'과 관련된다. 참여적 서사는 기능적 집단들(예를 들면 같은 회사에서 함께 일하는 사람들, 어떤 정당의 당원 등)에게까지 책임성을 확장한다. 그러나 어느 경우든 책임성은 선거에 초점을 맞춘 공식적 절차로 이해되었다. 마르크스주의자와 여성주의자에게, '부르주아지' 또는 '가부장적' 책임성의 공식적 양태는 근본적인 사회적 권력의 불균형 앞에서 단지 제한적이고 명목적일 뿐이다.

F 차원 – 공과 사

공적 영역과 사적 영역 각각의 역할, 정치적 활동의 공식적 양태와 비공식적 양태 각각의 역할은 어떻게 이해되어야 하고, 건전한 민주적 구조가 필요로 하는 것들이라는 관점에서 어느 편이 무엇을 제공하는 것으로 보아야 하는가?

슘페터적 서사들은 그들의 관심사를 대체로 공적 영역의 민주주의에 대한 것으로 제한하는데, 여기서 공적 영역이란 정부와 국가의 영역을 말한다. 참여주의자들은 관심사를 국가를 넘어서 시민사회로, 특히 경제 영역으로 확장한다. 마르크스주의자들은 오래전부터 그 반대 방향에서 출발했다. 그들은 국가의 공식적 구조를 사회의 진정한 기관실, 곧 경제와 경제로부터 기원한 계급구조로부터 발생한 상부구조라고 보았다. 여성주의자들은 이 문제를 또다른 시각에서 민주주의의 핵심에 위치시켰다. 그들은 '사적'인 것을 더욱 깊게 파고 들어가서 '일신적인 것이 정치적이다'라고 제안하면서 이를테면 성(sexuality)과 가족의 정치를 포함했다.

정통적인 노선?

한번 되새겨보자. 이 여섯 가지 차원들은 민주주의의 상이한 비전들의 다양성을 식별하게 만드는 것이다. 이 차원들은 자부심 있는 민주주의 여하한 모델이나 이론들이 취하는 일련의 논점들을 대변한다. 자칭 혁신적인 이론들은, 이를테면 어떤 차원 내에서 강조하는 것들에 변화를 줄 것이다. 또는 어떤 한 차원의 중요성을 깎아내리고 다른 차원들의 중요성을 강조할 것이다. 또는 어떤 주어진 차원이 어떻게 이해되어야 하는지를 근본적으로 재해석할 것이다. 우리는 이 모든 세 가지 전략이 적용되는 사례들을 아래에서 논의할 것이다.

물론 이 핵심적인 논점들에 대한 대응은 역사적으로 몹시 다양하게 나타났다. 그렇다고 하더라도 슘페터적 서사들과 연관된 사유에 대해서 말해보면, 자유 민주주의적 정통의 일정한 노선— 일종의 '초기값' 민주주의—은 꽤 명확하다. 복잡한 주제를 과도하게 손상하지 않으면서, 우리는 이렇게 말할 수 있다. 현대 민주주의의 지배적인 서사는 일차적으로 대의 제도[D]를 지지하거나 수용하는 것을 그 특징으로 한다. 이와 연합하여 정치, 따라서 민주주의는 대체로 **국가의 공식적인 구조[F]** 내에서 발생하는 것으로 생각되어왔다. 여기서 국가 관할권의 공식적인 영역은 다수결의 원칙[B]에 기초한 일국의 영토적 단위[A]의 측면에서 정의되어왔는데, 다수결의 원칙은 표현, 결사의 권리 및 다른 기본적인 정치적 자유를 보장하는 것에 의해서 대체로 제한된다. 선출직, 임명직 공무원들은 **공식적이고 위계적인 책임성** 계통들의 맥락에서 상당한 정책 **재량권**을 행사한다[E]. 독자적인 영토적 하위집단들은 (그런 것이 있다 해도) 중앙 정부에 의해서 엄격히 제한된 특정한 범위 내에서만 **자율권을 누린다**[C].

나는 정통의 이 대강을 나의 주된 초점—21세기 민주주의의 핵심적인 혁신들—의 기준선으로 제안한다.

민주주의의 새로운 방향들

이 각각 혁신들에 대한 충실하고 상세한 설명들은 다른 곳에서 찾아볼 수 있다(뒤의 "참고 문헌"이나 "더 읽을거리를 위한 안내"를 보라). 여기서 나는 어디서, 그리고 어떻게 핵심적인 혁신들이 일어나고 있는지 간략히 지적하는 것만으로 만족하겠다.

숙의 민주주의

민주주의의 숙의 모델은 지난 10-15년 동안 민주주의 이론에서 새롭고 지배적인 가닥이었다. 이 모델은 우리가 민주주의의 다양한 차원들을 생각하는 것에 심대한 충격을 주었다. 아마도 책임성에 대한 문제에 가장 주목할 만한 영향을 끼쳤을 것이다[E]. 이 모델은 민주주의에 대한 지배적인 '집계적(aggregative)' 개념화, 즉 투표와 선거에 초점을 맞추는—본질적으로 머릿수를 세는—개념화가 심히 부적절하다는 우려로부터 (다양한 방식으로) 발생했다. 대신에 민주주의는 평등하고 포괄적인 토대 위에서의 **토론**을 포함해야 한다. 이러한 토론은 마땅히 쟁점들에 대한 참여자들의 지식과 타인의 이익에 대한 인식을 심화할 것이고, 또 참여자들에게 공적인 사안에서 적극적인 역할을 수행할 수 있는 자신감을 불어넣을 것이다. 숙의 민주주의는 단순히 인민의 선호들을 **반영하는** 선거 절차를 설계하는 데에 그치지 않고, 인민의 (어쩌면 불충분한 정보에 근거한) 선호들을 공개적이고 포괄적인 토론을 통해서 **변형시킬** 것을 기대한다. 숙의 민주주의는 인민들이 이미 가지고 있는 선호를 등록하기 위한 기제를 '단순히' 설계하는 것 이상을 추구한다.

숙의 민주주의에 관해서는 현저하게 다른 개념화들이 있다. 이론가들과 논평자들은 예를 들면 다음과 같은 쟁점에 관해서 차이를 보인다.

- 누가 숙의해야 하는가
- 토론을 지배하는 일정한 **합리성**의 기준 정도
- 숙의의 집단적인 목표(합의, 진리, 잠정적 동의?)

194

- 개인적인 목표(계몽, 자신감, 권한 강화[empowerment])
- 숙의적인 회합이 위치해야 할 적절한 장소(법정, 의회, 특별히 마련된 시민 회합, 정당들, 지역 공동체들, 피억압 집단들, 사회운동 내부, 국가 내부, 국가에 대항하여, 일국적 경계 내에서, 일국적 경계를 가로질러서)

공통된 정의에 대한 합당한 시도는 보만에 의한 것이다. "숙의 민주주의는, 널리 정의되기로는,……자유롭고 평등한 시민들의 공적 숙의가 정당한 정치적 의사결정과 집단적인 자치의 핵심이라는 동일 계열의 관점이다"(Bohman 1998, 401).

민주주의의 대부분 차원에 대한 우리의 이해에 숙의 민주주의가 주는 영향은 의미심장하다. 몇몇 버전은, 특히 드라이젝의 '담화적 민주주의'는, 국가적 혹은 다른 경계를 넘어서서 작동하는 민주주의에 대한 전망을 강화해왔다[A]. 아마도 문화적 경계 역시 가로질러 절차적 수단을 강조하면서 말이다. 그런 절차적 수단을 활용하면서, 이질적인 집단들은 의제와 대안의 적절한 토론을 중심으로 구축된 개방적이고 포괄적인 과정을 통해서 협력할 수도 있을 것이다[C].

민주주의에서 다수가 무엇을 할 수 있는지, 그리고 개인들이 다수에 대항하여 어떤 권리를 가지는지[B]라는 쟁점은 숙의적 개념화에서 독특한 위상—영향력이 있는 것으로 판명될 것 같은—을 부여받는다. 숙의주의자들은 일반적으로 헌법적 권리들이 보편적 지위와 적용가능성, 또는 일반적인 정당화를 가지는 것으로 당연시될 수 없다는 입장을 견지한다. 대신에 이 권리들은 숙의를 통해서 스스로를 정당화해야 하며, 이 점에서 헌법적 권리들은 **잠정적인** 지위에 머무르게 된다.[1] 동시에 숙의주의자들은 '다수'라는 관념 자체에도 물음표를 찍는다. 그들은 집합적 다수의 관점이라고 해서 민주적 관점에 특별한 가치가 있지 않다고 주장한다. 그것은 어떤 쟁점들에 대한 대중적인 무관심이나 편견을 단지 반영할 뿐이기 때문이다. 전통적인 물음이 "민주적 다수가 직면하는 헌법적 제약들이란 무엇인가?"였다면, 새로운 숙의적 버전은 '헌법적'을 '숙의적'으로 대체하면서, 헌법적 제약들의 지위를 숙의에 의한 수정에 열려 있도록 남겨둘 것을 제안한다.

어떤 의미에서 숙의적 개념화는 민주주의 이론에서 직접 민주주의 대 대의 민주주의 논쟁의 중요성을 축소시킨다[D]. 양자 각각은 만일 충분히 숙의적이지 못하다면, 민주적 목적에 비추어서 충분히 적절하지 못하기 때문이다. 모든 성인 시민은 동등한 **한 표**를 가질 것인데, 그렇다고 이들의 **목소리**가 민주적 숙의에서 동등한 비중을 가질 것인가? 이처럼 넓은 의미에서의 포괄성이 성취될 것인가? 모범적인 숙의의 장은 (때때로, 그리고 어찌되었건) 합리적 토론, 적절한 증거 등의 일정한 규준을 따르면서 대학의 세미나와 같은 것이 될 것인가? 만일 그렇다면, 무엇이 합리적 논의로 간주되는지에 대한 관념은 집단에 따라서 달라지기 때문에 숙의의 장은 배타적이게 될 것이다. 그 결과는 여하튼 통상적인 경쟁적 정치의 비합리성이 급속히 침투하게 될 것이다. 핵심적인 숙의의 무대가 고도로 다원적인 탈근대 사회들의 문화적 차이를 포용할 만큼 유연하고 포괄적일 수 있는가?

---

1) 이 시각은 거트먼과 톰프슨에 의해서 가장 두드러지게 옹호된다(Gutmann and Thompson 1996, 특히 276-277).

숙의적 개념화는 책임성에 대한 우리의 시각을 변형시켜왔다[E]. 숙의 민주주의는 선형적인 위계—예를 들면 공무원은 장관에게, 장관은 의회에게, 의회는 인민에게 책임을 지는 것—의 고유한 속성을 표출하기보다, 결정의 영향을 받는 사람들에게 **지속적인 해명, 설명, 또는 이유를 제공하는 것**으로서의 새로운 책임성을 강조한다. 그러므로 숙의 민주주의는 정보의 자유, 의회 절차에의 접근성, 대표와 유권자 사이의 연결을 촉진함에 있어서 방송과 인터넷의 역할이라는 주제들에 대해서 우리가 재해석을 하도록 촉구한다. 나아가서 숙의 민주주의는 누가 누구에게 설명하고 책임을 져야 하는지에 대한 우리의 관념을 훨씬 더 유연하게 한다(예를 들면, 선출직이 아닌 공무원이 다양한 형태의 숙의적 책임을 지도록 할 수 있다).

여섯 번째 차원[F]에 관해서 숙의 민주주의, 특히 저명한 독일의 사회이론가인 위르겐 하버마스(Harbermas 1996)의 저작에 영향을 받은 버전들은 비국가적인 공적 영역에서의 유동적이고 역동적인 '의견-형성' 과정의 중요성을 강조해왔다. 하버마스의 영향을 받은 일부 학자들은 이제 하버마스의 가장 최신의 틀을 넘어서, 공식적인 국가 구조들의 구속적이고 공식적인 경계의 바깥에 있으면서, 진정한 민주적 행위를 위해서 존재하는 더 넓은 지대(地帶)를 훨씬 더 강조한다. 존 드라이젝(Dryzek 2000)의 영향력 있는 '담화적' 모델의 핵심이 바로 그것이다.

이 관점에서 숙의적 개념화는 여섯 가지 차원 내에서 관점의 변화를 가져오기보다는 오히려 우리가 그 차원들로 **의미한** 바가 무엇인지를 다시 생각해볼 것을 촉구했다. 속함(소속), 권리, 참여, 책임성의 의미는 숙의적 파도에 의해서 심대하게 영향을 받았다. 그럼에도 중요한 의문이 남아 있다. 특히 중대한 질문 하나는 다음과 같다. 어디서 숙의가 발생하는가 또는 발생해야 하는가? 문헌들에서 다루어진 가능한 후보들은 다음과 같다.

- 인민의 대표적인 소수의 표본이 토론하고 어떤 경우에는 현안에 투표를 하기도 하는 '숙의적 여론조사'나 시민 배심원단과 같은 특별히 구성된 미시적인 회합
- 정당들 내부
- 국가적 또는 다른 의회들 내부
- 이를테면 유럽연합의 통치 구조에 있는 기구들과 같은 초국가적 위원회 네트워크
- 사적이거나 자발적인 결사들 내부
- 법정 내부 또는
- '고립된 보호구역', '하층 민중(subaltern)으로 구성된 대항 공중'[2] 등 다양한 '공적' 영역 내부, 다시 말하면 사회에서 억압받는 집단들 내부

숙의 민주주의자들은 누가 숙의를 해야 하고, 어디서, 또다른 의사결정 제도와 어떤 연결고리를 가지고 숙의해야 하는지에 대하여 계속해서 압박을 받을 것이다. 미국, 호주 및 다양한 서유럽 나라들

---

2) 맨스브리지의 용어에 따르면 "교회, 직장, 그때그때의 정치적 집합체, 의식화 집단뿐만 아니라 이익집단, 정당, 사회적 운동들은 다양한 형태의 고립된 보호구역을 제공한다. 고립된 보호구역이란 그 구성원들이 무엇이 전체 정치체에 좋은지뿐 아니라 무엇이 그들 각자에게 좋은지,⋯⋯무엇이 그들 집단에게 좋은지까지도 그들이 숙의하는 과정에서 정당하게 고려하는 곳이다"(1996, 57). 숙의의 잠재적인 장소의 많은 것들이 사워드(Saward 2000)에서 논의된다.

의 숙의적 여론조사와 시민 배심원단에 대한 끊임없는 실천적 실험들은 숙의적 이론 내부로부터의 '누가', '어디서'에 대한 일종의 응답을 제공한다. 그러나 때로는 급진적으로 다른 응답들을 제공하는 다른 방식들도 있다. 특히 이어지는 민주적 혁신들에서도 그렇다.

직접 민주주의

이제 민주적인 사고 내에서 가장 오래된 혁신으로 눈을 돌려보자. 직접 민주주의가 그것이다. 이론과 실천에 미친 영향의 측면에서, 이 분야의 최근 주된 혁신은, 버지(Budge 1996; 2000)가 설명하고 옹호하는 '정당-기반' 모델이다. 이 장에서 고려되고 있는 각각의 혁신들은 모두 직접 민주주의의 색조를 지니고 있다. 결사체 민주주의와 많은 생태적 비전들의 지역 지향적 정향은 '직접' 민주주의적 속성이 있다. 평범한 시민들이 참여한다는 점에서 숙의적 회합들 역시 그렇다. 국경을 가로지르는 국민투표의 필요성 또한 세계시민적 모델의 일부로서 논의되고 있다. 분명 현재 우리가 사용하고 있는 범주들은 물 샐 틈 없을 정도로 서로 엄격하게 구분되지 않는다.

버지가 이해하는 것처럼, 정당-기반 직접 민주주의라는 발상은 '인민'을 사실상 국가의 제3입법부가 되게 하는 것을 포함한다. 대의제적 입법부를 통과한 중요한 정책 제안이나 법안은 국민투표에 부쳐질 것이다. 발의된 안건은 단순 다수결이라기보다는 어떤 하한선(또는 압도적 다수)이 있는 기준에 따라서 국민투표를 통과해야 법안이 될 것이다. 이 체계에서 정당들은 선거직 공직을 위한 후보를 내고, 정부를 구성하고, 법안을 제안하는 등의 활동을 계속할 것이다. 그러나 버지의 체제에서, 정당들은 이런 여러 활동에 더하여 정기적인 정책 국민투표에서 그들이 선호하는 결과를 얻기 위하여 캠페인을 벌일 것이다.

버지는 이른바 '중재되지 않는' 직접 민주주의가 초래하는 문제점들을 피하기 위해서 고심한다. 중재되지 않은 직접 민주주의에서는 의회, 정당, 심지어 정부와 같은 대의제적 혹은 2차적 제도들이 필요하지 않거나 심지어 아무런 역할을 하지 않는 것으로 가정된다. 직접 민주주의의 비판자들은 이를 이유로 직접 민주주의가 유토피아적이라거나 작동불가능하다고 쉽사리 치부하곤 했다. 그러나 오늘날 직접 민주주의의 진지한 비전이라면 어느 것이든 반드시 직접 민주주의가 (예를 들면) 선출된 의회와 정당을 포함하는 더 큰 민주적 체계와 함께 작동하거나 혹은 더 정확히 말하면 이 체계의 일부로서 작동하는 것으로 스스로를 이해한다. 이 지점에서 우리는 이 모델이 민주주의의 재구성에 중대하게 기여했다는 것을 이해할 수 있다. 그것은 직접 민주주의와 대의 민주주의를 단순하고 강력하게 가르는 모든 구분을 효과적으로 무너뜨리고, 그와 더불어 직접 민주주의가 현대적인 조건에서 작동할 수 없다는 널리 퍼진 인식에 도전하는, 직접 민주주의에 대한 새롭고 실천적인 개념화를 주장한다.

정당 기반의 비전에서 국민투표를 통한 정책적 책임성의 직접적 형태들([E] 차원)은 훨씬 더 실현가능성이 커지고 또 바람직하게 될 것이다. 이제 인민들은 훨씬 더 교육받았고 그래서 정책들에 대해서 합당한 선택을 (특히 여전히 정당들에 의해서 안내를 받는다면) 할 수 있기 때문이다. 기술의 발전은 시민들의 토론과 의사결정 능력을 촉진할 것이다. 비록 '원격 민주주의(teledemocracy)'로의 쉽고 명백한 경로는 없을지라도 말이다(Arterton 1987). 이것이 시사하는 바는, 적절한 정보에 대한 광범위한 접근가능성 및 활용 능력의 증대와 결합된 높은 수준의 시민 교육이, 정부의 중요한 발의들이 법안으로 제정되기 이전에 국민투표에 부쳐져야 한다는 시각을 정당화하고 또 실천이 가능하도록 만든다는 것이다.

혹자는 직접-대의의 구분이 미래의 선진 국가에서는 정말로 덜 중요하게 되고 또 덜 중요해보이게 될 것이라고 추측할 수도 있다. 이는 부분적으로 직접 민주주의가 현실적으로 기능하기 위해서는 간접적(대의적, 행정적, 촉진적) 기구들을 필요로 한다는 사실, 그리하여 직접적 의사결정의 범위를 넓히려는 압력이 적절한 간접적 구조들을 강화할 것이라는 사실을 반영한다. 혹자는 대화, 논의, 숙의에 대한 강조가 아주 엄밀한 대의-직접의 구분을 계속해서 약화할 것이라고 첨언할 법도 하다. 비록 투표와 선거의 중요성은 일반적으로 남아 있을 것이지만 말이다.

국민투표라는 형태로서의 직접 민주주의는 다양한 유형으로 나타난다. 만일 국민투표가 원칙적으로 바람직하다면, 그것이 어떻게 사용될 것인지에 대한 몇 가지 기본적인 선택들이 이루어져야 할 것이다. 우선은 아래의 문제를 생각해보아야 한다.

- 사안에 따라서 국가적, 지역적, 지방적 차원에서 실행될 것인가?
- 정부에 의해서 통제될 것인가? 혹은 시민 주도의 결과(청원)가 아니면 어떤 형태의 독립적인 위원회가 통제하는가?
- 헌법적 사안들(이를테면 누가 투표권을 가지느냐와 같은 체계의 기본적 규정들)에만 한정해서 국민투표를 할 것인가? 아니면 (일상적인 법률 같은) 여러 입법적 문제들도 포괄하도록 확장할 것인가?

- 정부를 구속하고 따라서 정부가 그 결과를 법제화하도록 할 것인가? 아니면 단순히 자문 역할로 제한하여 정부가 원한다면 그 결과를 무시할 수 있도록 할 것인가? (또는 사안에 따라서 양자를 다 사용할 것인가?)
- 사안을 단 한 번의 투표로 결정할 것인가? 아니면 다시 투표에 부칠 수 있게 해서 시민들의 변화하는 태도를 반영하도록 할 것인가?

추가적으로, 국민투표가 실시되어야 하는 맥락에 관한 구체적인 질문들이 언제나 제기될 것이다. 이를테면 국민투표로 확인하고자 하는 질문은 어떻게 짜야 하는가? 모든 당사자를 위한 대체로 동등한 홍보를 어떻게 이룰 것인가? 또 언제가 적절한가?

어떤 형태의 직접 민주주의를 활용하든 그에 대한 수많은 반대가 존재한다. 그 일부를 간략히 검토해보자. 첫째로, 시민들은 복잡한 정책 현안을 다룰 만한 자격이 없다거나 능력이 충분하지 못하다는 주장이 종종 제기된다. 여기에 확정적인 답은 없지만 하나의 답변으로서 선출된 대표들이 (특히 예를 들자면, 시민 법정 같은 특별한 숙의적 회합을 상상력 풍부하게 사용하는) 일반 시민들보다 능력이라는 측면에서 반드시 훨씬 앞서지는 않는다고 말할 수 있다. 강력한 정당 체계에서 선출된 대표들은 독립적인 판단력을 행사하는 것을 현실적으로 방해받는다. 게다가 (방사능의 효과 같이) 복잡한 문제들을 완전히 이해하고 그 해결책에 동의할 수 있는 중립적인 전문가 기구가 존재한 적이 있기라도 한지 물을 수도 있을 것이다. 어쩌면 직접 민주주의가 복잡한 문제들에 관한 더 많은 전문지식을 가져올 수도 있지 않을까? 또, 버지가 지적한 것처럼 정보시대에 이제

시민들은 더 잘 알게 되거나 또는 적어도 정보에 접근할 준비가 더되어 있지 않은가?

둘째로, 직접 민주주의로 인해서 불관용적인 포퓰리즘적 다수가소수자 집단을 핍박하는 결과를 야기할 것이라는 주장도 종종 제기된다. 답변하자면, 직접 민주주의는 시민들, 특히 취약한 소수자 시민들이 그들의 기본적 권리를 박탈당하는 것을 의미하지 않는다고말할 수 있다. 대략 3분의 2의 주들에서 국민투표가 시행되는 미국은 국민투표를 통과한 법안이 인민의 권리를 침해한다고 판단하면법정에서 그 법안을 지체 없이 폐기한다.

셋째로, 직접 민주주의는 투표의 일정한 논리적 문제들을 피해가지 못한다. 실제로, 직접 민주주의가 특히 이러한 문제들에 취약하다고 보는 사람들이 있다. 본질적으로 난점은 '인민의 의지'를 찾아낼 중립적인 혹은 믿을만한 방법이 없다는 것이다. 결과를 만들어내는 절차의 구체적인 형태에 결과가 부분적으로 달려 있다는 점에서,모든 선거와 투표 체계는 어느 정도 자의적(恣意的)이다. 더 정확히 말하면, 선거에 세 명 이상의 유권자와 세 명 이상의 후보자(또는국민투표에서 셋 이상의 선택지)가 있을 때, 각 후보자가 다른 후보자에게 패배하는 '순환'을 회피할 길이 없고, 그래서 '과반수' 승자가없게 된다는 것이 증명되었다(McLean 1986; Budge 2000). 일부 논자들은 투표 순환을 직접 민주주의에 반대하는 결정적인 문제라고이해해왔다. 이 주어진 논리적 문제들을 전제로 할 때, 어떻게 다수의 참된 선택을 발견할 수 있을 것인가? 그러나 이것이 왜 대의 민주주의보다 직접 민주주의에 더 문제인가? 우리는 여전히 대표를 투표로 뽑으며, 우리가 아는 한 우리의 표는 종종 순환적일 수 있다(대부분의 경우 우리는 이를 알 수 없는데, 왜냐하면 이를 알기 위해서는 모든 후보나 선택지에 대한 대부분의 유권자의 선호 순서를 알 필요가 있기 때문이다). 순환은 정당 이데올로기들에 의해서 부분적으로 회피될 수 있는데, 이데올로기들은 정책 문제를 단일 '차원'의 선상— 좌-우의 차원—으로 끌고 오기 때문이다. 만일 단일 차원으로 구성할 수 있다면, 그 차원에서 과반수 승자를 가려내는 것은 논리적으로 항상 가능할 것이다. 버지의 혁신은, 정당들이 정책 현안을 결정하기 위해서 국민투표를 널리 사용하는 체계에서도, 그들에게 더 친숙한 대의제 체계 못지않게 활발하게 활동한 것이라는 점을 지적했다는 것이다.

넷째로, 직접 민주주의는 특수 이익이나 선동꾼들(demagogues)에 의한 조작에 취약한가? 이는 미국에서 흔히 제기되는 비판이다. 그러나 다른 한편으로는, 그럴듯한 해설과 뉴스 관리를 중심으로 구축된 대의제 체계 내의 현행 정치 과정들 역시 그 자체로 상당히 조작적이다. 임박한 국민투표가 쟁점에 대한 공적인 논쟁을 유발하는 한, 그렇다면 아마도 그런 논쟁이 골치 아픈 수준의 조작에 대한 방어벽으로 작용하는 경향이 있을 것이다. 마지막으로, 직접 민주주의가 대의 정부를 전복시킨다는 주장이 있다. 그러나 단언컨대 꼭 그럴 필요는 없다. 많은 것들은 민주주의가 널리 수용되고 옹호되는 정도 등과 같은 맥락에 달려 있을 것이다. 그것은 아주 쉽게 반대 방향으로 작동할 수 있다. 다시 말하면 직접 민주주의는 대의제 체계의 정당성을 보강할 수 있다. 직접 민주주의와 대의 민주주의는 상호 배타적인 대안이라기보다는 오히려 상호 보완적인 장치이다.

세계시민적 민주주의

데이비드 헬드(Held 1995)는 미래에 민주주의의 건강은 지방적, 일국적, 지역적, 지구적 수준에서 공통된 일련의 민주적 권리와 의무의 확립과 방어에 달려 있다고 강력하게 주장한다. 인민들이 갈수록 국민국가의 통제를 벗어난 결정과 조치에 의해서 영향을 받고 있는데, 세계시민적 민주주의(cosmopolitan democracy)로의 진전은 인민들이 그런 결정과 조치에 자신들의 발언권을 강화할 수 있는 역량을 심화할 수 있다. 관련된 권리들은—자치의 원칙에 기반을 둔— 시민적, 정치적인 것부터 문화적이고 재생산[임신, 출산, 낙태 등]과 관련된 권리까지 포함한다. 제도적인 용어로 말하자면, 헬드는 지역과 지구적 수준에서 작동하는 효과적이고 새로운 법정과 의회를 제안하는데, 그 제도들은 이러한 권리들과 기회들을 '정치적 행위의 공통된 구조'의 일부로서 확립하고 제도화할 것이다.

헬드가 다루는 이 사안들은 기본적이면서도 동시에 복잡하다. 많은 나라들을 가로지르면서 사람들에게 심대한 충격을 주는 정치적, 경제적 사태 전개들에 관해서 민주적으로 구성된 초국가적인 정치적 실체가 없는 상태에서, 민주적 동의—그와 더불어 민주적 정당성—가 어떻게 확보될 수 있는가? 만일 일국적 차원을 넘어서는 거버넌스 수준에 민주적 권리, 원칙, 제도를 확장하고 도입하지 않는다면, 사실상 모든 국제적인 정치 기구들의 '민주적 결손'은 어떻게 효과적으로 다루어질 수 있는가?

헬드는 특히 [A]와 [B] 차원을 혁신한다. 정치적 공동체라는 사안에 관해서 세계시민주의자들은 민주주의가 일차적으로 무엇보다도 국민국가에만 적용될 수 있는 것으로 이해되는 것을 넘어서, 지방부터 지구적인 다른 수준에까지 똑같이 적용가능한 것으로 이해되어야 한다고 주장한다. 다수결의 원칙과 시민의 권리에 관해서 어떤 수준에서든 민주적 다수가 폭넓게 이해된 일련의 자율권을 침해하는 것은 반드시 제약을 받아야 한다. 지방적인 것에서부터 지구적인 것까지 입법부와 법정의 중첩된 층위에 관해서 (아직 충분히 발전하지 못한) 세계시민적 시각은 연방주의에 대한 독특한 시각을 제공하기도 한다(헬드는 그의 세계시민적 모델이 '연방주의와 연합주의 원칙 사이의' 어떤 것과 관련이 되어 있다고 기술한다; 1995, 230). 이 개념들이 단순히 일국적 맥락을 넘어서도 적용가능하다고 생각해보는 것은 분명 흥미로운 일이며, 그래서 이 모델을 옹호하는 논변을 간략히 살펴보는 것은 우리의 [C] 차원에 관해서도 물론 혁신적이다.

'초기값'과 비교해서 이 세계시민적 혁신은 얼마나 설득력이 있는가? '지구화'의 성격과 범위를 둘러싼 논쟁을 제쳐놓는다고 하더라도, 민주적 시민권이 일국적 수준을 넘는 정도에서 전통적인 방식으로 작동할 수 있는지 여부에 대한 물음들이 제기될 것이다(Kymlicka 1999; Wendt 1999). "국제 조직은 민주주의가 아니며 아마도 민주주의가 될 수 없다"라고 주장하는 달과 같은 사람들은 여기서 더 나아간다(Dahl 1999, 19). 달에 따르면, 우리가 국제적인 조직들과 과정들이 다음과 같은 조건—평범한 사람들의 삶에서 몹시 떨어져 있고, 또 대다수의 사람들이 다루는 사안들의 복잡성을 이해하기 힘들며, 다양한 민족들과 국가들이 관여하기 때문에 최선의 경우에도 공통의 이익을 타결하기 어려운 조건—에서 작동한다는 점을 고려한다면, 우리는 세계시민적 모델이 과도하게 낙관적인 경향이 있다고 결론을 내릴 수밖에 없다.

만일 첫 번째 차원에 대한 헬드의 혁신이 열띠게 논쟁된다면, 두 번째 차원에 대해서도 그에 못지않을 것이다. 헬드가 반드시 헌법적인 보장을 받아야 한다고 (또는 다수결의 손아귀에서 벗어나야 한다고) 주장한 권리들의 범위가 너무 넓기 때문에 제기되는 논점들이 있다. 민주주의와 다수가 결정할 수 있는 것에 대한 헌법적 제약 사이에 내재적인 긴장이 없다는 점은 사실이다(Saward 1998, 제3장). 그러나 만일 민주적인 일련의 권리들이 우리에게 친숙한 시민적이고 정치적 권리들—이를테면 언론의 자유와 1인 1표의 원칙—을 넘어서 훨씬 멀리까지 확장된다면, 우리는 '정상적'인 민주정치[다수결]의 영역에 거의 틀림없이 속하는 사안들도 반드시 법정에서 해결해야 하는 '미끄러운 비탈길의 오류'에 빠진 자신들을 발견하게 될 것이다. 간략히 말하자면, 세계시민적 모델은 헌정주의와 민주주의 사이의 균형을 헌정주의에 유리한 방향으로 옮겨놓는 것처럼 보인다.

덧붙이자면, 헬드가 헌법에 명문화할 것을 제안한 몇몇 구체적인 권리들은 특히 논쟁의 여지가 있는 것으로 판명될 수 있는데, 이를테면 "출산을 통제할 수 있는" 권리나 "최저 소득을 보장받을" 권리 등의 제안이 그렇다. 비록 헬드는 이 권리들이 반드시 "특정 사회의 전통과 가치 및 발전 수준을 사려 깊이" 고려하는 방식으로 제정되어야 한다고 주장하지만(Held 1995, 201), (공통의 권리에 근거한) "정치적 행위의 공통된 구조"에 대한 필요성과 어떤 **특정한** 공통된 구조 사이에 모종의 균열이 있는 것처럼 보인다. 주장하건대, 지역적 혹은 지구적 규모에서의 행위의 공통된 구조는 (a) 헬드가 제안하는 것처럼 보이는 것보다 더 '엷거나' 또는 더 최소주의적이어야 하며, (b) 그 내용보다는 절차에 더 관심을 쏟아야 할 것이다.

매우 빈번하게도 민주주의의 중요한 차원들 가운데 한 차원에서의 내부적인 논쟁이 다른 차원들에 관한 논쟁으로 번지거나 각 차원의 상대적 중요성에 대한 논쟁으로 번진다. 드라이젝(Dryzek 2000)은 헬드의 정치적 단위의 4가지 중첩된 층위들은, 친숙한 정부 기구들과 중복된 관할권들의 배치로 인해서 적절하지 못하다고 주장한다. 그 층위들이 전통적인 국민국가 모델—즉 구체적인 물리적 경계 내에서 연결된 영토적 단위의 공식적인 정부—을 복제하고 있기 때문이다. 드라이젝이 보기에 국가와 같은 구조는 지나치게 경직되어 있기 때문에, 초국가적인 민주화는 초국가적인 **시민사회**에 더 의존해야 한다(부분적으로 이는 [A] 차원의 쟁점들을 [F] 차원의 쟁점들에 종속시킴으로써 다루는 것이다). 드라이젝에게 비공식적이거나 국경을 가로지르는 비국가적 네트워크에서의 '담화적 민주주의'는 초국가적 영역에서의 민주화의 미래를 대표한다. 데니스 톰프슨 역시 헬드 모델에 비판적인데, 톰프슨이 생각하기에 헬드 모델이 정치적 권위를 분산시키는 것은 책임성의 소재를 더욱 불분명하고 복잡하게 할 뿐 아니라([E] 차원과 관련된 논점), 헬드 모델이 숙의 민주주의의 발상을 충분히 다루지 못하고 있기 때문이다. 국경을 가로지르는 투표를 어떻게 조직화할 것인지를 알기는 어렵다. 그러나 상호 관심사에 대해서 국경을 가로지르는 대화나 숙의를 조직화하는 것은 (주장하건대) 더 쉽다. 톰프슨이 생각하기에 국제적인 책임성과 의사결정은, 예를 들면 "어떤 국가가 [외국의] 대표들로 하여금 외국의 평범한 시민들을 대변해서 말할 수 있게 하는, 그리하여 그들의 주장을 제시하고 또 본국 대표의 반대 주장에도 응답해주는 포럼을 설립할 수 있다면"—"시민이 아닌 사람들을 위한 일종의 호

민관제도를 도입한다면"—강화될 수 있다(1999, 121-122).

우리는 세계시민적 모델이 어떻게 정치이론의 초점을 [A] 차원으로 옮기기 시작했는지 대략 알 수 있다. 세계시민적 모델의 비판자들도 이 모델이 다루고자 하는 문제들이 진정한 문제들이라는 점을 대체로 받아들인다. 동시에 우리는 세계시민적 민주주의를 설득력 있는 비전으로 받아들이기 위하여 지구화 논제의 강력한 버전을 수용할 필요는 없다. 초국적인 민주적 형태들이 비록 멈칫거리기는 하겠지만 지속적으로 발전하지 않을 것이라거나, 세계시민적 모델을 추동하는 동기들이 약화될 것이라고 예상하기는 어렵다. 그러나 이 맥락에서 진화할 민주주의의 유형은 아마도 헬드가 제시한 것과는 다른 틀로부터 나오는 모종의 것이 될 것이다. 그 과정에서 무엇을 '민주주의'로 간주해야 하는지에 대한 우리의 생각 역시 변형될 것이다. 예를 들면 달(Dahl 1999)과 허스트(Hirst 2000)가 그런 것처럼, 만약 민주주의가 초국적 차원에서 전통적인 의미에 따라서 작동할 수 있는지 여부에 대한 회의적인 태도를 취한 것이 옳다면, 아마도 민주주의는 유권자의 투표라기보다는 이유를 설명하는 책임성의 형태, 대표로부터 유권자로의 책임성이라기보다는 공직자로부터 공직자로, 공직자로부터 집단으로의 책임성의 형태를 의미할 (의미해야만 할) 것이다.

생태학적 민주주의

정치적 생태주의자들은 민주주의의 새로운 3차원 모델을 제시하지는 않지만, 대신 민주적 정통에 대한 승인과 동시에 그것에 대한 일련의 집중적인 비판을 제공한다. 이 비판들 중 많은 부분은 세계시민적, 숙의적 관심사들과 공명한다.

녹색 정치이론가들은 일반적인 녹색주의자들과 마찬가지로 (앞장에서 우리가 살펴본 대로) 우리가 아는 대의 민주주의의 이론과 실천에 대하여 몹시 비판적인 입장을 보여왔다. 녹색 정치사상의 초기 이론적 흐름은 더 많은 직접 민주주의, 정치적 권위를 지방 공동체로 이양하는 급진적 지방분권화, 급진적인 풀뿌리 정당 조직 그리고 농촌에서 아테네를 모델로 한 작은 면 대 면 의회에 대한 요구로 특징지어진다(Bookchin 1982; Sale 1985). 그렇지만 1980년대 초반부터, 녹색 정치이론들은 민주적 규범 및 실천과의 관계에 있어서 이전과는 다른 미묘한 차이를 지닌 입장을 발전시켜왔다. 오늘날 생태주의는 민주주의를 대체하는 것이 아니라 그것을 변용하고 혁신하고 심화하는 것을 강조한다. 즉 민주주의를 인간이 아닌 것의 이해관계에 공정하고 포괄적인 것으로 만들고자 하며, 민주주의를 '광적인 인간중심주의(human chauvinism)'를 넘어서도록 만들고자 한다. 따라서 우리가 제시한 민주주의의 차원들 중 일부와 맞물린 혁신이 높은 우선순위를 부여받아왔다. 특히 이 혁신은 민주적 **절차들**을 다시 생각해보는 것과 관련이 있는데, 그것은 구딘이 표현한 바 있는 민주주의에 대한 녹색의 커다란 애착이라는 관심사와 맥락을 같이 한다. "민주주의를 지지하는 것은 절차를 옹호하는 것이고, 환경주의를 옹호하는 것은 실질적 결과를 옹호하는 것이다. 앞의 절차가 뒤의 종류의 결과들을 산출해낼 것이라고 우리는 어떻게 보장할 수 있는가?"(Goodin 1992, 168).

생태주의의 중요한 강조점들은 [F] 차원에 대해서 제기된다—공적인 것 또는 사적인 것, 국가 또는 시민사회? 국가가 생태학적으로 지속가능하지 않은 경제적, 군사적, 발전주의적 구속에 크게 얽매어 있다고 의심하면서, 드라이젝은 시민사회를 지향하고 시민사회 내에서 작동하는 민주화의 모델을 선호한다. 여기서 그가 제안하는 바에 따르면 민주화는 (여하튼 서구에서는) 국가의 공식적 구조 내에서 아마도 최대한 진전되었기 때문에, 추가적인 민주화는 (그리고 환경 문제에서의 진보는) 대신 시민사회 안에서 전개될 수 있고 또 그래야 한다는 것이다. 이러한 조치들에 대한 드라이젝의 사례는 예를 들면 남아메리카 열대우림에서의 생물자원 수탈을 공격의 목표로 삼는 일국적 경계를 가로지르는 비국가 조직의 네트워크에 집중되어 있다.

[B] 차원에 관하여, 녹색주의자들은 민주주의가 자기 구속적인 개념이 되어야 한다는 데에 동의한다. 이는 녹색주의자들이 민주주의가 민주주의 자체를 보호하기 위하여 스스로를 제약할 필요가 있다고 생각하는 것을 의미한다. 다수는 단순히 무엇이든 할 수 있는 것이 아니며, 따라서 시민의 권리를 정당하게 유린할 수 없다. 그러나 이 시각을 받아들이면서도 녹색주의자들은 민주주의에 특유의 생태학적 해석을 가한다. 만일 어떤 체계가 참된 민주주의가 되기 위해서 다수가 일정한 방식으로 제한되어야 한다면, 왜 **생태학적** 제한은 민주적 정부를 억제하는 헌법 조항 묶음의 일부가 될 수 없는가? 환경적인 위해나 파괴로부터의 자유는 그것이 민주적 공동체가 번영하기 위한 필요조건으로 인식된다면 왜 표현의 자유와 유사하게 민주적 사고의 만신전(萬神殿)에 안치될 수 없단 말인가(Eckersley 1996)?

더욱이 (특히) 인간이 아닌 자연과 미래 세대의 매우 중요한 이익이 '목소리'를 낼 수 있도록 하기 위하여 친숙한 대의 제도가 수정될 수 있고, 그래야 한다는 주장이 제기되어왔다. 이를테면 이는 **자연의 대리 대표제**를 통해서 작동할 수 있다. 즉 민주주의란 바로 영향을 받는 존재들의 이해관계를 대표하는 것이기 때문에, 자연계의 인간이 아닌 존재들의 이해관계에 반하여 그것들을 배제하고 그리하여 차별하는 일은 부당하다는 논거에 따라서, 이해관계를 가지는 유권자들(예를 들면 환경운동단체의 구성원 같은)이 인간이 아닌 자연물을 대표하는 것을 업무로 하는 의회의 구성원을 선출하는 것이다(Dobson 1996b). 명백히 이런 발상은 대의 제도를 개조함으로써 대의 제도와 대의 민주주의의 중요성을 강화한다([D] 차원). 이에 앞서―실로 그것의 조건으로서―정치 공동체의 구성원이 된다는 것이 무엇을 의미하는지에 대한 근본적인 해석이 정면에서 도전받고 있다([A] 차원의 핵심적인 측면). 새롭고 다중적인 운명 공동체라는 발상이 여기서 중요하다. 환경적 상황은 사람, 동물, 그리고 사람이 아닌 나머지 자연물의 운명들을 숙명적인/벗어날 수 없는 공간에서 연결한다. 이렇게 볼 때 민주주의의 경계는 오랜 시간에 걸쳐서 고정적이고 또 안정적으로 알려진 것이라기보다는 오히려 유동적이고 가변적이며 예측하기 어려운 것이다. 그리고 이와 관련하여 책임성의 의미와 여러 잠재적인 가능성([E] 차원)은 녹색 사상에서 급진적으로 확장된다. 인간이 아닌 자연의 이해관계에 대한 책임성, 세대를 가로지르는 책임성, 번영하는 공동체의 구체적인 상황에 대한 헌법적 책임성 등 이런, 그리고 다른 의미에서 책임성 역시 대의제와 마찬가지로 녹색 사상가들에 의해서 새롭게 질문의 대상이 된다.

이런 자칭 혁신들 중 많은 것이 녹색 이론가들에 의해서 민주주의 사고에 편재(遍在)하는 숙의적 흐름과 연결된다. 에커슬리에 따르면, 숙의적 접근법은 장기적인 시각을 촉진할 있게 하며, 숙의하는 사람들로 하여금 (자연을 포함한) 타자들의 이해관계를 듣고, 이상적으로 이해하도록 한다. 여기서, 주변화된 것들의 포함을 강하게 주장함으로써 대의제의 혁신을 숙의로 연결하는 것은 아주 긴요하다. 여기서 가장 커다란 도전은 돕슨식의 대리가 아니라면 어떻게 의회와 관료 체계에서 정책결정을 하는 절차에 사람이 아닌 것의 이해관계를 민주적으로 포함할 것이냐는 점이다. 에커슬리는 이를테면 많은 혁신적 메커니즘을 제창하는데, 그것들은 "환경방어국(Environmental Defence Office)", 상당한 생태적 위협을 야기할지도 모르는 조치들에 대처하는 "예방적 원칙"의 헌법적 확립을 포함한다(Eckersley 2000). 명백하게, 생태학적 민주주의의 이렇게 복잡한 비전은 민주주의의 핵심적인 여러 차원의 범위를 가로지르는 혁신을 요구한다. 이 혁신들 중 일부는 친숙한 것들—예를 들면 법적 권리들—을 변경하는 것과 관련된다. 자연의 대리 대표제 같은 다른 것들은 더 유토피아적인 모습을 띠고 있다. 그런데 얼마나 오래 걸릴 것인가? 환경적인 의식과 지각의 최근 발전 속도를 고려할 때, 20년 이내에 생각할 수 없었던 것이 생각할 수 있는 것이 되고 심지어 필수적인 것으로 보이게 된다고 해도 그것은 크게 놀랍지 않을 것이다.

현존(그리고 '차이'의) 정치

'현존의 정치'(그리고 그와 관련된 '차이의 정치') 주창자들은 숙의 민주주의자들처럼 자유 민주주의가 전통적으로 민주적 시민을 어떻게 근본적으로 서로 동일하다고 간주해왔는지에 관해서 비판적이다. 자유 민주주의에서 시민이란 국가 구성원 자격이 있다는 이유로 권리와 의무를 가지는 사람이기 때문이다. 성별, 종족, 언어, 문화, 종교 등 어떤 특정한 특징도 시민의 범주와 연관되지 않는다. 여성주의적, 다문화주의적 비판자들은 이처럼 겉보기에는 중립적인 시민권(시민됨)의 관점에 도전하면서, 그것이 평등한 대우에 대한 조금 더 세련된 시각에 고도로 연관되어 있는 차이들을 은폐함으로써, 사회적, 문화적 배제와 불평등의 과정을 은폐한다고 주장한다.

필립스(Phillips 1995)에게는 많은 서구 민주국가들의 (대의제적 의회 같은) 공식적 정치 기구들에서 (예를 들면) 여성과 인종적 소수 집단들이 상대적으로 배제되는 것에 대한 중요한 대응은 '이념의 정치'를 '현존의 정치'로 보충하는 것이다. 우리에게 널리 친숙한 정당과 의회 정치는, 필립스의 주장에 따르면 대표들이 누구인지보다는 대표들이 무엇을 하는지에 관한 것이며, 대표들의 젠더, 인종, 종교 등에 관한 것이라기보다는 대표들이 강조하는 이념(또는 정책이나 이데올로기)에 관한 것이다. 필립스의 시각에서, 이념을 대표하는 것을 훨씬 더 크게 강조하는 것은 더 이상 충분하지 못하다. 대신에 현존의 정치를 촉진함으로써 "기존에 배제되었던 목소리들을 포함하는 것"을 다루는 것의 중요성을 제고해야 한다(1995, 10). 의회는 전체 인구를 폭넓게 반영하는 젠더, 종족(등등)의 구성체여야 한다. 만일 더 많은 여성과 흑인 의원들이, 예를 들면, '여성' 또는 '흑인'의 이해관계에 대한 모종의 신화적인 본질주의적 시각을 반드시 대표하지는 않는다고 하더라도, 대표라는 것은 정의(正義)가 그렇듯이 실행되는 것은 물론 실행된 것처럼 보일 필요가 있다(1995, 82).

만일 필립스의 접근법이—대의제적인 입법부에서 이전에 상대적으로 배제되었던 자들의 목소리의 현존을 강화하는 실천적인 변화를 지지한다는 점에서— 기본적으로 개혁주의적이라면, 영의 접근법은 조금 더 급진적이다(그리고 어쩌면 꼭 집어 말하기가 더 어려운 것도 같다). 영은 집단들 사이의 차이를 충분히 고려하는 숙의 민주주의 형태의 중요성을 강조해왔다— 실제로, 영은 자신이 선호하는 개념화를 "소통적 민주주의(communicative democracy)"라고 불러왔고, 이 대안적 모델이 "숙의 민주주의 너머"로 나아갈 것이라고 말했다(Young 1996). 필립스가 (예를 들면) 입법부 내에서 여성이 대표되는 것을 강력하게 보장하는 것에 대하여 조심스러운 데에 반해서, 영은 "정치적 평등에 대한 공약은 민주적 제도와 실천이 사회 집단들을 대표하는 것을 명시적으로 포함하는 조치를 수반해야 한다"고 주장한다. "이 사회 집단들의 입장들은 이러한 조치가 없다면 토론에서 표출되지 못하고 배제되기 십상이기 때문이다"(Young 2000, 148). 영의 이전 연구는 주변화된 집단들의 구성원을 위해서 입법부 내에 일정한 수의 의석이 따로 마련되어야 한다는 요구를 포함하고 있었다. 영은 이 입장으로부터 이동했는데, 원칙은 여전히 지지하지만 그것을 달성하는 수단에 대해서는 좀더 유연해졌다. 이를테면, 대선거구에 기초한 비례대표제 형태는 집단들의 특징들을 허구적인 본질로 '동결해버리는' 경향을 피할 수 있게 만든다는 것이다(Young 2000, 148-153).

'차이'와 '현존' 이론들은 다양한 방식으로 세계시민적 비판이나 숙의적 비판을 보강하거나 아니면 그들로부터 이탈하면서 여섯 차원을 가로질러서 민주주의의 정통에 도전한다. 이들은 현대 서구 국가들의 인구구성이 적어도 문화적으로나 다른 방식으로 고도로 분화되고 다변화되었다는 점을 강조한다. 따라서 동질성이 아니라 사회적, 문화적 다원성이 민주주의의 모델이 직면해야 하는 도전이다[A]. 두 번째인 [B] 차원에서는 몇몇 '차이'의 논리가 민주적 다수가 무엇을 할 수 없는지에 대한 헌법적 한계의 '목록'에 집단적 권리, 어쩌면 심지어 집단적 거부권을 추가할 수도 있을 것이다. 이는 논쟁의 여지가 있는 조치인데, 개인주의와 개인적 권리들이 역사적으로 민주주의를 성취하고 심화하기 위한 투쟁에서 (노동조합과 같은) 집단들의 중요성을 무시할 수 없지만, 근대라는 기간 내내 민주주의의 이념을 아래로부터 강력하게 떠받쳐왔기 때문이다. 그러나 오늘날의 민주주의는 오랫동안 변두리에 머물러온 집단들의 이해관계를 급진적으로 바로잡아주기를 요구할 것인가? 또, 이러한 요구가 가지는 반-다수결주의적 성격에도 불구하고 평등의 원칙 내에서 이 요구가 가지는 강력함이 그 요구에 민주적 신임(democratic credibility)을 부여할 것인가?

'차이' 민주주의자들 사이에서 대의제를 다시 생각해보고자 하는 발상들은 영토적/연방제적인 형태의 하위집단의 자치 형태에서 '정체성' 집단으로 강조점을 옮기는 데에 분명한 영향을 끼쳤다[C]. 또한 흥미롭게도 그 발상들은 (이 이론가들이 이해하는 것처럼) '대의제' 자체의 개념을 변용함으로써 직접 민주주의의 형태보다는 대의 민주주의 형태를 떠받친다[D]. 책임성에 관해서[E] 이들은 우리가 민주주의의 정통을 이중적으로 변용할 것을 압박한다. 첫째, 공식적이고 위계적인 선상에서 답변하는 것이라기보다는 지속적으로 이유를 제공하는 것으로서의 책임성을 강조하는 숙의적 접근법이 채택된다. 둘째, 숙의적 접근법은 집단-내부의 책임성이라는 발상을 추가함으로써 심화되는바, (예를 들면) 흑인 대표자들은 집단적 대표제라는 더 큰 체계 내부에서 자신들의 행위를 흑인 유권자들에게 정당화할 것을 요구받는다. 같은 이유로, 이 접근법들은 시민사회 내의 중요한 구분과 사회적 불평등을 국가 내의 민주적 구조를 수정함으로써 다룰 수 있는 방식들을 제공한다고 말할 수 있을 것이다[F].

중범위 이론에서, '현존의 정치'는 프랑스, 영국, 미국과 같은 다양하고 다문화적이며 신앙도 다중적인 사회들에서 민주주의의 정통에 대한 강력한 도전들을 부각시킨다. 정치적 대의제가 '현존'의 요구를 반영하기 위하여 재조형되어야 방식에 대해서는 논란이 뒤따른다. 여기에 필연적으로 여러 제도적 개혁이 이어지리라고 기대해볼 수 있을 것이다.

결사체적 민주주의

허스트(Hirst 1994), 코언과 로저스(Cohen and Rogers 1992)의 저작에서 가장 주목할 만하게 제시된 결사체적 민주주의의 비전들은 정치이론가들과 정책결정자들 사이에서 강력한 영향력을 꾸준히 누리고 있다. 전통적인 하향식 복지국가 모델에 대한 신뢰와 정치적, 철학적 지지가 크게 상실된 결과, 그들은 정책을 만들고 전달함에 있어서 새롭고 다양하며 유연한 방식들을 탐색하고 있기 때문이다. 결사체적 민주주의 이념을 지지하는 사람들은 개인주의자-국가주의자의 구분을 넘어서, (이론적이고 실천적으로) 시민들이 그들의 공동체에 참여하거나 관여하는 것의 초점을 자발적 집단이나 결사들에 두고자 한다. 이로써 이들은 지역 수준에서 새로운 형태의 문책성과 책임성을 강조하고, 중앙 정부의 역할을 줄이고자 한다. 결사체주의자들은 "분산되고 분권화된 민주주의", 즉 "자유주의의 개인적 선택과 집단주의의 공적인 급부(給付)를 혼합한 것"을 추구한다(Hirst 1994, 189; 22).

내가 기준선으로 삼는 허스트의 결사체적 민주주의에서 자유 민주주의의 기존 구조는 일련의 새로운 기구들에 의하여 보충(또 어떤 경우에는 대체)될 것이다. 그것들은 이를테면 종교적, 문화적 단체들, 이익집단, 노동조합 등 대부분의 지역적 결사체들이다. 결사들은 그들이 제공하는 서비스(급부)의 질과 적용범위 및 특성을 반영하는 공식에 따라서 공적으로 기금을 지원받으면서, 복지 서비스의 많은 부분을 전달하는—그리고 어느 수준까지는 고안해내는—업무를 떠맡을 것이다. 원칙적으로 시민들은 그들이 원하는 대로 결사체(와 결사체들의 서비스)에 자유롭게 가입하거나 탈퇴할 수 있다. 이처럼 분권화되고 다원적인 결사체주의의 맥락은, 훨씬 더 지방적이고 지역적인 것에 초점을 맞추고 또 중소기업이 공적 기능을, 아마도 가장 핵심적으로는 복지 서비스의 전달을 담당하는 경제가 될 것이다. 이 비전에서 국가의 역할은 매우 극적으로 바뀔 것이다. 더욱 분권화된 체계에서 표준 설정자로서 역할을 수행하는 것은 물론 서비스를 제공하는 역할에서 서비스를 가능하게 하고 촉진하는 역할로 바뀔 것이다.[3]

결사체적 비전들은 민주주의의 여러 핵심적인 차원에 혁신을 제공

---

3) 코언과 로저스의 결사체적 비전은 허스트의 구조와 고려를 다방면으로 반영한다. 그러나 공적인 결정을 내리고 공공 서비스를 전달하는 적절한 결사체들을 조성하고 발전시키는 하향식 국가를 조금 더 지향한다. 허스트의 비전은 반대로 진정한 지방분권과 지방주의를 훨씬 더 포함한다.

한다. 이 모델은 민주적 공동체의 영토적 기반으로서의 국민국가에 대해서 아무런 실질적인 문제를 제기하지 않지만([A] 차원), 민주적 다수결주의의 역할과 지위에 대해서는 명백히 **문제를 제기한다**([B] 차원). 여기서 민주적 다수에 대한 제한들은 헌법적 권리들의 관점에서가 아니라 정치 권력의 급진적인 분권화의 관점에서 표현되며, 그 결과 중앙 정부를 장악한 다수는 현장의 정치적 변화에 아무런 영향을 미칠 수 없게 된다. 따라서 결사체적 모델은 [B] 차원에 대한 우리의 기본적인 해석을 수정하도록 촉구한다. 결사체적 모델은 더 이상 다수결주의에서 헌정주의로의 연속선상에서 개념화되어서는 안된다. 대신에 그것은 지역의 결사체적 급부들에 대한 중앙 정부의 정당한 역할의 본질과 범위에 관해서 문제를 제기한다. 결사체주의자들과 그들을 비판하는 자들은 규제 및 의사결정에 있어서 지역 공동체와 집단-중심적 체계가 전통적인 다수결주의를 완전히 건너뛰게 된 것인지에 대해서 논쟁한다. 이런 과정은 우리에게 민주주의 이론의 개인주의적 토대가 바로 다수결주의를 중심적 범주로 만든다는 점, 그리고 바로 그 토대가 종국에는 선택의 문제로 되고 있다는 점을 상기시킨다. 결사체 또는 집단에 기초한 다원주의의 강력한 형태는 다음과 같은 패러다임에 기여할 수 있다. 그 패러다임 내에서 (a) 다수 지배의 원칙이라는 발상 자체가 커다란 의미를 가지지 않지만, (b) 민주적 선택과 복지의 깊이는 거의 틀림없이 증가한다.[4]

---

4) 허스트는 다음과 같이 기술한다. "다수의 결정은 중요하다. 그러나 그것은 통치 과정에서 약화된 역할을 수행해야 할 때가 있다. 선거와 국민투표는 비교적 빈번하지 않고, 또 두드러진 특정 현안만을 결정한다. 반면에 통치는 끊임없이 지속되는 과정이며 여기서의 모든 결정들이 다수의 승인에 구속될 수는 없다"(2000, 27).

비록 대표제의 형태로서 영토적인 것과 기능적인 것의 혼합을 선호하는 허스트의 연합적 비전에도 불구하고, 결사체적 민주주의는 영토적인 것으로부터 기능적인 하위-집단으로의 초점의 중대한 이동을 명백히 도모한다([C] 차원). 작동하는 결사체적 질서가 이러한 두 가지 형태에 각각 기반을 둔 제도들에 의해서 대표되는, 정당성에 대한 요구와 (이를테면 서비스를 전달하기 위한 일반적인 표준설정 같은) 활동의 영역 사이의 불가피한 긴장을 어떻게 해결할 수 있을지는 명확하지 않다.

대의-직접 민주주의 구분의 관점에 관해서([D] 차원), 결사체적 민주주의는 대표제와 참여의 새로운 구조에서의 두 요소들을 선택하여 급진적으로 수정한다. '직접적' 요소는 (일차적으로, 어찌되었건) 투표가 아니라 오히려 지역과 지역의 결사체적 삶에 참여하고 영위하는 것을 통해서 행사된다. '대표'도 전통적인 선거 유권자의 기반을 넘어선다. 개인의 필요는 관련된 이해관계에 얼마나 잘 부응하고 있는지 인식되느냐에 따라서 물질적으로 얻거나 잃는 결사체들을 통하여 대표된다. 비슷하게 지역 결사체들이 그 결사체들의 구성원과 결사체들이 제공하는 서비스의 수혜자들에 대해서 가지는 책임성, 중앙 정부에 대해서 기본적인 구조와 서비스 전달을 위한 최소한의 표준을 유지해야 할 책임성이라는 두 가지와 관련하여 민주적 책임성도 상이한 의미를 띠게 된다([E] 차원). 국가가 서비스를 제공하고 결정하는 것에 대한 대안으로서, 시민사회에서 지방 수준의 자기결정이 의미심장하게 강조된다([F] 차원). 이처럼 시민사회의 참여적인 잠재력을 활성화하는 것은 결사체적 비전들의 핵심에 가깝다. 요컨대 다양한 차원에서의 결사체적 모델은 민주주의의 기본적인 개념과 실천의 의미를 다시 새기게 한다.

결론

이 장에서는 광활하게 넓은 영역을 짧은 지면으로 다루었다. 민주주의가 직면하고 있는 여러 주요한 도전들이 답변을 찾아가고 있다는 점을 보여주기 위한 충분한 논의가 이루어졌기를 희망한다. 또한 이 답변들이 결정되었다거나 완료되지 않았다는 점, 그리고 민주주의의 미래에 대한 논쟁은 그것이 중요한 만큼이나 아직 열려 있고 활발하다는 점을 보여주었기를 희망한다.

결론

결론에서 통상적으로 하는 일은 그 책의 '답변'을 반복하거나 또는 아마도 밝히는 것이다. 그러나 민주주의에 관한 각각의 가능한 답변이 새로운 질문을 유발한다는 점은 이 책의 각 장으로부터 분명하게 알 수 있을 것이다. 그리고 이 질문들은 단지 인위적인 방식으로 논의를 제약함으로써만 억누를 수 있을 것이다. 예를 들면, 제5장에서 그 대강을 제시한 새로운 (그렇다고 그토록 새롭지는 않은) 혁신들의 각각은 미래의 민주주의에서 무엇을 중요시할 수 있고 또 실제로 중요시해야 하는지에 관해서 풍성한 논쟁의 장을 제공한다. 이들 중 일부는 다른 것들보다 야심적이고, 또 일부는 다른 것들보다 더 커다란 비판의 대상이 되어왔다. 그러나 그 어떤 것도 미래 민주주의에 대한 최선의 경로를 분명하게 대표하지 않는다.

물론 특정한 민주주의 모델을 지지하는 다른 작업들도 찾아볼 수 있다—나 자신도 다른 무엇보다 직접 민주주의가 민주적인 적격성이 있음을 강조하는 책을 썼다(Saward 1998). 이 책에서 나의 과업은 다르다. 그것은 특정한 방향으로 민주주의를 끌고 가기보다는 더 깊은 사고와 논의를 유발하기 위한 목적으로 민주주의에 대한 논쟁의 선별적인 개요를 제공하는 것이다. 이 과정에서 학생들과 일반적인 독자들에게 민주주의에 대해서, 더 일반적으로는 정치에 대해서 비판적으로 사고할 수 있는 도구가 제공되었기를 바란다.

각 장은 이 점을 염두에 두고 민주주의의 이념을 검토했다. 제1장에서 나는 민주주의를 명확한 용어로 정의하는 것을 단호하게 미뤘다. 아마도 이는 민주주의에 대한 교과서를 시작하는 방식으로는 기묘해 보였으리라. 특히 학생들은 종종 이러한 개념들이 **진정으로** 무엇을 의미하는지 단도직입적으로 알고 싶어 한다. 민주주의가 '진정으로' 무엇을 의미하는지를 너무 빨리 말해주는 것의 주된 문제는 그렇게 하는 것이 용어들의 의미, 함축적 의미와 다채로운 용례에 대한 비판적인 사고를 방해한다는 것이다. 단일한 정의가 우리가 사고하는 데에 '닻'의 역할을 해줄 수도 있다는 점이 사실이며, 또 그것이 좋을 수도 있다. 그러나 때로 닻은 우리가 상이한 가능성들을 찾는 것을 방해하면서 우리를 억누를 수도 있다. 우리는 민주주의의 의미와 가치에 관한 다양한 조합을 던져주는 실제 세계, 가상적 사례들을 폭넓게 검토했다. 제1장에서 전달하고자 하는 본질적인 메시지가 있다면, 그것은 민주주의는 단순한 정치적인 이념이 아니라 살아 있는 정치적 이념이라는 것이다. 그리고 민주주의의 영역은 정치적 삶이지, 사전에 수록될 단어들의 정의를 내리는 저자들의 동떨어진 세계가 아니라는 것이다.

그렇지만 민주주의의 세계는 일종의 카오스(혼돈)가 아니다. 제2장과 제3장에서 우리는 20세기의 중요한 서사들에 초점을 맞추면서, 핵심적인 민주주의의 서사나 이야기가 어떻게 구성되어왔는지를 보았다. 민주주의에 대한 이 설명들은 실로 최근 몇십 년 동안 민주주의에 대한 사고에 거점을 제공해왔다. 나는 지배적인 서사를 '슘페터적'이라고 지적했다—이 서사는 1940년대 슘페터 저작의 핵심에 있는 '경쟁적 엘리트'라는 가정을 기반으로 했다. 이 지배적인 서사 내에도 상당한 변형이 있다는 점은 명백하다. 다운스, 달, 레이파르트 같은 저자들의 특정 텍스트를 거치면서 이 서사는 본질적인 성격을 잃지 않으면서도 형태와 강조점이 바뀌었다. 마찬가지로 명백한 사실은 이 지배적인 서사에 관해서 특히 참여주의적, 마르크스주의적, 여성주의적 대항-서사들이 다양한 수준에서 이의를 제기했다는 점이다. [그렇다고 하더라도] 이처럼 상이한 개념화들 사이의 차이점들이 아주 엄격하고 견고하다고 지적하는 것은 잘못일 것이다―예를 들면 심지어 급진적 참여주의자들도 전국적 차원에서의 경쟁적, 대의제적 민주주의의 필요성을 대체로 수용한다.

경제적, 사회적, 기술적 변화는 민주주의에 대한 친숙한 개념화의 조건을 전복하고, 또 민주주의가 번영하기 위해서 극복해야 하는 도전들을 만들어낼 수 있다. 이 도전들은 끊임없이 지속되며, 또 다채롭다. 제4장에서 우리는 이러한 도전들 가운데 적은 수이지만 중요한 표본들, 특히 지구화와 환경주의의 도전을 검토했다. 이러한 사태 전개들―그 기본적 성격에 관해서는 광범위한 논쟁이 일어나고 있지만―각각은 민주주의의 근본적인 가정들 일부를 급격히 변형해왔는데, 이를테면 인간과 인간이 아닌 자연의 관계, 민주주의의 주된 인구 집단으로서 국민국가의 지위를 들 수 있다. 이 두 사례 모두에서 민주주의에 던지는 지속적인 충격이 무엇이 될 것인지를 알아내기는 아직 너무 이르다. 그러나 그 충격이 실질적일 것이라는 점은 충분히 명백하다.

분명 민주주의의 외관상의 승리는 특히 그것의 의미, 가치, 실현에 대한 격렬한 논쟁을 수반해온 것으로 보인다. 그 논쟁의 본질은 지구화나 환경적 지속가능성에 대한 요구 같은 도전들의 크기를 반영한다. 제5장에서 나는 민주주의의 도전들에 대한 최근의 주된 반응들 중 일부를 검토했다. 그러나 제5장에서 논의된 여섯 가지 혁신적 모델들 또는 개념화들은 앞선 장들에서 다루어진 친숙한 서사들을 단순히 변용한 것만은 아니다. 적어도 몇 가지 경우에서는 이러한 친숙한 서사들이 기초하고 있는 가정들 자체가 뒤집혔다. 결사체적 민주주의자들이 제시한 국가의 일차적 역할에 대한 관점을 예로들 수 있다. 제5장의 도입부에서, 나는 민주주의에 대한 20세기의 지배적인 서사들이 민주주의의 6가지 핵심적인 차원에 대해서 어떤 입장을 취하고 있는지에 주목했다. 이 작업은 우리가 최근의 몇몇 작업들이 얼마나 혁신적인 것인지—그리고 실로 새로운 개념화들에서 다루어지지 않고 남겨진 영역들이 무엇인지—파악할 수 있게 해주었다.

민주주의는 미래에 어떤 모습을 띨 것인가? 논쟁과 잠재적인 재발명이 진행되는 현재의 국면에서 우리는 민주주의의 종착지가 무엇인지—아마도 오늘날의 버전들과는 근본적으로 다른 민주주의의 모델이 출현할 것인지—전혀 내다볼 수 없다. 그러나 우리는 이 지점에서 그 모델의 중핵적인 요소들 중 많은 것이 우리가 이 책에서 다룬 추세나 발상들의 산물일 것이라고 추측해볼 수 있고, 다음의 내용을 포함할 것이다.

- 예를 들면, 인간이 아닌 것의 이해관계를 정치적으로 대표하는 것을 완벽하게 생각할 수 있게 하는 정치생태학의 반(反)-직관적인 생각
- 정치적 공동체들을 생각할 때 민주주의를 국민국가나 다른 영토적 관념에서 분리하는 것

226

- 정부의 형태를 조형함에 있어서 대화, 숙의, 이유를 제시하는 것의 중요성. 비록 투표와 선거를 어느 정도 대체할지 모르지만 그래도 투표와 선거의 중요성을 배제하지는 않는 것

이러한 가능성들은 현재의 추세들로부터 생겨나지만 그 종착점은 근본적으로 불명확하다. 많은 가능성들은 물론 상이한 방향으로 끌어당긴다. 민주주의의 이념이 어떻게 발전해왔는지를 살펴본 우리에게, 이것이 바로 우리가 예상하는 것이다. 서론에서 지적한 것처럼 민주주의를 짓는 일은 결코 완료되지 않는다.

용어 설명 : 민주주의의 개념화들

    민주주의는 일반적인 개념이지만 민주주의의 구체적인 개념화와 버전은 아주 많다. 아래에 있는 목록은 민주주의에 대한 논쟁에서 더욱 폭넓게 논의되는 다양한 개념화들을 다룬다. 여기에는 전체적인 정치 체계(예를 들면 고대 민주주의)로부터 민주주의 체계의 바람직한 특징들(예를 들면 생태학적 또는 녹색 민주주의)을 지칭하는 것들이 포함된다. 이 책에서 우리는 이 개념화들 중 대부분을 다루었는데, 이 목록이 그런 온전한 논의들을 대체하는 것은 결코 아니다. 이와 같은 목록이 표제어가 다루는 출처와 지시 대상의 다양성 자체를 은폐하는 경향이 있다는 점은 강조할 가치가 있다. 그러나 때로 나란히 놓인 단편적인 사진들을 보는 것이 도움이 되기도 한다.

    이 목록은 선별적일 뿐 완전히 포괄적이지는 않다. 실로 독자들은 여기에 포함되지 않은 개념화들, 특히 21세기의 새로운 것들에 유의하고, 그것들이 기존의 개념화들과 어떻게 연관되어 있는지 생각해 보기를 바란다. 나아가서 여기서 제안된 의미들은 그것을 시사하는 것이지, 정의를 내리는 것이 아니다. 그러니 사전에 나오는 공식적인 정의들로 읽지 말기를 바란다(우리는 제1장에서 그토록 풍부한 의미를 지닌 단어에서 특정한 의미를 쳐내려는 노력이 실패하기 십상이라는 점을 보았다).

    독자들이 추적할 수 있도록 하기 위해서 한 개(경우에 따라서는 두 개)의 출처가 대부분의 표제어마다 제공될 것인데, 이 책의 장들이 언급되기도 할 것이다. 이 출처들의 세부적인 출판 정보는 참고문헌에서 찾아볼 수 있다.[1]

가상공간 민주주의 (또는 전자 민주주의) (virtual democracy ['e-democracy']) 시민의 정치적 지식, 접근성, 투입 등을 강화하기 위하여 새로운 정보 통신 기술의 사용을 촉진하거나 강조하는 현대적인 개념화이다. 정치인들의 숙의에 시민들이 실제로 참석하지 않더라도 정보 기술들이 시민들의 목소리와 의견을 전달해줄 수 있다는 제안에서 그 이름을 얻었다. 논의된 (또 몇몇 사례에서는 실험된) 가능성들은 컴퓨터를 사용하는 '전자 마을회의', 컴퓨터를 사용한 투표, 정책 현안에 대한 쌍방향적 정보 지원을 포함한다.(Kamarck and Nye 2002를 보라)

결사체적 민주주의(associative democracy) 비공식적이고 지역적인 결사들이 그 구성원들을 대신하여 통치 기능을 수행하는 것의 중요성을 강조하는 현대적 개념화이다. 단순히 중앙 국가의 규제 기능에 대한 반대를 넘어서는 분권화된 비전을 제시한다. (예를 들면) 건강이나 교육 관련 서비스는 반드시 지역적인 것이 되어야 한다는 것이다. 다중적이고 다양한 권력의 중심들을 선호하기 때문에 다원주의적 민주주의와 연결된다.(Hirst 1994와 이 책의 제5장을 보라)

---

1) 이하의 목록은 원문에서 알파벳 순서로 되어 있던 것을 독자의 편의를 위해서 가나다 순서로 바꾼 것이다.(역주)

경쟁적 엘리트 민주주의(competitive elite democracy) 20세기를 지배했던 개념화로서 민주주의를 엘리트들이 정당을 통해서 선거에서 경쟁하는 것으로 이해하는 것이다. 이 개념의 최초 버전은 평범한 시민이란 대체로 정치적 합리성이 없기 때문에 이들이 간혹 투표하는 것을 넘어서서 정치에 참여하는 것은 바람직하지 않다고 본다. (Schumpeter [1943] 1976과 이 책의 제2장을 보라)

계발적 민주주의(developmental democracy) 18-19세기 루소와 존 스튜어트 밀의 이론과 연관된 개념화에 현대적인 이름표를 붙인 것이다. 그들은 시민의 능력과 효능감을 증진하는 데에 있어서 민주주의의 역할을 강조한다.(MacPherson 1977과 Held 1996을 보라)

고대 민주주의(ancient democracy) 2500년 전경에 그리스 도시국가에서 실천되었던 면 대 면의 **직접** 혹은 **집회** 민주주의 버전이다. 공동체의 결정은 집회에 나온 시민들의 투표에 의해서 내려졌다. 현실에서는 극히 소수만이 정치에 참여했는데, 이를테면 여자, 외국인, 노예는 시민권에서 배제되었기 때문이다. 역사상 최초의 민주주의 형태로 널리 간주되며, 특히 고대 아테네에서 구현된 것으로 유명하다.(Dunn 1992를 보라)

국민투표 민주주의(referendum democracy) 선출된 대표나 다른 이들의 매개 없이 인민이 여러 정책 선택지에 투표하는 것을 통해서 직접 집단적인 의사결정을 내리는 **직접 민주주의**의 한 형태를 가리킨다. 20세기와 21세기에 많은 나라들에서 주요한 또는 헌법적 결정을

내릴 때 갈수록 빈번하게 사용되고 있다.(Budge 1996을 보라)

급진적 민주주의(radical democracy) (a) 고도로 분권화되고 참여적인 민주주의의 이상을 옹호하거나, (b) 민주주의가, 예를 들면 지배적인 계급이나 젠더 구조의 측면에서 중대한 사회적 변형을 수반해야 한다고 제안하는 민주주의의 개념화에 대한 일반적인 명칭이다(Holden 1974를 보라). 이를테면 참여적 민주주의와 담화적 민주주의(discursive democracy)의 일부 버전을 포함할 수 있다.

기독교 민주주의(Christian democracy) 민주주의의 한 개념화이자 이데올로기이다. 일반적으로 보수적이며, 이를테면 사회의 결속을 위한 가족 등 사회적 집단의 중요성을 강조한다. 규제되지 않는 시장과 강력한 국가 모두에 반대하는, 통치에 대한 실용주의적인 이데올로기이다. 기독교 민주주의는 서구와 다른 여러 민주주의 체계에서 주류 우파 정당들을 이끄는 이데올로기인데, 예를 들면 독일의 기독교민주연합(CDU)이 대표적이다.

다두제 민주주의(polyarchal democracy) 대의 민주주의의 핵심적인 특징들을 모델로 삼는 현대적인 개념화이다. 이 특징들은 자유롭고 공정한 선거의 시행, 평등한 정치적 권리와 정보에 대한 접근을 중심으로 한다. '다두제'라는 용어는 달에 의해서 새로 만들어졌는데, 이는 학자들로 하여금 '민주주의'라는 용어가 불러일으키는 좀더 규범적이거나 도덕적인 관심사를 비켜갈 수 있도록 하려는 노력에서 나온 것이다.(Dahl 1989와 이 책의 제2-3장을 보라)

다원주의적 민주주의(pluralist democracy) 민주적 체계 내에서 이해 관계의 다중성, 또 그것을 대변하는 이익집단의 다중성을 강조하는 근대적, 현대적 개념화이다. 다원주의적 민주주의의 옹호자는 종종 선거 메커니즘을 낮게 평가하고, 이익집단 체계가 민주정치의 핵심 이라고 여긴다. 따라서 민주주의의 공식적, 헌법적 측면보다는 비공 식적 측면을 강조한다.(Dahl 1956을 보라)

담화적 민주주의(discursive democracy) 숙의 민주주의의 한 형태로서 국경 내에서 혹은 국경을 가로지르는 영역에서 정적이고 타협적으로 머물러 있는 국가권력에 강력한 반대를 제공하는 시민사회 내의 집 단이나 운동의 민주적 중요성을 강조한다.(Dryzek 2000을 보라)

대의 민주주의(representative democracy) 인민의 선출된 대표에 의한 의사결정을 부각하는 모든 버전의 민주주의에 대한 근대적이고 현 대적인 개념화이다. 일반적이고 널리 활용되는 기술적(記述的)인 명칭으로서, 대의 민주주의는 (특히) **자유 민주주의 및 다두제 민주 주의**와 긴밀하게 겹친다. 실로 일부 학자들은 대의 민주주의, 자유 민주주의, 다두제 민주주의를 서로 바꾸어서 사용할 수 있는 명칭으 로 이해한다.

보호적 민주주의(protective democracy) (특히) 존 로크와 제러미 벤 담 및 제임스 밀의 고전적 저작과 연관되어 있는 일련의 개념화에 붙인 현대적 명칭으로서, 다른 시민들이나 국가(혹은 정부) 양자의 침해로부터 개인의 권리와 선택들, 특히 재산권과 그 향유를 보호하는 민주주의의 기능을 강조한다. 자유 민주주의에 대한 고전적 이념들과 밀접하게 연관되어 있다.(MacPherson 1977과 Held 1996을 보라)

사법적 민주주의(juridical democracy) 국내의 민주적 의사결정에서 공적이고 법률적 측면을 강조하는 20세기의 개념화이다. 이것의 지지자들은 대표자나 입법자들이 공동선을 추구할 때 투명하면서 방어할 수 있는 결정에 도달할 수 있기 위해서 그들이 직면하는 다양한 이익집단의 압력으로부터 자율성(또는 '완충장치')을 가져야 한다고 주장한다.(Lowi 1974를 보라)

사회 민주주의(social democracy) 민주주의의 한 가지 개념화이자 이데올로기이다. 이데올로기로서 사회민주주의는 근대국가의 중요한 역할이 세금에 기초하여 의료나 교육 같은 복지 서비스를 제공하는 것이라는 정치 체계를 구상하고 지지한다. 사회 민주주의는 서구 및 다른 민주주의 체계들에서, 독일의 사회민주당과 영국 노동당을 포함하는 많은 사회민주주의나 노동자 정당들을 이끄는 이념이다.

산업 민주주의(industrial democracy) 기업 내에서 노동자에 의해서 의사결정이 이루어지는 것, 혹은 적어도 기업이나 회사의 경영 관련 의사결정에 노동자가 참여하는 것을 강조하는 20세기의 개념화이다. 또한 다양한 관련 구조를 망라하는데, 예를 들면 투자나 회사의 다른 결정에 노동자의 관여할 권리나 기업 지분에 대한 노동자의 소유권을 포함한다.(Dahl 1985를 보라)

생태학적 민주주의(ecological democracy) (또한 녹색 민주주의 green democracy) (a) 자연 환경과 조화를 이루고 사는 자립적인 공동체의 분권화된 농촌, 지역적 민주주의나 (b) 비인간 자연물이나 미래 세대의 이익을 대표하기 위해서 새로운 제도들이 고안되어 반영된 자유 혹은 대의 민주주의의 한 유형을 강조하는 현대적인 개념화이다. (Doherty and de Geus 1996 및 이 책의 제4-5장을 보라)

선거 민주주의(electoral democracy) 근대 민주주의의 이론과 실천에서 대표를 뽑는 선거에서 투표하는 것의 중요성을 강조하는 근대적, 현대적 개념화이다. 따라서 명시적으로 혹은 은연중에, 예를 들면 투표보다는 토론을 강조하는 숙의 민주주의를 경시한다. 그렇다고 하더라고 이는 정도의 문제인데, 민주주의의 현대적인 개념은 대부분 선거 메커니즘을 포함하기 때문이다.(Sartori 1987을 보라)

성찰적 민주주의(reflective democracy) '숙의'의 내면적 또는 정신적 성찰의 측면을 강조하는 숙의 민주주의의 한 유형이다.(Goodin 2002를 보라)

세계시민적 민주주의(cosmopolitan democracy) 국민국가의 수준을 넘어서는 제도들 내에서, 그리고 그 사이에서 민주주의의 실천을 지지하는 현대적 개념화이다. 이를테면 유럽연합의 지역적 의회나 집행부 같은 것들, 또는 '세계 의회'를 제안한다. 또한 국가들을 구속하는 국제법의 발전을 강조한다.(Held 1995와 이 책의 제5장을 보라)

소통 민주주의(communicative democracy) 숙의 민주주의의 현대적 변형 중 하나로서, 문화적으로 다양한 집단들을 나누는 오해와 관점의 간극을 가로지르는 숙의를 강조한다. 이제는 대체로 숙의 민주주의라는 명칭에 흡수되었다.(Young 1996을 보라)

숙의 민주주의(deliberate democracy) 민주주의의 실천에서 투표보다는 대화하고 토론하고 논쟁하는 것의 중요성을 강조하는 민주주의의 한 개념화이다. 숙의 민주주의의 지지자들은 숙의가 집합적 결정의 질과 수용가능성을 증진한다고 주장한다. 미시적 차원의 대의를 강조하는 것으로부터 대표자들이 대의제적 입법부에서 심도 있는 숙의를 하는 것을 강조하는 것까지 다양한 형태가 있다.(Saward 2000과 이 책의 제5장을 보라)

아시아식 민주주의(Asian democracy) 특히 싱가포르의 정부 형태로부터 유래된 20세기 후반의 개념화로, 한동안 대만과 남한에서도 실천되었다. 일당국가의 이념에 기반을 두며, 합의, 도덕적 리더십에 복종하는 것, 개인보다는 공동체의 요구, 개인적 규율을 강조한다. 싱가포르의 전임 수상인 리콴유에 의하여 가장 강력하게 주창되었다. 비판자들은 이 이념이 기껏해야 준민주주의일 뿐이라고 주장한다.

아프리카식 민주주의(African democracy) 집단이 합의에 도달할 때까지 보통 면 대 면으로 공동체적인 숙의와 토론을 하는 것을 강조하는 개념화이다. 그것은 1960년대 사하라 이남의 아프리카에서 많은 나라들이 독립을 쟁취하면서 두드러지게 부각되었는데, '서구적' 민주주의와 구분된다고 주장되었다(공동체, 합의, 일치, 일당국가들의 '아프리카' 대 개인주의, 다원주의, 갈등, 다당제의 '서구'). 일설에 의하면 아프리카의 토착적인 정치적 전통에 뿌리를 두고 있다.(Nursey-Bray 1993을 보라)

위임 민주주의(delegative democracy) 1980년대에 권위주의로부터 민주주의로 초기적 이행을 한 일정한 국가들의 특징이라고 회자되는 민주주의의 한 형태이다. 선거 민주주의이기는 한데 완전히 대의 민주주의라고 보기는 어렵다고 주장된다. 왜냐하면 선출된 지도자들이 현실의 권력 관계에만 제약을 받을 뿐 그들이 원하는 대로 자유롭게 행동하기 때문이다. 온전한 민주주의 체제라고 불리기에는 아직 제도나 공고화가 결여된 민주적 형태의 정부를 말한다.(O'Donnell 1994를 보라)

인민 민주주의(people's democracy) 공산주의 나라들인 구소련과 중국 진영의 (대체로 비민주적인) 체계를 기술하는 데에 사용되는 근대적인 개념화이다. 자유(또는 '자본주의적', '부르주아', '경쟁적 엘리트') 민주주의에 반대되는 것으로 간주되는데, 인민 민주주의가 인민의 '참된', '진정한' 이익을 대표하는 일당제를 지지하고 다원주의와 갈등을 꺼린다는 점에서 그렇다.(MacPherson 1966을 보라)

자유 민주주의(liberal democracy) 개인의 자유와 권리들—그중에서도 무엇보다 평등한 투표권—의 헌법적 보장에 자유주의적 초점을 맞출 것을 강조하는 민주주의에 대한 근대적, 현대적 개념화이다. 경

쟁적 엘리트 민주주의 및 대의 민주주의와 밀접하게 결합하여, 민주
주의의 이상과 실천에서 아주 두드러지기 때문에 종종 '민주주의' 자
체의 동의어로 사용되기도 한다. 이것의 어떤 특징이 부각되느냐에
따라서 이것의 반대되는 개념화에 직접 민주주의, 고대 민주주의, 인
민 민주주의, 숙의 민주주의가 포함된다.(Dahl 1989를 보라)

정당 민주주의(party democracy) 민주주의의 이상과 실천에서 정당의
필수적인 역할을 강조하는 근대적이고 현대적인 개념화이다. 또한
대략 19세기 말에서 20세기 중반까지 정당이 민주주의에 지배적이
었던 기간을 기술하는 명칭으로 쓰이기도 했다. 후자의 의미에서 정
당 민주주의는 현 시대의 '청중' 민주주의보다 선행했다고 말해진다.
(Budge 2000과 Manin 1997을 보라)

직접 민주주의(direct democracy) 집합적인 결정이 면 대 면의 회의나
국민투표에 의해서, 곧 인민에 의해서 직접적으로 내려지는 체계이
다. 그것의 집회나 고대의 유형에서 이것이 역사적 민주주의의 원형
적 형태였다. 20세기와 현대의 다양한 형태들에서 국민투표를 언급
하기 위해서 가장 빈번히 사용되는데, 특히 단순히 자문적인 것보다
는 구속력이 있는 국민투표를 말한다.(Budge 1996과 이 책의 제3장과
제5장을 보라)

집계적 민주주의(aggregative democracy) 투표하거나 '머릿수를 세는
것'을 통한 집합적 의사결정에 현대적인 이름표를 붙인 것이다. 집계
나 투표보다 숙의나 토론을 강조하기를 선호하는 숙의 민주주의의

옹호자들에 의해서 종종 경멸적으로 사용된다. 비판자들은 숙의민주주의 역시 어떻게 투표에 의존하는지를 지적하면서, 양자의 구분이 실제적이라기보다는 표면적이라는 점을 강조해왔다.(Saward 2001을 보라)

집회 민주주의(assembly democracy) 공동체의 구성원이 한데 모여서 직접, 면 대 면 의사결정을 하는 것이다. 그보다는 빈도가 덜하지만, 공동체의 **대표**들이 집합적으로 사안을 숙의하여 결정하는 것을 지칭하기도 한다. 고대 그리스에서 가장 두드러졌는데(고대 민주주의를 보라), 현대 스위스에서도 실천되고 있다.(Hansen 1991을 보라)

참여 민주주의(participatory democracy) 관련된 전체 집단의 구성원이 의사결정에 광범위하게 참여하는 것을 강조하거나, 참여하는 것을 가능하게 하는 모든 형태의 민주주의이다. 이것은 일국적 수준의 개념화로 이해될 수 있는데, 예를 들면 일국적 수준의 형태인 **국민투표 민주주의**가 그렇다. 그렇지만 지역 공동체, 직장, 정당과 압력단체 내에서 참여의 형태를 강화하는 것을 종종 더 지칭한다.(Pateman 1970과 Held and Pollitt 1986을 보라)

청중 민주주의(audience democracy) 현대 민주주의 체계가 정책의 실질보다는 매체를 통해서 전해지는 이미지에 좌우된다는 주장의 일환으로 붙여진 명칭이다. 이 명칭을 사용하는 사람들에 따르면, 청중 민주주의에서 정책 변화의 유동적인 성격은 '**정당 민주주의**' 시기의 정책 및 이념적 안정성과 대조된다.(Manin 1997을 보라)

통계학적 민주주의(statistical democracy) 인민을 정확히 대표하려면 대표자 집단의 특성들이 그 집단이 도출된 더 큰 모집단의 특성들을 나이, 젠더, 인종 등의 차원에서 통계학적으로 반영해야 한다는 입장을 견지하는 고전적이고 근대적인 개념화이다. 이 개념화의 지지자들은 종종 통계학적인 대표성을 확보하기 위하여 무작위 추출이나 제비뽑기 선출을 선호하기도 한다.(Burnheim 1985와 Fishkin 1997을 보라)

더 읽을거리를 위한 안내

　더 많이 알고 싶은 독자들을 위해서 민주주의에 대한—그리고 보다 일반적으로는 정치에 대한—호기심을 자극하고 유용한 정보를 제공하는 자료들이 많이 있다. 이어지는 안내는 이 책에 담긴 일부 핵심 주제를 추가적으로 공부하기 위한 지침으로 마련된 간략하고 선별적인 노트이다. 이 노트는 더 많은 읽을거리를 위한 출발점을 제공하는 것이지, 종착점을 제공하는 것은 아니다. 안내는 책의 여러 장들에서 제기된 관심사와 주제들을 이해하기 위하여 구성되었으며, 민주주의의 모델들과 이 책에서 사용된 분석의 방식을 포함하고 있다. 여기서 언급된 책과 논문의 상세한 출판 정보는 이 책의 참고 문헌에 포함한다. 대부분의 책들은 이 책의 집필 당시에도 아직 [절판이 아닌] 출판 상태에 있었고, 대학이나 다른 도서관에서도 일반적으로 찾아볼 수 있을 것이다.

　그렇지만 우선은 일반적인 수준에서 이야기해보자. 내가 보기에 민주주의의 이론과 실천에 관한 전반적인 최고의 현대적 저작은 로버트 달의 『민주주의와 그 비판자들(*Democracy and Its Critics*)』이다. 달의 고전적 텍스트는 처음 1분은 철학처럼 읽히고(우리가 왜 서로를 평등하다고 여기는지, 따라서 왜 민주주의를 할 자격이 있는지 이유를 검토한다), 그 다음에는 정치사(史)처럼 읽힌다(근대 민주주의의 발전, 근대 민주주의의 핵심적인 특징, 고대 민주주의와의 차이를 고찰한다). 이 책을 출판한 지 10년 후에 달은 거의 같은 주제를 다룬 짧은 책을 출간했는데—『민주주의(*On Democracy*)』—이 책은 간편한 읽을거리를 찾는 이들에게는 유용하겠지만, 그래도 『민주주의와 그 비판자들』이 고전급이라 할 수 있다. 민주주의의 이론과 실천을 다루는 또다른 일반적인 텍스트로는 2부로 구성되어 출간된 조반니 사르토리의 『민주주의 이론의 재조명(*The Theory of Democracy Revisited*)』이 있다. 사르토리는 달에 비하여 덜 체계적이지만 급진적 참여주의자들에게 반대하는 독특한 입장을 전개하면서 더 공공연하게 논쟁적이기 때문에 흥미롭다.

달과 사르토리의 이 저작들은 민주주의의 과거와 현재에 대한 탁월한 설명을 제공하며, [민주주의의] 가치와 의미에 대한 근본적인 쟁점을 둘러싼 논변과 논쟁에 쏠려 있다. 민주주의를 소개하고자 하는 다른 다양한 텍스트들이 있고, 다루는 주제의 범위 역시 다양하다. 민주주의의 제도들, 특히 선거의 작동과 관련된 제도들에 대한 입문서로는 헬레나 카트의 『민주주의의 실제(*Democracy in Practice*)』가 있는데, 이 책 역시 개념적이고 이론적인 문제를 다룬다.

이제 앞 장들에서 제기된 더 구체적인 주제들로 고개를 돌려보자. 제1장에는 우리가 언급할 만한 네 가지 영역이 있다.

1. 민주주의 정의하기   민주주의의 정의에서 무엇이 가장 핵심적인지에 대한 탁월한 논의는 1975년 잭 라이블리가 지은 『민주주의(*Democracy*)』라는 책의 제2장에 있다. 이는 훨씬 최근의 성과인 데이비드 비담의 『민주주의와 인권(*Democracy and Human Rights*)』 제1장과 짝을 지을만하다. 이 각각은 명료하고 포괄적이며, [여기서]

독자들은 가능한 정의들에 대한 훌륭한 감각을 얻을 것이다.

2. 민주주의의 가치 또는 정당화   달의 『민주주의와 그 비판자들』은 정당화에 대한 탁월한 논의를 제공한다. 배리 홀든의 조금 더 오래된 책인 『민주주의의 본질(The Nature of Democracy)』에는 유용한 정당화의 여러 유형을 제공하는 정당화에 관한 장이 있는데, 마이클 사워드의 『민주주의의 조건들(The Terms of Democracy)』이라는 책의 제1-2장이 이 유형화에 기반을 두고 있다.

3. '세밀히 읽기'   얼마나 많은 주제를 읽었느냐 혹은 얼마나 많은 분량을 읽었느냐보다는 읽은 곳에서 어떤 논변이 전개되고 있는지에 얼마나 면밀하게 주의를 기울였느냐가 종종 중요하다. 제1장에서 '민주주의'의 독특한 용례에 우리는 세밀한 관심을 기울였다. 텍스트 분석에는 여러 기법들이 있는데, 이 기법들은 종종 '담론 분석'이라고 하는 명칭으로 수렴된다. 이 기법들은 '세밀히 읽기' 접근법을 촉진하며, 많은 부분이 정치학에도 적용된다. 예컨대 웨더렐, 테일러, 예이츠가 편집한 『데이터로서의 담론(Discourse as Data)』에 수록된 노먼 페어클러프의 논문 「신노동당(新勞動黨)의 담론 : 비판적 담론 분석(The discourse of New Labor : critical discourse analysis)」을 보라. 「담론과 사회(Discourse and Society)」라는 학술지가 이 맥락에 속하는 논문들의 유용한 자료이다.

4. '발견된 항목들'   민주주의는 우리 주변에서 일어나며, 우리의 일상적 삶과 관계를 맺는 논변과 언설을 통해서 다투고, 비판받고, 촉진된다. 신문, 잡지 및 다른 정보원에 실린 일상적인 뉴스에 관심을 가지면, 역동적인 정치 이념으로서의 민주주의의 **생애**에 대해서 우리는 많은 것을 배울 수 있다. 신문이 민주주의 이론에 대한 양서(良書)

의 대용품이 아니지만, 민주주의 이론으로부터 실천으로, 다시 실천으로부터 이론으로 옮겨갈 때 우리는 이 두 가지가 함께 조화롭게 작동하도록 만들 수 있다.

제2장과 제3장에서 우리는 20세기 민주주의에 대한 주된 서사를 검토했고, 이 서사들의 역사적 뿌리를 선별적으로 추적했다. 검토된 많은 부분은 텍스트에 기반을 둔 것이었다. 어느 모로 보더라도 본래의 텍스트를 읽는 것을 대체할 수단은 없다. 슘페터의 『자본주의, 사회주의 그리고 민주주의(*Capitalism, Socialism and Democracy*)』는 예를 들자면, 매력적으로 읽을 만하다. 제임스 밀의 고전인 "정부에 관한 시론"도 간결하면서도 요점을 꿰고 있다. 일반적으로 (그리고 무엇이 어떤 저작을 '고전'으로 만드는가에 대한 열띤 논쟁들을 건너뛰고) 말하자면, 고전들은 다 고전인 이유가 있다—명료성, 가독성, 정확성, 독창성 등. 존 스튜어트 밀의 『대의 정부론』, 제임스 매디슨이 『연방주의자 논설』에 기고한 글들, 장 자크 루소의 『사회계약론』은 언제나 읽을 가치가 있다.

그렇기는 해도 민주주의 이념의 역사적 발전을 개관한 좋은 2차적인 문헌도 있다. 맥퍼슨의 『자유 민주주의의 생애와 시대(*The Life and Times of Liberal Democracy*)』는 로크부터 슘페터까지의 주류 이론에 대한 간결하고 읽어볼 만한 논평을 제공하는 훌륭한 책이다. 헬드의 『민주주의의 모델들(*Models of Democracy*)』은 부분적으로 맥퍼슨의 범주에 기반을 두면서, 유용하고 도식적인 방식으로 여러 모델들을 정연하게 기술한다. 혹자는 헬드가 '모델들'이라면서 선별하고 특징지은 것에 대하여 논쟁할지도 모르지만—예를 들면, 숙의적, 생태학적 모델은 여기에 포함되지 않기 때문이다—그러한 종류의 논쟁 자체가 관심의 일부이다.

제4장에서 다루어진 민주주의에 대한 도전들은 각각 훨씬 더 깊게 검토될 수 있다. '지구화'는 우리 시대에 가장 뜨거운 논쟁거리가 되는 용어며, 이 주제에 대한 많은 문헌이 있다. 그중 유용한 최근의 논문집으로 홀든이 편집한 『지구적 민주주의(Global Democracy)』가 있다. 이 책에는 이를테면 데이비드 헬드나 폴 허스트 같은 저자들이 지구화의 결과가 민주주의에 어떤 충격을 줄 것인지에 대하여 (그리고 지구화의 의미와 중요성에 관한 논변에 대해서) 그 개요를 제시하는 많은 논문들이 실려 있다. 지구화와 민주주의를 가장 폭넓게 다룬 단행본으로는 헬드의 『민주주의와 지구적 질서(Democracy and the Global Order)』를 꼽을 수 있다. 샤피로와 해커-코든이 편집한 『민주주의의 강점(Democracy's Edges)』은 민주주의와 지구화의 연관성을 깊이 있게 다루고 있다. 이를테면 지구화가 무엇이며 '지구화'가 정말 어느 정도로 발생하고 있는지에 대한 것과 같이, 더 일반적인 관점에서 지구화 관련 논의의 정말 심도 있고 도전적인 측면을 보기를 원하는 독자들은 헬드와 다른 사람들의 주장을 비교하고 대조해볼 수 있을 것인데, 예를 들면 헬드의 『지구적 대전환(Global Transformations)』과 허스트와 톰프슨의 『논쟁 속의 지구화(Globalization in Question)』를 보라.

환경주의와 민주주의에 관한 주제는 1990년대에 열띤 논쟁의 대상이었다. 이 논쟁의 중요한 성과들은 브라이언 도허티와 마리우스 드 게우스가 편집한 『민주주의와 녹색 정치사상(Democracy and Green Political Thought)』에 수록되어 있다. 쉽게 접할 수 있는 녹색 정치사상 일반에 대한 입문서로는 앤드루 돕슨의 『녹색 정치사상 (*Green Political Thought*)』을 보라. 닐 카터의 『환경 정치학(*The Politics of the Environment*)』은 녹색 정치의 정책과 선거적 측면에 관해서 쉽게 접할 수 있는 개론서이다. 녹색 정치사상이 어디까지 도달했는지에 대한 최근의 뛰어난 재평가로는 존 배리의 『녹색 정치학 다시 생각하기(*Rethinking Green Politics*)』를 보라. 「환경 정치 (*Envionmental Politics*)」라는 학술지는 서로 다른 나라와 지역들에서 제기된 녹색 정치학의 모든 측면에 대한 논문들을 손쉽게 접하도록 해주는 탁월한 자료이다.

민주주의가 상이한 문화권에서 비옥한 토양을 찾아낼 수 있는 역량이 있는지에 관해서 종교와 민주주의의 관계에 대한 질문은 거대한 주제를 구성한다. 이슬람과 민주주의 사이의 연관성에 대한 논쟁은 2001년 9월 11일의 사건 이후 일각에서 새롭게 소생하기도 했다. 이 논쟁에 관심이 있다면, 데이비드 포터와 동료들이 편집한 『민주화(*Democratization*)』에 수록된 나지르 아유비의 논문을 출발점으로 삼기를 추천한다. 이 책에는 서로 다른 지역과 문화권에서 전개되는 민주화에 대한 이해하기 쉬운 설명들이 실려 있다.

민주주의를 측정하는 문제에 대해서는, (데이비드 비담 자신이 편집한) 『민주주의를 정의하고 측정하기(*Defining and Measuring Democracy*)』에 실려 있는 비담의 논문 "민주주의 감사(監査)의 핵심적인 원칙과 지표들"이 관련된 쟁점들에 대한 탁월한 자료가 된다. 그 논문은 비담의 다른 저작인 『민주주의와 인권(*Democracy and Human Rights*)』에 수록되어 있기도 하다.

마지막으로 제5장에서 우리는 미래의 민주주의에 대한 새롭고 혁신적인 이념들을 검토했다. 분명히 말하건대 여기서 더 많은 이념들을 찾아보기 위한 최적의 소재지는 혁신적인 여러 텍스트들 그 자체라는 것이다. 이를테면 제5장에 인용된 피시킨, 헬드, 드라이젝, 필립스, 허스트, 버지, 달 및 다른 학자들의 저작을 들 수 있다. 이를 넘어서는 다양한 혁신들에 대한 논의로는 마이클 사워드가 편집한 『민주적 혁신(Democratic Innovation)』에 수록된 것 중 피시킨, 드라이젝, 버지의 논문을 보라. 『숙의 민주주의(Deliberative Democracy)』는 존 엘스터, 그리고 제임스 보만, 윌리엄 레그가 각각 편집한 이 주제에 관한 두 권의 논문 모음집의 제목이다. 독자들은 피시킨과 래슬릿이 편집한 『숙의 민주주의에 대한 논쟁(Debating Deliberative Democracy)』에서 더 이해하기 쉬운 최신 자료를 찾을 수 있을 것이다.

세일라 벤하비브가 편집한 『민주주의와 차이(Democracy and Difference)』는 저명한 민주주의 이론가들이 숙의나 다른 주제와 연관시키면서 '차이'에 대해서 논한 단편들을 폭넓게 수록한 유용한 책이다. 직접 민주주의는 민주주의 이론의 주류에 의해서 기피되는 경향이 있다. 그러나 「액타 폴리티카(Acta Politica)」라는 학술지에 수록된 사워드의 논문인 "민주적 연결을 만들기"에는 특히 숙의 이론가들이 왜 직접 민주주의에 훨씬 더 많은 주의를 기울여야 하는지에 대한 논변이 있다. 버지의 저작인 『직접 민주주의의 새로운 도전(The New Challenge of Direct Democracy)』과 『민주적 혁신』에 수록된 그의 논문 이외에도, 직접 민주주의의 이론과 실천에 대한 많은 유익한 정보를 제공하는 논의들은 토머스 크로닌의 『직접 민주주의(Direct Democracy)』와 마리아 세탈라의 『국민투표와 민주 정부(Referendums and Democratic Government)』에서 발견된다. 데이비드 버틀러와 오스틴 래니가 편집한『전 세계의 국민투표(*Referendums Around the World*)』에는 개념적 논의와 함께 다양한 나라에서의 국민투표들에 대한 상세하고 명확한 설명이 담겨 있다. 결사체 민주주의에 대한 최근 논의를 모은 것으로는 파이트 바더와 폴 허스트가 편집한『결사체 민주주의 : 진정한 제3의 길(*Associative Democracy : the Real Third Way*)』이 있다.

위의 논평들은 대체로 책들에 관한 것인데, 이용가능한 좋은 자료의 겉만 핥은 수준이다. 민주정치의 모든 측면에 대한 최신의 탁월한 분석들은 정치학 관련 학술지들에서 찾아볼 수 있다. 여기서 특별히 몇 가지를 꼽아보자면 다음과 같다. *Journal of Democracy*(비교정치와 선거에 초점), *Democratization*(주된 초점이 비교정치와 민주주의로의 이행), *Political Studies*(보다 이론적이고 개념적인 논의), *Representation*(선거 및 그에 관련된 주제를 다루는 짧은 논문들), *Political Quarterly*(대체로 좌파의 입장에서 민주주의 체계와 공공정책을 다룸), *Government and Opposition*(비교정치에 집중), *Environmental Politics*(녹색 쟁점과 이념) 등이 있다. 도전적인 철학적 논의들은 *Philosophy and Public Affairs*와 *Journal of Political Philosophy*를 보라. (영국에서 발간되는) *Political Studies*는 일반적인 학술지로서 국가적인 기반을 두면서 민주주의 및 그것과 연관된 주제에 대한 최신의 연구 논문들을 폭넓게 제공한다. 다른 학술지로는 (미국에서 발간되는) *American Political Science Review*와 *European Journal of Political Research*를 추천한다.

참고 문헌

Aitkenhead, D. (1998). 'We all believe in democracy - er - as long as we get what we want', *The Guardian*, 20 November.

Althusser, L. (1971). 'Ideology and ideological state apparatuses', in Althusser, *Lenin and Philosophy*. London: New Left Books.

Arterton, F. C. (1987). *Teledemocracy*. Beverly Hills, CA: Sage.

Aung San Suu Kyi. (1991). *Freedom from Fear and Other Writings*. Harmondsworth: Penguin.

Ayubi, N. (1997). 'Islam and democracy', in *Democratization*, ed. D. Potter et al. Cambridge: Polity.

Bachrach, P. (1967). *The Theory of Democratic Elitism*. Boston: Little, Brown.

Bader, V. and Hirst, P. (2002). *Associative Democracy: the Real Third Way*. London: Frank Cass.

Barber B. (1984). *Strong Democracy. Berkeley*, CA: University of California Press.

Barber, J. D. (1995). *The Book of Democracy*. Englewood Cliffs, NJ: Prentice Hall.

Barry, J. (1999). *Rethinking Green Politics*. London: Sage.

Barthes, R. (1974). S/Z, trans. R. Miller. Oxford: Blackwell.

Beetham, D. (ed.) (1994). *Defining and Measuring Democracy*. London: Sage.

Beetham, D. (1999). *Democracy and Human Rights*. Cambridge: Polity.

Benhabib, S. (1996a). 'Toward a deliberative model of democratic legitimacy', in *Democracy and Difference*, ed. Benhabib. Princeton, NJ: Princeton University Press.

Benhabib, S. (ed.) (1996b). *Democracy and Difference*. Princeton, NJ: Princeton University Press.

Bobbio, N. (1987). *The Future of Democracy*. Cambridge: Polity.

Bohman, J. F. (1998). 'The coming of age of deliberative democracy', *Journal of Political Philosophy*, 6, pp. 399-423.

Bohman, J. F. and Rehg, W. (eds) (1997). *Deliberative Democracy*. Cambridge, MA, and London: MIT Press.

Bollen, K. A. (1995). 'Measures of democracy', in *The Encyclopedia of Democracy*, ed. S. M. Lipset. Washington, DC: Congressional Quarterly; London: Routledge.

Bookchin, M. (1982). *The Ecology of Freedom*. Palo Alto, Cheshire Books.

Budge, I. (1996). *The New Challenge of Direct Democracy*. Cambridge: Polity.

Budge, I. (2000). 'Deliberative democracy versus direct democracy - plus political parties!' in *Democratic Innovation*, ed. M. Saward. London: Routledge.

Burgat, F. and Dowell, W. (1993). *The Islamic Movement in North Africa*. Austin: Centre for Middle Eastern Studies at the University of Texas.

Burnheim, J. (1985). *Is Democracy Possible?* Cambridge: Polity.

Butler, D. and Ranney, A. (eds) (1994). *Referendums around the World*. Basingstoke and London: Macmillan.

Carter, N. (2001). *The Politics of the Environment*. Cambridge: Cambridge University Press.

Catt, H. (1999). *Democracy in Practice*. London and New York: Routledge.

Cerny, P. (1999). 'Globalisation and the erosion of democracy', *European Journal of Political Research*, 36, pp. 1-26.

Cohen, J. (1989). 'Deliberation and democratic legitimacy', in *The Good Polity*, ed. A. Hamlin and P. Pettit. Oxford: Blackwell.

Cohen, J. and Rogers, J. (1992). 'Secondary associations and democratic governance', *Politics and Society*, 20, pp. 393-472.

Combs-Schilling, M. E. (1989). *Sacred Performances*. New York: Columbia University Press.

Cronin, T. E. (1989). *Direct Democracy: The Politics of Initiative, Referendum and Recall*. Cambridge, MA, and London: Harvard University Press.

Dahl, R. A. (1956). *A Preface to Democratic Theory*. Chicago: University of Chicago Press.

Dahl, R. A. (1985). *A Preface to Economic Democracy*. Cambridge: Polity.

Dahl, R. A. (1989). *Democracy and its Critics*. New Haven, CT: Yale University Press.

Dahl, R. A. (1999). 'Can international organizations be democratic? A skeptic's view', in *Democracy's Edges*, ed. I. Shapiro and C. Hacker-Cordon. Cambridge:

Cambridge University Press.

Dahl, R. A. (2000). *On Democracy*. New Haven, CT: Yale University Press.

Dalai Lama (1999). 'Buddhism, Asian values, and democracy', *Journal of Democracy*, 10, 1.

Dallmayr, F. (1998). *Alternative Visions: Paths in the Global Village*. Lanham, MD: Rowman & Littlefield.

Dobson, A. (1990). *Green Political Thought*. London: Unwin Hyman.

Dobson, A. (1996a). 'Environmental sustainabilities: an analysis and a typology', *Environmental Politics*, 5, 3.

Dobson, A. (1996b). 'Representative democracy and the environment', in *Democracy and the Environment*, ed. W. M. Lafferty and J. Meadowcroft. Cheltenham: Edward Elgar.

Doherty, B. and de Geus, M. (eds) (1996). *Democracy and Green Political Thought*. London: Routledge.

Downs, A. (1956). *An Economic Theory of Democracy*. New York: Harper & Row.

Dryzek, J. S. (1999). 'Transnational democracy', *Journal of Political Philosophy*, 7, pp. 30–51.

Dryzek, J. S. (2000). *Deliberative Democracy and Beyond*. Oxford: Oxford University Press.

Dunleavy, P. (1991). *Democracy, Bureaucracy and Public Choice*. Hemel Hempstead: Harvester Wheatsheaf.

Dunn, J. (ed.) (1992). *Democracy*. Oxford: Oxford University Press.

Eckersley, R. (1996). 'Greening liberal democracy', in *Democracy and Green Political Thought*, ed. B. Doherty and M. de Geus. London: Routledge.

Eckersley, R. (2000). 'Deliberative democracy, ecological representation and risk: towards a democracy of the affected', in *Democratic Innovation*, ed. M. Saward. London: Routledge.

Edelman, M. (1987). *Constructing the Political Spectacle*. Chicago: University of Chicago Press.

Elster, J. (1988). 'Introduction', in *Constitutionalism and Democracy*, ed. J. Elster and R. Slagstad. New York: Oxford University Press.

Elster, J. (ed.) (1998). *Deliberative Democracy*. Cambridge: Cambridge University Press.

Enayat, H. (1982). *Modern Islamic Political Thought*. London: Macmillan.

Finley, M. I. (1985). *Democracy Ancient and Modern*. London: Hogarth Press.

Fishkin, J. S. (1991). *Democracy and Deliberation*. New Haven, CT, and London: Yale University Press.

Fishkin, J. S. (1997). *The Voice of the People*. New Haven, CT, and London: Yale University Press.

Fishkin, J. S. and Laslett, P. (eds) (2002). *Debating Deliberative Democracy*. Oxford: Blackwell.

Fishkin, J. S. and Luskin, R. (2000). 'The quest for deliberative democracy', in *Democratic Innovation*, ed. M. Saward. London: Routledge.

Goldenberg, Suzanne. (1999). 'Coup to "save Pakistan from ruin"', *The Guardian*, 18 October.

Goodin, R. E. (1992). *Green Political Theory*. Cambridge: Polity.

Goodin, R. E. (1996). 'Enfranchising the earth, and its alternatives', *Political Studies*, 44, pp. 835–49.

Goodin, R. E. (2002). *Reflective Democracy*. Oxford: Oxford University Press.

Gramsci, A. (1971). *Selections from Prison Notebooks*. London: Lawrence & Wishart.

Gutmann, A. and Thompson, D. (1996). *Democracy and Disagreement*. Cambridge, MA, and London: Belknap Press.

Habermas, J. (1996). *Between Facts and Norms*. Cambridge: Polity.

Hamlin, A. and Pettit, P. (eds) (1989). *The Good Polity*. Oxford: Blackwell.

Hampsher-Monk, I. (1992). *A History of Modern Political Thought*. Oxford: Blackwell.

Hansen, M. H. (1991). *The Athenian Democracy in the Age of Demosthenes*. Oxford: Blackwell.

Harding, L. and McCarthy, R. (2001). 'Corrupt Bhutto will be put on trial', *The Guardian*, 16 May.

Held, D. (1991). 'Democracy, the nation state and the global system', in *Political Theory Today*, ed. Held. Cambridge: Polity.

Held, D. (1995). *Democracy and the Global Order*. Cambridge: Polity.

Held, D. (1996). *Models of Democracy*, 2nd edn. Cambridge: Polity.

Held, D. and Pollitt, C. (1986). *New Forms of Democracy*. London: Sage.

Held, D., McGrew, A., Goldblatt, D. and Perraton, J. (1999. *Global Transformations*. Cambridge: Polity.

Hertz, N. (2001). 'Why we must stay silent no longer', *The Observer*, 8 April.

Hirst, P. (1994). *Associative Democracy*. Cambridge: Polity; Amherst, MA: University of Massachusetts Press.

Hirst, P. (1997). *From Statism to Pluralism*. London: UCL Press.

Hirst, P. (2000). 'Globalisation, the nation state and political theory', in *Political Theoy in Transition*, ed. N. O'Sullivan. London and New York: Routledge.

Hirst, P. and Thompson, G. (1996). *Globalization in Question*, 2nd edn. Cambridge: Polity.

Hobsbawm, E. (2001). 'Democracy can be bad for you', *New Statesman*, 5 March.

Holden, B. (1974). *The Nature of Democracy*. London: Thomas Nelson.

Holden, B. (ed.) (2000). *Global Democracy*. London: Routledge.

Huntington, S. P. (1991). *The Third Wave*. Norman: University of Oaklahoma Press.

Kamarck, E. C. and Nye, J. S., Jr. (eds) (2002). *Governance.com*. Washington, DC: Brookings Institution Press.

Krouse, R. W. (1983). '"Classical" images of democracy in America: Madison and Tocqueville', in *Democratic Theory and Practice*, ed. G. Duncan. Cambridge: Cambridge University Press.

Kymlicka, W. (1999). 'Citizenship in an era of globalization: commentary on Held', in *Democracy's Edges*, ed. I. Shapiro and C. Hacker-Cordon. Cambridge: Cambridge University Press.

Lafferty, W. J. and Meadowcroft, J. (eds) (1996). *Democracy and the Environment*. Cheltenham: Edward Elgar.

Levin, M. (1992). *The Spectre of Democracy*. London: Macmillan.

Lewis, P. G. (1997). 'Theories of democratization and patterns of regime change in Eastern Europe', *Journal of Communist Studies and Transition Politics*, 13, pp. 4-26.

Lijphart, A. (1984). *Democracies*. New Haven, CT, and London: Yale University Press.

Lijphart, A. (1999). *Patterns of Democracy*. New Haven, CT, and London: Yale University Press.

Lindblom, C. (1977). *Politics and Markets*. New York: Basic Books.

Lipset, S. M. (1968). 'Introduction', in R. Michels, *Political Parties*. New York: Free Press.

Lively, J. (1975). *Democracy*. Oxford: Blackwell.

Locke, J. ([1689] 1924). *Two Treatises of Government*. London: J. M. Dent.

Lowi, T. J. (1974). *The End of Liberalism*, 2nd edn. New York: Norton.

McCarthy, R. (2001). 'Pakistan's women get seats at the bottom table', *The Guardian*, 18 May.

McCarthy, R. (2002). 'Musharraf basks in a foregone triumph', *The Guardian*, 1 May.

Macedo, S. (ed.) (1999). *Deliberative Politics*. Oxford: Oxford University Press.

McLean, I. (1986). 'Mechanisms for democracy', in *New Forms of Democracy*, ed. D. Held and C. Pollitt. London: Sage.

McLennan, G. (1990). *Marxism, Pluralism and Beyond*. Cambridge: Polity.

MacPherson, C. B. (1966). *The Real World of Democracy*. Oxford: Oxford University Press.

MacPherson, C. B. (1977). *The Life and Times of Liberal Democracy*. Oxford: Oxford University Press.

Manglapus, R. S. (1987). *Will of the People*. New York and London: Greenwood Press.

Manin, B. (1987). 'On legitimacy and political d ε liberation', *Political Theory*, 15, pp. 338–68.

Manin, B. (1997). *The Principles of Representative Government*. Cambridge: Cambridge University Press.

Mansbridge, J. (1996). 'Using power/fighting power: the polity', in *Democracy and Difference*, ed. S. Benhabib. Princeton, NJ: Princeton University Press.

Michels, R. ([1915] 1968). *Political Parties*. New York and London: Free Press.

Michels, R. (1949). *First Lectures in Political Sociology*. Minneapolis: University of Minnesota Press.

Miliband, R. (1968). *The State in Capitalist Society*. London: Weidenfeld & Nicolson.

Mill, J. ([1861] 1978). 'An essay on government', in *Utilitarian Logic and Politics*, ed. J. Lively and J. Rees. Oxford: Clarendon Press.

254

Mill, J. S. (1975). 'Considerations on representative government', in *Three Essays*. Oxford: Oxford University Press.

Nursey-Bray, P. (1983). 'Consensus and community: the theory of African one-party democracy', in *Democratic Theory and Practice*, ed. G. Duncan. Cambridge: Cambridge University Press.

O'Donnell, G. (1994). 'Delegative democracy', *Journal of Democracy*, 5, pp. 55-69.

Pateman, C. (1970). *Participation and Democratic Theory*. Cambridge: Cambridge University Press.

Pateman, C. (1987). 'Feminist critiques of the public/private dichotomy', in *Feminism and Equality*, ed A. Phillips. Oxford: Blackwell.

Phillips, A. (1995). *The Politics of Presence*. Oxford: Oxford University Press.

Pitkin, H. F. (1967). *The Concept of Representation*. Berkeley: University of California Press.

Porritt, J. (1984). *Seeing Green*. Oxford: Blackwell.

Potter, D. et al. (eds) (1997). *Democratization*. Cambridge: Polity.

Poulantzas, N. (1978). *State, Power, Socialism*. London: New Left Books.

Programme of the German Green Party. 1983. London: Heretic.

Purcell, E. A. (1973). *The Crisis of Democracy*. Lexington: University Press of Kentucky.

Rousseau, J.-J. ([1762] 1973). *The Social Contract*, trans. D. A. Cass. London: J. M. Dent.

Sale, K. (1985). *Dwellers in the Land*. San Francisco: Sierra Club.

Sartori, G. (1987). *The Theory of Democracy Revisited*, Vol. 1: The Contemporary Debate. Chatham, NJ: Chatham House.

Sartori, G. (1987). *The Theory of Democracy Revisited*, Vol. 2: The Classical Issues. Chatham, NJ: Chatham House.

Saward, M. (1998). *The Terms of Democracy*. Cambridge: Polity.

Saward, M. (ed.) (2000). *Democratic Innovation*. London: Routledge.

Saward, M. (2001). 'Making democratic connections', *Acta Politica*, 36.

Schaffer, F. (1998). *Democracy in Translation: Understanding Politics in an Unfamiliar Culture*. Ithaca, NY: Cornell University Press.

Schumpeter, J. A. ([1943] 1976). *Capitalism, Socialism and Democracy*, 5th edn. London: Allen & Unwin.

Sen, A. (1999). 'Democracy as a universal value', *Journal of Democracy*, 10, 3.

Setala, M. (1999). *Referendums and Democratic Government*. Basingstoke: Macmillan.

Shapiro, I. and Hacker-Cordon, C. (eds) (1999). *Democracy's Edges*. Cambridge: Cambridge University Press.

Skinner, Q. (1973. 'The empirical theorists of democracy and their critics', *Political Theory*, 1, 3.

Smith, G. (2000). 'Toward deliberative institutions', in *Democratic Innovation*, ed. M. Saward. London: Routledge.

Thompson, D. (1999). 'Democratic theory and global society', *Journal of Political Philosophy*, 7, pp. 111–25.

Toffler, A. and Toffler H. (1993). 'Societies running at hyper-speed', *The Guardian*, 3 November.

Walcott, H. F. (1995). 'Making a study "more ethnographic"', in *Representation in Ethnography*, ed. J. Van Maanen. London: Sage.

Walzer, M. (1990). 'The communitarian critique of liberalism', *Political Theory*, 18, 1.

Walzer, M. (1994). *Thick and Thin: Moral Argument at Home and Abroad*. Notre Dame, IN: University of Notre Dame Press.

Watson, P. and Barber, B. (1990). *The Struggle for Democracy*. London: W. H. Allen.

Weber, M. (1991). *From Max Weber*, ed. H. H. Gerth and C. Wright Mills. London: Routledge.

Wendt, A. (1999). 'A comment on Held's cosmopolitanism', in *Democracy's Edges*, ed. I. Shapiro and C. Hacker-Cordon. Cambridge: Cambridge University Press.

Wetherell, M., Taylor, S. and Yates, S. J. (eds) (2001). *Discourse as Data*. London: Sage.

Wood, G. S. (1992). 'Democracy and the American revolution', in *Democracy: The Unfinished Journey*, 508BC to AD1993, ed. J. Dunn. Oxford: Oxford University Press.

Worton, M. and Still, J. (eds) (1990). *Intertextuality*. Manchester: Manchester University Press.

Wright, R. (1996). 'Two visions of reformation', *Journal of Democracy*, 7, 2.

Young, I. M. (1996). 'Communication and the other: beyond deliberative democracy', in *Democracy and Difference*, ed. S. Benhabib. Princeton, NJ: Princeton University Press.

Young, I. M. (1999). 'Difference as a resource for democratic communication', in *Deliberative Democracy*, ed. J. Bohman and W. Rehg. Cambridge, MA, and London: MIT Press.

Young, I. M. (2000). *Inclusion and Democracy*. Oxford: Oxford University Press.

온라인 자료

'US elections: is this democracy?', at
⟨http://news.bbc.co.uk/hi/english/talking_point/newsid_1015000/1015061.stm⟩ on 21 November 2000.

'Interview with General Pervez Musharraf', at
⟨http://www.guardian.co.uk/pakistan/Story/0,2763,491716,00.html⟩ on 16 June 2001.

'Referendum to be transparent, fair and impartial', at
⟨http://www.pak.gov.pk/public/news/news2002//appnews2002/app30_april.htm⟩ on 1 May 2002.

옮긴이의 말

　서강대학교 '탈서구중심주의 연구단'은 2011년 이래 한국연구재단이 지원하는 한국사회과학연구지원(SSK) 사업의 일환으로 '탈서구중심주의'를 지향하는 미래 한국 정치사상의 전망과 지평을 탐색하는 연구를 진행해왔다. 연구를 수행하는 선도적인 지침 중 하나는 '서양 정치사상의 한국화', '전통 정치사상의 현대화', '한국 현대정치의 사상적 재구성'이다. 그중 서양 정치사상의 한국화를 위한 작업은 서양 정치사상에 대한 정확한 이해를 전제로 한다. 그리고 그러한 이해에 기여하기 위해서 중형단계부터 서양 정치사상의 주요 개념에 대한 입문서를 번역, 출간해왔다. 이는 서양 정치사상의 주요한 개념(이론)을 연구단의 사상적 자원으로 수취하는 한편, 한국의 일반 독자들에게도 소개하기 위한 것이다. 이러한 목적에 따라서 우리 연구단은 영국의 폴리티 출판사에서 출간된 '핵심 개념' 시리즈의 책들을 일부 선택해서 번역하기 시작했다. 그 결실로 연구단은 이미 '스튜어트 화이트, 『평등이란 무엇인가』, 강정인, 권도혁 옮김(까치글방, 2016)'과 '존 맨들, 『지구적 정의란 무엇인가』, 정승현 옮김(까치글방, 2017)'을 출간했고, 이제 '마이클 사워드, 『민주주의란 무엇인가』, 강정인, 이석희 옮김(까치글방, 2018)'을 번역, 출간하게 되었다.

　현대 정치와 정치학에서 민주주의는 가장 중요한 이념이자 개념이다. 자유, 평등, 정의, 권위, 의무 등 주요한 정치적 개념들은 모두 민주주의에 의해서 깊이 각인되어 있다. 이뿐만 아니라 우리의 정치, 경제, 사회, 문화 등 삶의 모든 영역 역시 민주주의라는 원리에 의해서 깊이 조형되어 있다. 설사 비민주적으로 남아 있는 영역이 있다고 할지라도 그것은 민주주의에 비추어서 정당화되어야 한다. 예를 들어, 부모와 자식 또는 교사와 학생의 관계에서도 민주적 원리의 적용이 특정한 영역에서 유보되거나 배제되어야 한다면, 이는 특별한 정당화를 요한다. 반면에 삶의 일정한 영역에 민주주의가 적용된다면 그것은 별도의 정당화를 필요로 하지 않는다. 현대 사회의 초기값이, 일부 예외적인 국가나 사회를 제외한다면,[1] 민주주의로 설정되어 있기 때문이다.

이 책은 영국의 오픈 대학교(Open University, 개방 대학교)에서 정치학을 강의하는 마이클 사워드(Michael Saward) 교수의 *Democracy*(민주주의)를 우리말로 옮긴 것이다. 주로 현대 영미 정치학계에서 논의되는 민주주의 이론을 다룬 것으로, 영어권 서구인들을 주된 독자로 상정하여 민주주의를 논하고 있다. 그렇지만, 동시에 영미 또는 서구의 민주주의가 수식어 없는 초기값으로 설정될 만큼 보편적으로 받아들여지고 있다는 세계 전반의 대세적 현실, 나아가 좀더 구체적으로 자본주의와 자유민주주의를 원칙으로 운영되는 한국의 정치현실과 정치철학이 그들과 문제의식을 광범위하게 공유하고 있

---

1) 이와 관련하여 탈사회주의 국가들(중국, 북한, 베트남 등)은 물론 아프리카나 아랍의 일부 국가들에서는 과연 민주주의가 지배적인 원리인지에 대해서 민주주의의 정의('민주주의란 과연 무엇인가')를 포함하여 다양한 논쟁의 소지가 있다. 다만 이들 국가들 역시 자신들의 체제가 이른바 자유/사회 민주주의 체제보다 더 우월하다고 끊임없이 정당화해야 한다는 점에서 엄청난 부담을 안고 있음은 부정할 수 없다.

다는 점 또한 우리는 부정할 수 없다. 그렇기 때문에 이 책은 현대 민주주의 이론의 전반적 지형을 이해하기 위한 훌륭한 길라잡이라고 할 수 있다.

한편, 저자인 마이클 사워드는 영국 에식스 대학교에서 정치학 박사를 받았으며 런던 대학교를 거쳐서 오픈 대학교에서 정치학과 교수 및 학과장을 역임한 바 있다. 이후 워릭 대학교로 자리를 옮겨 가르치면서 학술지 「대표(*Representation*)」의 편집위원을 맡는 등 활발한 학문적 활동을 하고 있다. 그의 연구를 관통하는 문제의식은 정치적 이념들이 시간에 걸쳐서 어떻게 변화해왔는지, 또 그것이 현실에서 실제로 어떻게 작용하는지에 있다. 주요 저서로는 『대표의 주장(*The Representative Claim*)』(옥스퍼드 대학교 출판부, 2010), 『민주주의의 조건들(*The Terms of Democracy*)』(폴리티 출판사, 1998), 『유럽 시민권 제정하기(*Enacting European Citizenship*)』(케임브리지 대학교 출판부, 2013, 공편) 등이 있으며, 주요 논문으로는 2014년에 「미국정치학회보(*American Political Science Review*)」 108(4)에 게재된 "Shape-shifting Representation", 2009년에 「정치철학 저널(*Journal of Political Philosophy*)」 17(1)에 실린 "Authorization and Authenticity: Representation and the Unelected" 등이 있다.

이 책에서 저자인 사워드는 먼저 제1장에서 최근 특정 국가들에서 일어난 일련의 사건들을 놓고 제기된 민주주의에 대한 구체적 논변을 검토하는 한편, 가상의 나라에서 민주주의를 설계하는 데에 제기되는 딜레마를 소개하면서, 독자들에게 '민주주의란 무엇인가'에 대한 문제의식을 촉발한다. 이어지는 제2장에서 저자는 20세기 후반 이후 서구에서 민주주의에 대한 지배적이고 정통적인 이론 또는 서사(敍事)로 군림해온 이른바 '경쟁적 엘리트' 이론, 또는 '현실주의적' 이론이 슘페터에 의해서 정립되는 과정을 논하고, 그 이론이 다운스, 달, 레이파르트에 의해서 다듬어지고 확장되는 과정을 검토한다. 제3장에서 저자는 민주주의에 대한 슘페터적 서사의 사상사적 전개과정을 비판적으로 추적하고, 이어서 현대의 비판적인 이론가들이 그 서사에 어떻게 도전하는지를 설명한다. 여기서 저자가 주로 검토하는 것은 참여 민주주의, 마르크스주의, 여성주의자의 비판들이다. 제4장에서는 20세기 후반부터 민주주의에 본격적으로 제기된 (실제적, 잠재적) 도전들을 지구화, 정책의 복잡성 증대, 환경주의 (생태주의), 문화적 다양성(비서구 세계에서의 문화적 다양성과 민주주의의 보편성) 등을 중심으로 다루고 민주주의의 고전적 문제인 민주주의의 경계(민주주의인지 아닌지를 판별하는 기준) 및 측정과 관련된 문제를 검토한다. 제5장에서는 이러한 도전에 맞서거나 또는 기존의 일국단위의 대의 민주주의의 한계를 극복하려고 시도하는 과정에서 민주주의를 쇄신하기 위해서 제시된 다양한 이론들을 숙의적, 세계시민적(cosmopolitan), 생태학적(ecological), 결사체적(associative) 모델, 그리고 고대의 직접 민주주의 이상을 부활시키려고 하는 노력들을 중심으로 검토한다.

이 책의 변역은 서강대학교 대학원 정치외교학과에 재학 중인 이석희에 의해서 주도되었다. 2017년 봄 학기부터 대학원 수업과 연구에 매진하면서도 틈틈이 시간을 내어서 이석희가 먼저 번역 초고를 집필하고 강정인이 검토, 수정하는 순으로 진행되었다. 이 과정에서 이석희가 강정인이 제시한 번역의 문제점을 지적하고 바로잡는 등 양자 간에 긴밀한 협의가 수반되었음은 물론이다. 두 사람은 이러한 작업을 세 차례 정도 수행한 후에 금년 2월 하순경에 까치글방에 완성된 원고를 넘겼다. 이후 출판과정을 거쳐서 이 책이 마침내 세상의 빛을 보게 되었다.

지금까지 옮긴이들은 독자의 편의를 위해서 이 책을 번역하게 된 배경과 과정, 저자의 약력 및 책의 개요를 간략히 서술했다. 이제 이 책의 연구지원 및 출판과 관련하여 감사의 마음을 남길 차례이다. 먼저 2011년부터 시작하여 7년에 걸쳐서 탈서구중심주의를 주제로 한 우리 연구단의 연구를 지원해준 한국연구재단에 감사드린다. 이 점에서 "이 책은 2017년 정부(교육부)의 재원으로 한국연구재단의 지원을 받아 수행된 연구성과를 단행본으로 출간한 것이다"(NRF-2017S1A3A2065772). 또한 이 역서는 부분적으로 "2018년도 서강대학교 교내연구비 지원에 의해서 수행된 연구성과이기도 하다"(201810002.01). 이 책을 옮기는 과정에서 해석이 막히는 부분에서는, 언제나 그랬듯이, 서강대학교 영어영문학과의 명예교수인 안선재 교수님으로부터 커다란 도움을 받았다. 어언 25년 동안 이어져온 그분의 도움과 우정에 깊이 감사드린다. 마지막으로 출판계의 어려운 여건에도 불구하고 이 책의 출간을 선뜻 떠맡아주신 까치글방의 박종만 사장님께 깊이 감사드린다. 또한 제출된 원고를 치밀하게 검토하면서 가지런히 다듬어준 까치글방 편집부의 이예은 선생의 노고 역시 잊을 수 없다.

박근혜 대통령의 국정농단에 대한 항의로 2016년 10월 이후 시민들의 촛불시위가 요원의 불길처럼 전국적으로 타올랐다. 2017년 3월 박근혜 전 대통령이 헌법재판소 결정에 의해서 파면되었고, 5월에는 문재인 대통령이 민주주의에 대한 시민들의 염원을 안고 당선되었다. 촛불시위를 통한 시민들의 직접적인 정치참여가 이끌어낸 박근혜 전 대통령의 파면 이후 한국판 대의 민주주의에 대한 불신 및 환멸과 더불어 직접 민주주의, 시민의회 또는 시민회의, 참여 민주주의, 숙의 민주주의 등 민주주의의 진보적인 버전에 대한 관심이 학자들은 물론 일반 시민들 사이에서도 고조되고 있다. 물론 이러한 변화는 현대 서구에서 전개되어 온 민주주의의 이론적 쇄신에 대한 관심과도 맞닿아 있다. 제2차 세계대전 이후 현대 민주주의 이론에서 정통으로 군림해온 슘페터의 현실주의적 민주주의이론, 곧 선거와 정당을 중심으로 전개되는 엘리트 간의 정치적 경쟁을 민주주의의 핵심으로 개념화한 대의 민주주의 이론이 민주주의의 이상에 비추어서 여러 가지 한계와 모순을 노정해왔고, 또한 20세기 후반 이후 세계와 이론의 변화에 따라서 제기된 새로운 도전들 — 곧 지구화, 정책의 복잡성, 문화적 다양성, 여성주의와 생태주의 운동의 대두 등 — 에 적절히 대처하지 못한다는 불만이 누적되어왔기 때문이다.

바야흐로 한국정치에서도 한국판 대의 민주주의의 한계와 모순을 타개하기 위한 개헌논의가 시민사회에서 활발하게 진행되고 있고, 정부와 국회 역시 개헌을 추진하고 있다. 다가올 한국의 개헌이 이 책에서 논의된 민주주의의 쇄신에 대한 논의와 어떤 접점을 형성할 것인지는 지대한 관심사가 아닐 수 없다. 이 점에서 이 책이 한국정치에 대해서 가지는 학문적, 실천적 함의는 적지 않다.

2018년 6월
서강대학교 떼이야르관에서
강정인, 이석희

찾아보기